모바일 & 인터넷
쇼핑몰 창업 +
홍보 마케팅
쉽게 배우기

카페24와 고도몰로 시작하는
무자본 쇼핑몰 창업

모바일&인터넷
쇼핑몰 창업 + 홍보 마케팅
쉽게 배우기

박평호 지음

한스미디어

"경영자는 빠른 실패와 그렇고 그런 평범한 실패 사이에서 곡예를 하게 된다."

월스트리트저널

머리말

예측 불가능한 무한 성장의 시장, 모바일&온라인 쇼핑몰을 정복하라

몇 해 전 〈김씨표류기〉라는 영화를 인상 깊게 본 적이 있었습니다. 자살 실패로 어이없게도 밤섬에 표류한 한 남자와 이것을 자신의 방안에서 망원경으로 목격하게 된 한 여자의 이야기를 무척이나 흥미롭게 그려낸 영화였습니다. '쇼핑몰 창업' 책의 머리말에서 느닷없이 영화 이야기를 꺼낸 것은 방안에만 틀어박혀 하루 24시간, 365일을 지내는 이 여자 주인공의 라이프스타일 때문입니다. 그녀는 이른바 '히키코모리(引きこもり)'라는 은둔형 외톨이 혹은 은둔형 폐인으로, 어떤 상처 때문에 집 밖으로 한 발자국도 나가지 못합니다. 그런데도 생활해나가는 데에는 아무런 지장이 없습니다.

먹을 것과 입을 것은 온라인 쇼핑몰에서 주문합니다. 친구를 사귀는 것도 온라인 커뮤니티에서 해결할 수 있습니다. 심지어는 (영화에는 나오지 않지만 미루어 짐작하건대) 경제활동도 가능합니다. 나는 이 영화를 보면서 새삼 깨달았습니다. 이제 우리는 온라인이 지배하는 세상에서 살게 되었다는 것을 말입니다.

2014년 11월 11일, 중국의 한 온라인 기업이 세계 상거래 무역사의 기록을 갈아치웠습니다. 중국의 최대 온라인 상거래 업체 알리바바의 온라인 쇼핑몰 타오바오와 티몰이 11월 11일 하루 동안 무려 571억 위안(약 10조 2,360억 원)의 매출을 기록한 것입니다. 실로 어마어마한 기록입니다. 2014년 삼성전자의 매출이 약 205조 원인 것을 생각하면 더욱 대단합니다. 문제는 이러한 기록이 정점이 아닌 현재진행형이고 그 미래가 더욱 열려 있다는 것입니다.

인터넷 쇼핑몰은 36년 전 TV와 컴퓨터, 전화선의 연결 시스템을 연구하던 한 영국 기업가의 발상으로 시작되었습니다. 그때에는 언제 실현 가능할지 모르는 가능성에 불과했으나, 지금은 미국 여성의 3분의 2, 중국 13억 인구 중 3억 명이 이용할 정도의 시장으로 성장했습니다. 우리나라만 해도 불과 수년 사이에 기존의 '옥션'은 물론 쿠팡, 티켓몬스터, 위메프 등의 소셜커머스가 연 매출 1,000억 원을 오르내리는 기업으로 성장했습니다. 언제든 손안에서 이용할 수 있는 '모바일'의 탄생과 진화 덕분에 이러한 전자상거래 시장은 더욱더 커질 것입니다.

이제 가까운 미래의 먹을거리는 모바일과 온라인에 있다고 봐야 합니다. 참신한 기획과 좋은 아이디어, 그리고 끊임없는 노력만 있다면 쇼핑몰 창업을 통한 성공의 문은 누구에게나 열려 있습니다. 특히나 매력적인 것은 오프라인 쇼핑몰과 달리 초기 비용이 거의 제로(0)에 수렴한다는 것입니다. 이 책에서 다루는 카페24나 고도몰과 같은 높은 퀄리티의 쇼핑몰 제작툴을 무료로 이용할 수 있기 때문입니다. 10년 전에는 꿈도 꿀 수 없었던 환경입니다.

그러나 아무리 무자본으로 가능한 쇼핑몰 창업이라 하더라도 철저한 준비는 반드시 필요합니다. 실제로 전 세계 인터넷 쇼핑몰 창업자들의 80%는 창업 후 그렇고 그런 곡예를 하다가 실패하고 맙니다. 그리고 이러한 비율은 공교롭게도 오프라인 창업의 실패율과 거의 흡사합니다. 온라인이든 오프라인이든 준비 없는 창업은 결코 성공할 수 없음을 유념해야 합니다.

이 책은 모바일과 온라인 쇼핑몰을 처음으로 시작하는 사람들을 위한 가이드북입니다. 모바일 쇼핑몰과 온라인 쇼핑몰 창업을 왜 해야 하는지, 어떤 준비 과정이 필요한지, 어떤 툴을 사용해야 하는지, 상품의 진열을 어떻게 해야 하는지, 그리고 성공하는 홍보 마케팅 전략은 무엇인지 꼼꼼하게 소개했습니다. 특별히 주안점을 둔 것은 상품 사진의 촬영과 쇼잉(showing)인데, 실물이 아닌 이미지를 보고 구매하는 것인 만큼 이것은 두말할 나위 없이 중요합니다.

모쪼록 이 한 권의 책이 여러분을 성공하는 모바일과 온라인 쇼핑몰의 사장님으로 만들어주기를 바랍니다. 단언컨대, 노력한 만큼의 결실이 있을 것입니다.

여러분의 건승을 기원합니다.

박평호

CONTENTS

머리말 예측 불가능한 무한 성장의 시장, 모바일&온라인 쇼핑몰을 정복하라 • 6

Chapter 1 왜 모바일 쇼핑몰&인터넷 쇼핑몰 창업인가

- **01** 창업을 하자 • 18
- **02** 인터넷 쇼핑몰의 창업 • 19
- **03** 어떤 사람들이 인터넷 쇼핑몰 사업에 좋을까? • 20
- **04** 인터넷 쇼핑몰 창업 순서 한눈에 파악하기 • 22
- **05** 1인 인터넷 쇼핑몰 • 25
- **06** 1인 인터넷 쇼핑몰&모바일 쇼핑몰 • 26
- **07** 10%가 아니라 10배 더 매출 올리는 쇼핑몰 창업 ① 수요가 있는 시장부터 노리기 • 28
- **08** 10%가 아니라 10배 더 매출 올리는 쇼핑몰 창업 ② 상세설명창을 낭비하지 말자 • 30
- **09** 10%가 아니라 10배 더 매출 올리는 쇼핑몰 창업 ③ 운영을 합리적으로 하는 10가지 팁 • 32
- **10** 쇼핑몰 운영의 효율성을 높이는 4가지 팁 • 35

Chapter 2 연봉 10억 버는 쇼핑몰 창업의 비밀

01 쇼핑몰에서 무엇이 잘 팔릴까? • 40
02 잘 팔리는 핫한 아이템 찾기 • 41
03 현재 인터넷 쇼핑몰에서 잘 팔리는 상품은? • 42
04 통계청 최신 자료로 알아보는 국내 인터넷 쇼핑몰 월간 시장규모 • 45
05 어느 상품이 잘 팔릴까? 핫한 아이템 찾는 방법 ① 네이버 트렌드 검색 • 46
06 어느 상품이 잘 팔릴까? 핫한 아이템 찾는 방법 ② 구글 트렌드 검색 • 47
07 패션 쇼핑몰 창업 시 체크포인트 • 48
08 잘 팔리는 패션 쇼핑몰 맛보기 • 49
09 신발 쇼핑몰 창업 시 체크포인트 • 50
10 아웃도어 쇼핑몰 창업 시 체크포인트 • 51
11 전자 쇼핑몰 창업 시 체크포인트 • 52
12 액세서리 쇼핑몰 창업 시 체크포인트 • 53
13 잡화·주방용품 쇼핑몰 창업 시 체크포인트 • 54
14 가구 사무용품 쇼핑몰 창업 시 체크포인트 • 55
15 식품·과자 전문 쇼핑몰 창업 시 체크포인트 • 56
16 농축수산물 쇼핑몰 창업 시 체크포인트 • 57
17 수공예 재능을 판매하는 쇼핑몰 창업 시 체크포인트 • 58
18 서비스 대행업 쇼핑몰 창업 시 체크포인트 • 59
19 예약 홈페이지 창업 시 체크포인트 • 60
20 앞으로 발전 가능성 있는 쇼핑몰 만들기 • 61
21 쇼핑몰 판매상품의 가격 설정하기 • 63
22 쇼핑몰의 이익률 미리 계산하기 • 64
23 성공하는 쇼핑몰 창업 • 65

Chapter 3 쇼핑몰 사업자등록과 폼 나는 상품 사진 촬영하기

01 쇼핑몰 사업 타당성 분석하기 • 72
02 인터넷 쇼핑몰 창업계획서에 들어갈 내용 • 73
03 쇼핑몰 정식 사업자로 등록하기 • 74
04 쇼핑몰 사업체의 종류 2가지 • 75
05 사업자등록 신청서 작성하기 • 79
06 통신판매신고서 양식 • 82
07 쇼핑몰 사무실은 어떻게 꾸며야 할까? • 83
08 쇼핑몰 상품 사진 촬영에 필요한 촬영장비 • 85
09 상품 사진은 어떻게 하면 잘 찍을까? ① 조명 개수, 촬영 방법, 제품사진 크기 • 87
10 상품 사진은 어떻게 하면 잘 찍을까? ② 제품의 배경을 잘 선택하자 • 89
11 상품 사진 편집은 어떤 프로그램이 좋을까? ① 전문적인 디자인 작업은 포토샵 • 90
12 상품 사진 편집은 어떤 프로그램이 좋을까? ② 초보자라면 포토스케이프 • 92
13 쇼핑몰의 '상품상세설명창'은 어떤 배치가 좋을까? • 94
14 상품의 이해도를 높이는 '상품상세설명' 작성 요령 • 96
15 배송 시스템 구축 및 배송상품 포장방법 • 98

Chapter 4 카페24를 이용한 무료 인터넷 쇼핑몰 만들기

01 나만의 최적의 무료 쇼핑몰 선택하기 • 100
02 카페24로 배우는 무료 쇼핑몰 제작 • 102
03 카페24 무료 쇼핑몰의 특징 • 104
04 카페24 무료 쇼핑몰 주요 기능 • 105
05 카페24 무료 쇼핑몰 관리자 기능 • 106
06 카페24 실전으로 사용하기 • 107

07 카페24 무료 쇼핑몰의 로고와 메인 화면 수정하기 • 112
08 카페24 무료 쇼핑몰 메뉴 구성 수정하기 • 121
09 카페24 무료 쇼핑몰 레이아웃의 교체 • 127
10 카페24 무료 쇼핑몰에 상품 진열하기 • 131
11 카페24 무료 쇼핑몰에 결제 시스템 연결하기 • 135
12 카페24 무료 쇼핑몰의 배송관리 • 139
13 상품 관리, 고객 관리 등을 할 수 있는 카페24 쇼핑몰의 다양한 무료 기능들 • 141

Chapter 5 카페24 무료 모바일 쇼핑몰 제작과 오픈마켓 리모컨 환경 만들기

01 카페24의 무료 모바일 쇼핑몰 • 150
02 카페24 쇼핑몰에서 국내 오픈마켓 총관리하기 • 161
03 카페24 무료 쇼핑몰에서 해외 오픈마켓 연동하기 • 164

Chapter 6 고도몰&가비아 쇼핑몰 따라잡기

01 고도몰(www.godo.co.kr) • 168
02 고도몰 무료 쇼핑몰 주요 기능 • 169
03 고도몰 쇼핑몰 관리자 기능 • 170
04 가비아(www.gabia.com) • 171
05 가비아 '무료몰Plus+' 주요 기능 • 172
06 가비아 '무료몰Plus+'의 관리자 기능 • 173

Chapter 7 고객이 예약할 수 있는 예약 홈페이지 만들기

- 01 무료 모바일 쇼핑몰 ① 마이소호(www.mysoho.com) • 176
- 02 무료 모바일 쇼핑몰 ② '마이소호'의 기능 알아보기 • 177
- 03 음식점, 펜션, 미용실 무료 모바일 예약 기능 만들기 • 182
- 04 펜션, 음식점 사업자를 위한 모바일 예약 홈페이지 • 184

Chapter 8 쇼핑몰 홍보의 첫걸음 – SNS 게릴라 홍보와 SNS 유료광고 시작하기

- 01 쇼핑몰은 광고가 생명일까? ① 인터넷 자체가 이미 거대한 광고시장 • 194
- 02 쇼핑몰은 광고가 생명일까? ② 인터넷 광고시장의 분류 • 195
- 03 광고예산이 없는 사업자는 게릴라 홍보를 시작하자 • 196
- 04 SNS에서 게릴라 홍보하는 방법 • 200
- 05 '좋아요'를 불러일으키는 SNS 콘텐츠 작성법 • 202
- 06 3대 SNS 중에서 어디가 좋을까? • 204
- 07 국내 SNS 이용자 파악하기 • 205
- 08 3대 SNS 게릴라 광고의 기본 원리 • 206
- 09 트위터에서 게릴라 홍보 시작하기 • 207
- 10 트위터에서의 게릴라 홍보전 ① 업자라고 밝히고 홍보하기 • 210
- 11 트위터에서의 게릴라 홍보전 ② 업자라는 것을 감추고 홍보하기(스텔스마케팅) • 212
- 12 트위터의 유료광고주로 등록하기 • 217
- 13 페이스북에서 게릴라 홍보 시작하기 • 221
- 14 페이스북 가입과 업체용 페이지 • 222
- 15 페이스북에서의 게릴라 홍보 준비 • 223
- 16 페이스북 게릴라 홍보 • 232
- 17 페이스북 페이지의 반응 확인하기 • 235

18 블로그, 페이스북, 카카오스토리에서 소통하는 마케팅 • 238
19 페이스북에서의 유료광고 시작하기 • 241
20 페이스북 유료광고 시작하기 • 243
21 페이스북 유료광고로 팬 늘리기 • 249
22 동영상으로 상품 홍보하기 • 251
23 게릴라 마케팅의 끝판 대장 E-메일 마케팅 시작하기 • 255
24 E-메일 마케팅 효과 미리 알아보기 • 257
25 E-메일 마케팅의 비밀 • 259
26 홍보 메일 작성 요령 • 261

Chapter 9   쇼핑몰 홍보 최고의 전략 – 포털 사이트 유료광고 정복하기

01 쇼핑몰을 인터넷에서 검색되도록 등록하기 • 266
02 인터넷 유료검색광고 기초 배우기 • 269
03 광고가 소비자를 따라다니는 구글 애드워즈광고, 구글 검색광고 • 270
04 구글 애드워즈광고(구글 검색광고) 포인트 • 272
05 구글 애드워즈광고, 구글 검색광고 ① 실전으로 설정해보기 • 275
06 구글 애드워즈광고, 구글 검색광고 ② 광고 효과 확인과 추가 설정 기능 • 278
07 국내 양대 포털 사이트에서의 유료광고 • 280
08 네이버에서 검색하면 상품이 나타나는 유료광고 • 281
09 네이버에서 검색하면 제일 상단에 문자열로 나타나는 네이버 클릭초이스 • 284
10 네이버에서 제일 비싼 광고 • 286
11 다음 포털 사이트의 유료광고 ① 다음 검색광고(프리미엄링크, 와이드링크) • 287
12 다음 포털 사이트의 유료광고 ② 스페셜링크, 스폰서박스, 브랜드 검색 • 289
13 다음 포털 사이트의 유료광고 ③ 다음 DDN 광고 • 290
14 다음 포털 사이트의 쇼핑몰 광고 집합체 • 291

15 다음 포털 사이트에서 가장 비싼 광고 • 293
16 오픈마켓에서의 검색광고 ① G마켓 • 294
17 오픈마켓에서의 검색광고 ② 11번가 • 296
18 종합 쇼핑몰인 인터파크 쇼핑몰에서 판매하기 • 298
19 신세계백화점/이마트의 인터넷 쇼핑몰인 신세계몰/이마트몰 입점 가이드 • 300
20 오픈마켓에서의 광고, 이건 알고 시작해야 해 • 302
21 인기 커뮤니티 사이트에 광고하기 • 304
22 한정된 예산, 어느 광고가 우선일까? ① 손실보다는 이익을 높이는 광고 정책 • 306
23 한정된 예산, 어느 광고가 우선일까? ② 오픈마켓과 포털 사이트에서의 광고 • 308
24 한정된 예산, 어떻게 광고해야 효과적일까? • 310
25 매출을 올리는 기획상품 검토하기 • 313
26 카카오톡에서 할 수 있는 모바일 쇼핑몰 • 314

Chapter 10 쇼핑몰을 브랜드로 만드는 일급 창업전략

01 창업할 때부터 쇼핑몰을 브랜드화하기 • 318
02 감각적으로 조합한 쇼핑몰 상호 만들기 • 320
03 쇼핑몰이 저절로 떠오르는 포지셔닝 • 321
04 쇼핑몰 방문자에게 쇼핑몰 각인시키기 • 322
05 톡톡 튀는 마케팅 문안 작성하기 • 324
06 쇼핑몰 광고 포지셔닝 • 326
07 클릭 수, 구매전환율을 높이는 단어의 선택 • 329
08 인상적인 사진광고 만들기 • 331
09 저예산 창업자, 저비용 광고 찾기 • 333
10 광고하고 싶은 인기 사이트 찾아내기 • 334

부록 초보 사장님들을 위한 쇼핑몰 상품 사진 만들기
– 포토스케이프 완벽 활용 가이드

- **01** 쇼핑몰 사진편집을 위한 포토스케이프 • 337
- **02** 포토스케이프 기본기 ① 디카로 찍은 사진 크기 확인하기 • 341
- **03** 포토스케이프 기본기 ② 사진 크기를 쇼핑몰 화면에 맞게 줄이기 • 342
- **04** 포토스케이프 기본기 ③ 모바일 쇼핑몰이 정한 크기에 맞게 사진 줄이기 • 344
- **05** 포토스케이프 기본기 ④ 작업한 사진을 저장하기 • 345
- **06** 포토스케이프 기본기 ⑤ 사진에서 필요한 부분만 남기고 외곽 잘라 없애기 • 346
- **07** 포토스케이프 기본기 ⑥ 쇼핑몰에서 사용하는 로고 이미지 만들기 • 350
- **08** 포토스케이프 기본기 ⑦ 사진 밝기 조절, 외곽 자르기, 크기 줄이기, 저장 • 355
- **09** 포토스케이프 기본기 ⑧ 상품 사진에 도형 집어넣고 텍스트 입력하기 • 362
- **10** 포토스케이프 기본기 ⑨ 상품 사진에 투명 도형을 넣고 텍스트 입력하기 • 364

CHAPTER 1

왜 모바일 쇼핑몰&인터넷 쇼핑몰 창업인가

창업을 하자
– 인터넷 쇼핑몰&모바일 쇼핑몰 창업하기

성공률이 10~20%에 불과한 것이 인터넷 쇼핑몰 창업입니다. 알쏭달쏭하지만 알수록 재미있는 인터넷&모바일 쇼핑몰 창업에서 전략적으로 승부를 거는 방법을 알아봅니다.

　인터넷 쇼핑몰은 영국 기업가 마이클 알드리치(Michael Aldrich)가 1979년 온라인 쇼핑몰의 사업성을 처음 발견한 것이 시초입니다. TV, 컴퓨터, 전화선을 연결하는 시스템을 연구하던 알드리치는 텍스트를 입력해 주문할 수 있는 온라인 쇼핑몰이 구현 가능하다는 사실을 발견했습니다. 그로부터 30년이 지난 지금 미국 여성의 72%가 의류 구입 시 인터넷 쇼핑몰을 먼저 볼 정도로, 중국 인구 중 3억 명이 온라인 쇼핑몰을 이용할 정도로 온라인 쇼핑몰은 어마어마한 소매시장이 되었습니다.

인터넷 쇼핑몰의 창업 핵심

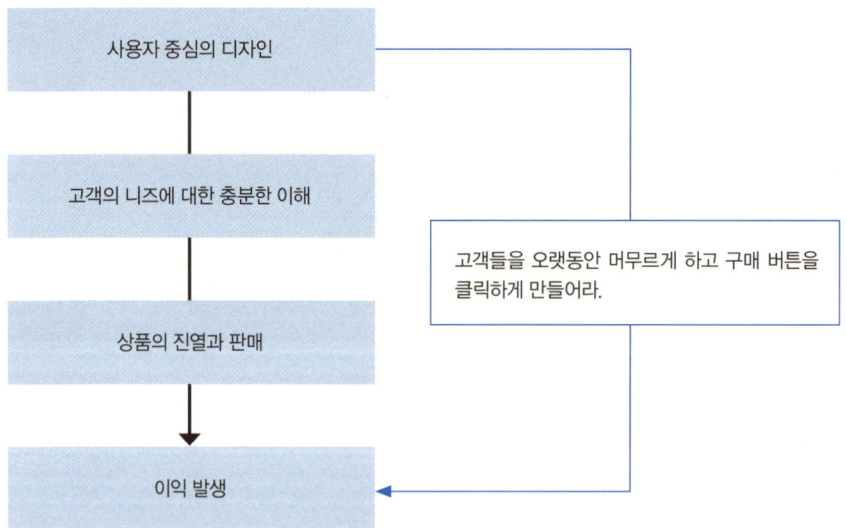

02 SECTION 인터넷 쇼핑몰의 창업 – 창업 예비자의 마음자세

전 세계적으로 인터넷 쇼핑몰 창업자들의 80%는 창업 후 그렇고 그런 곡예를 하다가 실패합니다. "이렇게 실패할 줄 알았어"라고 말하지 않으려면 어떻게 해야 할까요?

인터넷 쇼핑몰 창업자의 자세

인터넷 쇼핑몰을 창업한 뒤 실패의 길을 걸어가지 않으려면 창업 전 아래와 같은 자세를 가지는 것이 좋습니다. 사업의 성공과 실패는 어느 점을 중요하게 여기느냐에 따라 달라지기 때문입니다.

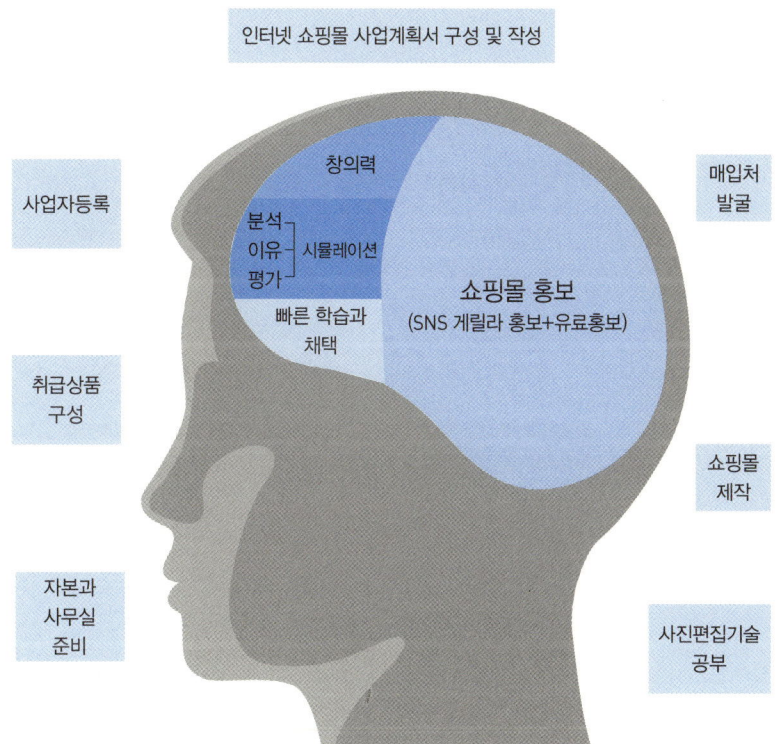

03 SECTION 어떤 사람들이 인터넷 쇼핑몰 사업에 좋을까?
– 쇼핑몰의 창업과 판매 가능한 인터넷 채널들

국내 소매업에서 인터넷 쇼핑몰 매출 비중은 전국 대형마트 매출을 합친 것보다 큽니다. 그래서 인터넷 쇼핑몰 창업은 청년 창업자들의 희망이 되었습니다.

인터넷 쇼핑몰 창업을 꼭 해야 할 사람

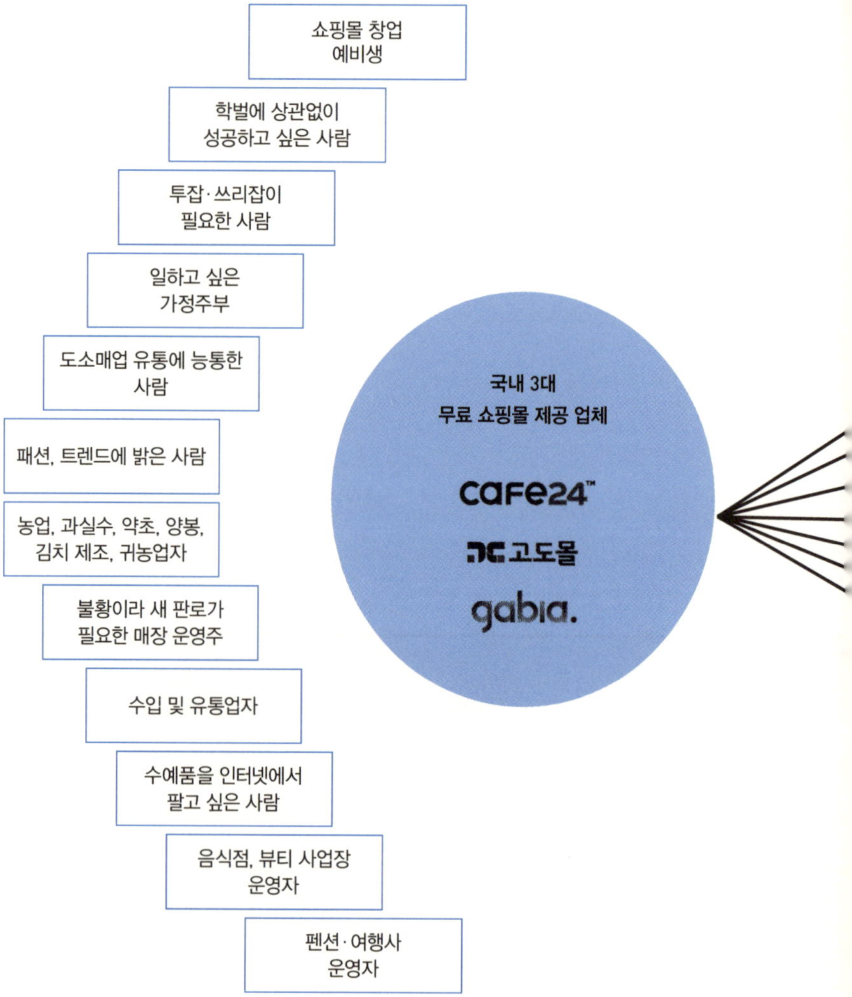

- 쇼핑몰 창업 예비생
- 학벌에 상관없이 성공하고 싶은 사람
- 투잡·쓰리잡이 필요한 사람
- 일하고 싶은 가정주부
- 도소매업 유통에 능통한 사람
- 패션, 트렌드에 밝은 사람
- 농업, 과실수, 약초, 양봉, 김치 제조, 귀농업자
- 불황이라 새 판로가 필요한 매장 운영주
- 수입 및 유통업자
- 수예품을 인터넷에서 팔고 싶은 사람
- 음식점, 뷰티 사업장 운영자
- 펜션·여행사 운영자

국내 3대 무료 쇼핑몰 제공 업체
- cafe24
- 고도몰
- gabia

2015년 현재 국내 소매창구는 크게 온라인 쇼핑몰, 전국의 대형마트·슈퍼마켓·백화점·편의점으로 나뉩니다. 이 중 매출 비중이 가장 높은 창구는 온라인 쇼핑몰입니다. 온라인 쇼핑몰의 총매출은 2014년 하반기에 전국의 대형마트 총매출을 추월했고 국내 소매업 매출의 25%를 차지하고 있습니다.

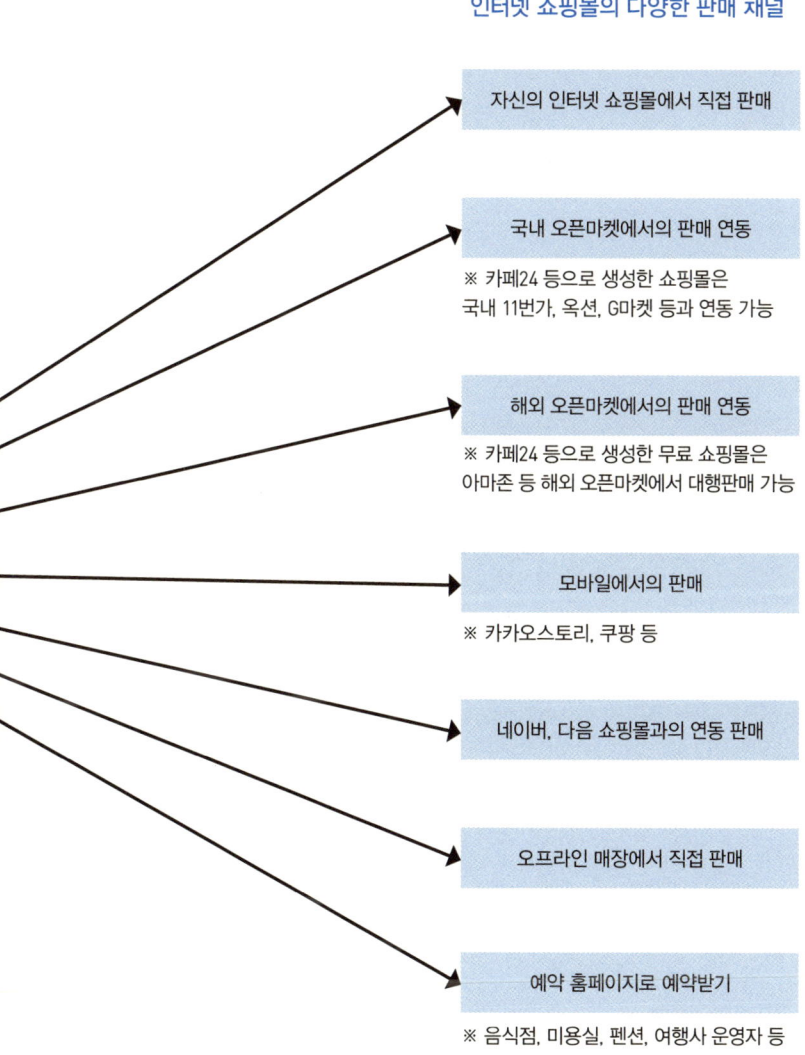

인터넷 쇼핑몰의 다양한 판매 채널

자신의 인터넷 쇼핑몰에서 직접 판매

국내 오픈마켓에서의 판매 연동
※ 카페24 등으로 생성한 쇼핑몰은
국내 11번가, 옥션, G마켓 등과 연동 가능

해외 오픈마켓에서의 판매 연동
※ 카페24 등으로 생성한 무료 쇼핑몰은
아마존 등 해외 오픈마켓에서 대행판매 가능

모바일에서의 판매
※ 카카오스토리, 쿠팡 등

네이버, 다음 쇼핑몰과의 연동 판매

오프라인 매장에서 직접 판매

예약 홈페이지로 예약받기
※ 음식점, 미용실, 펜션, 여행사 운영자 등

인터넷 쇼핑몰 창업 순서 한눈에 파악하기

국내는 물론 외국 개미 사업가들의 전쟁터인 쇼핑몰 창업! 창업 절차를 미리 알고 넘어 갑시다.

인터넷 쇼핑몰 창업은 업종과 취급상품을 선정한 뒤 쇼핑몰 제작에 들어가는 것이 순서입니다. 통상 6개월의 준비 작업이 필요한데 이 중 5개월은 사업구상, 업종조사, 취급상품 조사, 시장조사, 경쟁업체 조사, 상품도입처 발굴, 광고전략 수립에 필요한 시간입니다. 인터넷 쇼핑몰은 무료 생성이 가능하고 쇼핑몰 디자인 꾸미기는 컴퓨터 초보자도 1개월 일정으로 진행할 수 있습니다.

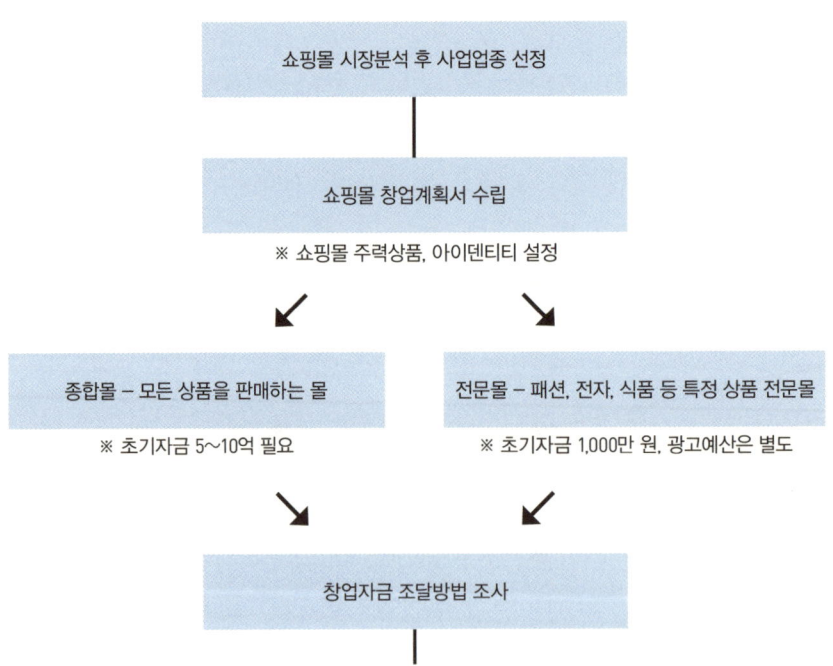

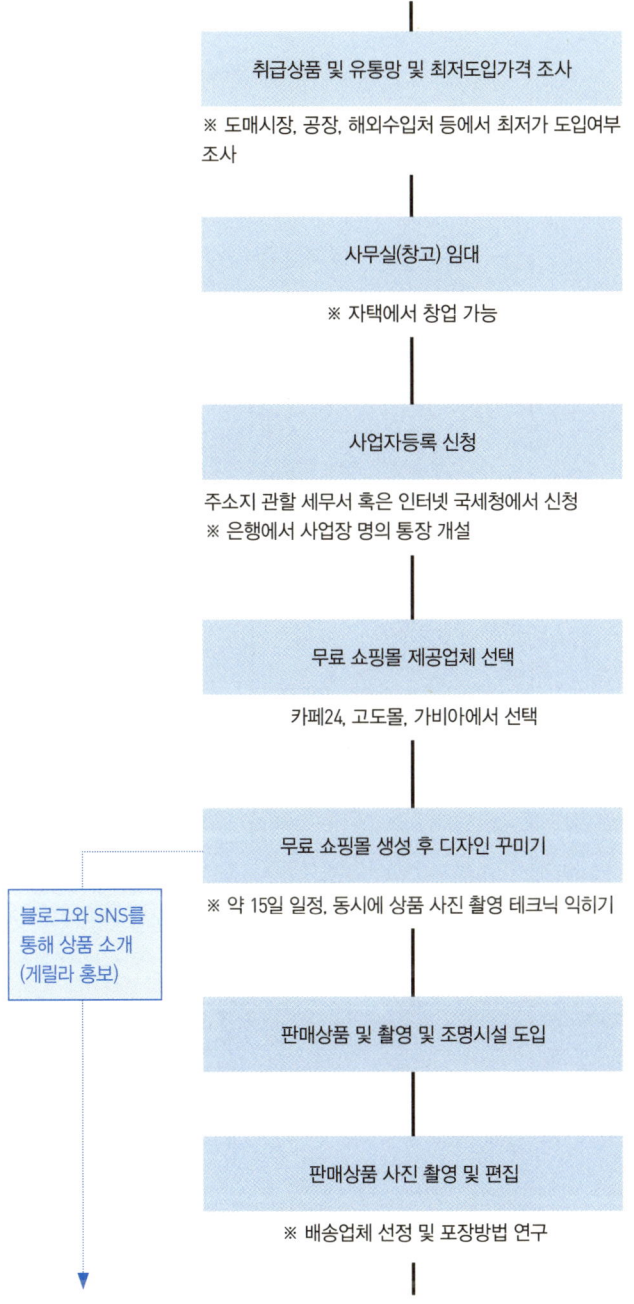

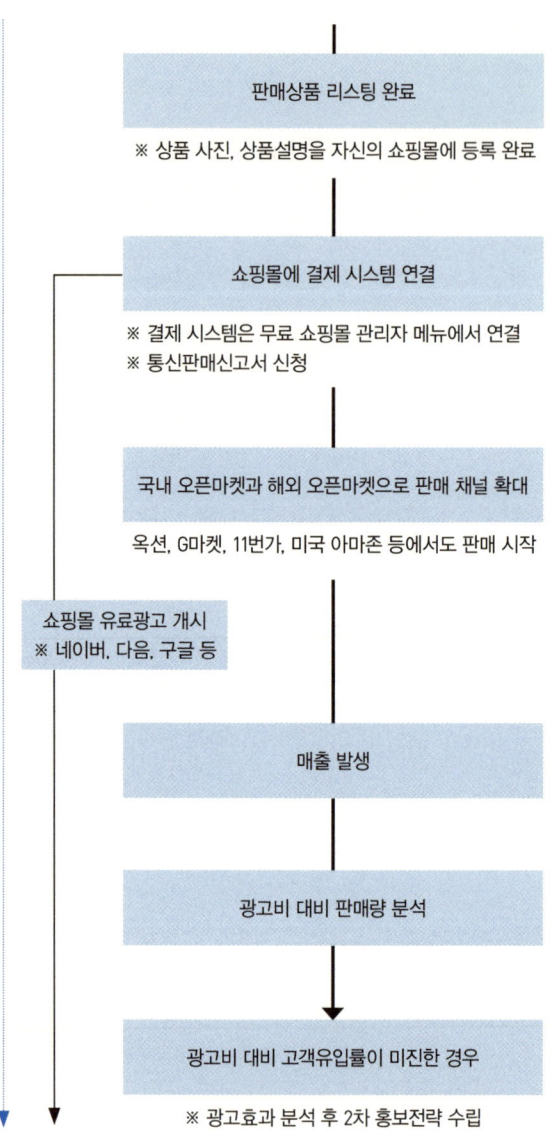

05 SECTION

1인 인터넷 쇼핑몰
– PC 쇼핑몰과 모바일 쇼핑몰 동시창업의 최소 준비물

인터넷·모바일 쇼핑몰은 대부분 소자본 창업이 가능하지만 최소한의 준비도구가 필요합니다. 이들 온라인 쇼핑몰 창업에 필요한 최소 자본과 준비도구를 정리합니다.

인터넷 쇼핑몰 창업 시의 필요도구는 개인용 PC, 프린터, 디지털카메라, 사진촬영용 조명세트입니다. 창업비용은 1,000만 원으로도 가능하지만, 최소 6개월간의 운영비(사무실 유지비 등)를 준비하는 것이 좋습니다.

쇼핑몰의 광고예산은 월 매출의 5~30% 사이에서 책정하되 적정선은 월매출의 10~15%입니다. 예를 들어 쇼핑몰의 월매출 목표를 1,000만 원으로 선정했다면 월 광고예산은 100만~150만 원으로 책정합니다. 장사가 잘되는 개인몰은 월 2,000만 원의 광고예산을 집행하기도 하는데 이런 쇼핑몰들은 월 1~3억 원의 매출을 올리는 쇼핑몰이라고 쇼핑몰 업자들이 귀띔합니다.

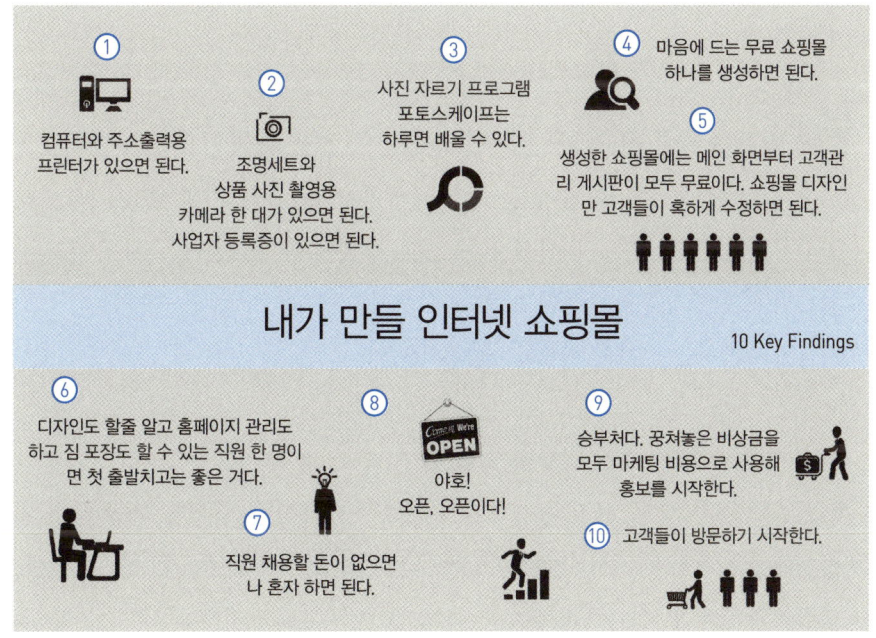

SECTION 06

1인 인터넷 쇼핑몰 & 모바일 쇼핑몰 – 쇼핑몰 사업으로 돈을 벌 수 있는 8가지 팁

쇼핑몰 사업으로 돈을 벌려면 다음과 같은 여덟 가지 팁을 머릿속에 기억한 뒤 취급할 상품을 선정하기 바랍니다.

1 : 가장 싸게 산 뒤 비싸게 팔자

누구나 아는 주식투자의 원칙이기도 합니다. 누구나 알고 있으므로 싸게 확보하는 것도 어렵고, 비싸게 파는 것도 어렵습니다. 이 말은 즉, 그만큼 저렴한 가격으로 상품을 확보하는 도입처 연구가 필요하다는 뜻입니다.

2 : 재고를 남기지 말자

팔리지 않을 물건을 들여다 놓고 고생하지 말고 팔릴만한 물건을 들여다 놓는 것이 재고를 발생시키지 않는 방법입니다. 쇼핑몰의 재고율은 가급적 0%를 사수하는 것이 좋으며 악성재고가 생기면 특가세일을 해서라도 재고율 0%를 유지하도록 노력하기 바랍니다.

3 : 소비자는 물론 판매자도 원가를 추정할 수 없는 제품이 마진이 높다

그 누구도 원가를 추정할 수 없는 제품은 비싸게 팔아도 원가를 모르므로 항의가 없습니다. 원가를 모르므로 비싸게 팔 수 있고, 비싸게 팔기 때문에 적게 팔아도 이문이 남습니다. 판매제품을 구성할 때 원가를 추정할 수 없는 제품을 추가해 적당히 좋은 가격에 판매하는 전략이 필요하다는 뜻입니다.

4 : 마진율이 높은 제품 위주로 취급하자

일반적으로 디자인 값을 받을 수 있는 제품이 마진율이 높습니다. 예를 들면 의류 등이 이에 속하지만 인도네시아와 미얀마에서 제조한 의류들이 수입 판매되면서 의류 마진율이 소폭 떨어졌습니다.

5 : 재구매율이 높은 제품이 좋다

생필품, 먹을거리 종류는 여타 쇼핑몰이 모두 비슷한 제품으로 구성돼 있고 비슷한 가격대에 형성돼 있습니다. 그래서 고객들이 굳이 다른 쇼핑몰로 이동하지 않고 자신의 단골 쇼핑몰에서 계속 구입하며 재구매율을 높입니다. 디자인 경쟁이 심한 품목은 고객들이 좋은 디자인을 찾아다니며 구매하므로 재구매율이 낮습니다. 하지만 쇼핑몰이 경쟁력 있고 친절하다면 높은 재구매율을 유지할 수 있습니다.

6 : 공급처가 가까이에 있는 것이 좋다

상품을 조달할 수 있는 공급처가 사무실 근처에 있는 것이 가장 좋습니다. 물류비가 들지 않을뿐더러 AS가 발생하면 바로 처리할 수 있기 때문입니다.

농어촌에서의 쇼핑몰 창업자는 자기고장 토산품, 특산품이 쇼핑몰 창업에 좋은 아이템입니다. 도입처가 가까이에 있고 도입처 상황을 손바닥 보듯 볼 수 있는 사람만이 시간이나 AS, 도입가 협상도 원활하게 이끌 수 있으므로 가까이에 도입처가 있는지 확인 바랍니다.

7 : 작은 승리에서도 영감을 얻고 도전하자

첫 번째 고객이 방문하고 첫 번째 주문이 발생하면 그것에서 승리와 자신감을 갖기 바랍니다. 열 번째 주문, 백 번째 주문이 왔을 때도 그것에서 승리와 자신감을 갖기 바랍니다. 첫 AS 신청이 접수되면 그것에서 영감을 받기 바랍니다. 작은 승리에도 고마움과 영감을 얻고 자신감을 얻는다면 자신의 쇼핑몰은 해마다 성장할 것입니다.

8 : 좋아하는 사람이나 가족과 많은 시간을 보내자

퇴근 후나 주말에는 가족이나 연인 등 좋아하는 사람과 식사를 하며 시간을 보내기 바랍니다. 좋아하는 사람과의 식사는 사업주에게 동기와 에너지를 만들어줄 것이고 사업에 열혈 매진하게 할 것입니다.

10%가 아니라 10배 더 매출 올리는 쇼핑몰 창업 ①
– 수요가 있는 시장부터 노리기

쇼핑몰은 판매가 잘 되어야 성공할 수 있습니다. 판매가 잘 되는 상품이란 수요가 있는 상품을 뜻하므로 이를 우선적으로 발굴해 판매하는 전략이 최고의 전략입니다.

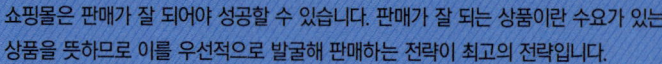

수요는 지금 당장 구매 버튼을 누르는 즉각적인 수요와 잠재적인 수요로 나눌 수 있습니다. 잠재적 수요는 발굴과정에서 마케팅 비용과 시간이 소요되므로 초보 창업자들은 수요가 바로 발생하는 제품을 판매하는 전략이 좋은 전략입니다. 수요가 바로 발생하는 제품은 어떤 것들이 있는지 정리해보았습니다.

계절상품	계절이 바뀔 때 자연스럽게 수요가 발생하는 상품. 계절에 맞게 수요가 있는 상품 위주로 진열 판매하는 전략. 당연히 매출 발생	
	봄상품	봄 신상 의류, 봄 신발류 등
	여름상품	모자, 내의, 샌들, 에어컨, 선풍기, 캠핑휴가 장비 등
	가을상품	가을 신상 의류, 가을 부츠류
	겨울상품	방한의류, 장갑, 부츠, 방한신발, 온풍기, 스키장비 등
기념일상품	어떤 기념일이나 명절날에 수요가 발생하는 상품. 기념일에 맞추어 해당 기념일에 수요가 있는 상품 위주로 진열하고 판매하는 전략	
	추석, 설날	제수용품, 식품종합선물세트, 민속주 등
	크리스마스 등	케이크, 선물세트, 와인 등
	신학기·졸업 시즌	PC, 노트북, 스마트폰, 의류, 문구류 등
	어린이날 등	완구, 학습교재, 인형 등
이벤트상품	월드컵·올림픽 등의 이벤트 시즌에 수요가 발생하는 상품. 이벤트 기간에 맞추어 해당 이벤트에 수요가 있는 상품 위주로 진열하고 판매	
	월드컵·올림픽	와이드 TV 등
	동계올림픽	스키복, 스키장비 등
	배달음식	피자, 통닭, 냉동만두 등
	결혼·이사(봄)	결혼식, 이삿짐 관련 상품 등

예산이 없는 소자본 창업자라면 일단 제품이 팔려야 이문이 남고 다음 상품도 도입할 수 있습니다. 그러므로 자신이 취급하는 카테고리에서 상대적으로 수요가 많은 상품을 파악해 그것을 먼저 준비하고 판매하려는 전략이 필요합니다. 쇼핑몰 홍보를 할 때도 수요가 있는 상품을 주인공으로 내세웁니다.

수요가 있는 상품이 무엇인지는 알겠습니다. 그렇다면 트렌드 상품(Trend Goods)이란 무엇일까요?

최첨단에서 유행하는 상품을 트렌드 상품이라고 합니다. 별안간 어떤 기간 동안 너도나도 유행처럼 찾는 상품들이 트렌드 상품입니다. 예를 들면 셀카봉이나 휴가철에 유행하는 페도라 모자 등이 트렌드 상품입니다.

트렌드 상품 말고 적게 팔려도 꾸준히 팔리는 상품은 어떤 것이 있을까요?

스테이플 상품(Staple Goods)이라는 게 있습니다. 어떤 유행 없이, 많이 팔리지는 않아도 필요하기에 꾸준히 팔리는 상품들이 스테이플 상품입니다. 예를 들면 생수, TV, 냉장고, 각종 생필품 등입니다.

SECTION 08
10%가 아니라 10배 더 매출 올리는 쇼핑몰 창업 ②
- 상세설명창을 낭비하지 말자

구매자들이 구매 버튼을 클릭할 때는 이미 세 가지 정보를 머릿속에 넣은 상태입니다. 상품 사진과 상품 상세설명, 마지막으로 상품에 달린 댓글입니다.

쇼핑몰 사업은 상품 사진을 잘 찍는 것도 중요하지만 상품을 설명하는 방법도 매우 중요합니다.

1 : 상품상세설명창 작성방법 - 20대 이하에게는 상품이 아닌 꿈을 팔아라

상품 상세설명을 낭비하지 않고 작성하는 방법 중 20대 이하를 타깃으로 하는 상품인 경우의 요령입니다.

상품을 설명할 때 상품설명이 아닌 꿈을 이야기하는 방식입니다. 아래와 같이 상품을 설명하면 20대 이하 고객들이 구매 버튼을 클릭할 확률이 높습니다.

의류상품 상세설명 예제	귀염성이 돋보이는 옷이에요. 짱짱하고 톡톡 튀는 매력이 있어요. 발랄한 스포티함을 강조했어요. 두툼한 오리털 충전재를 넣어 따뜻하고 좋아요.
신발상품 상세설명 예제	신으면 키가 커 보여요. 다리가 길어 보인답니다. 라인을 잡아주는… 생각보다 훨씬 좋아요. 겨울 내내 신기 좋은 고급 부츠가 들어왔어요. 퀄리티가 짱 좋답니다.
화장품상품 상세설명 예제	피부가 눈에 띄게 하얘져요. 피부 번들거림이 사라졌어요. 깔끔하고 화장 안 한 듯 가벼워요. 화사하고 뽀송뽀송한 아기 피부가 된 것 같답니다. 우선 피부 트러블이 개선되어서 좋아요.

2 : 상품상세설명창 작성방법 – 30대 이상에게는 상품이 아닌 실용성을 팔아라

상품상세설명을 낭비하지 않고 작성하는 방법 중에서 30대 이상을 타깃으로 하는 상품인 경우의 요령입니다. 상품을 상세설명 할 때 상품의 실용성을 부각합니다.

의류상품 상세설명 예제	두툼한 안감이라 보온이 잘된답니다. 바느질이 정교해서 구매하시면 득템하는 거랍니다. 보기보단 따뜻하고 가벼워요. 조금 더 소녀처럼 보이게 처리했습니다. 나름 샬랄라하고 좋아요. 부드러운 착용감으로 활동하기 편한…
신발상품 상세설명 예제	정말 편하게 신을 수 있답니다. 깔끔하니 이뻐용~ 정말 편하고 좋아요. 희소가치가 있는 제품입니다. 발볼을 슬림하게 잡아주었답니다.
화장품상품 상세설명 예제	노화를 막고 아기 피부로 돌아온답니다. 남자친구의 피부가 건강하게 개선된답니다. 포토샵이 필요없는 피부로 변신한답니다. 입술에 생기가 넘치고 소녀처럼 반짝인답니다. 열 살 어린 탱탱한 소녀 피부로 돌아간답니다.

매우 유명한 브랜드 상품은 그 자체가 구매력을 유발하므로 상품설명에 크게 공을 들이지 않아도 먹히는 경우가 많습니다. 하지만 소자본 창업자들이 판매하는 상품들은 대부분 브랜드 가치가 없는 상품들이므로 성의 없이 설명하는 것은 판매에 절대 도움되지 않습니다. 소자본 창업자들은 친근한 어투, 편안한 문체를 사용해 무명 브랜드에 대한 소비자들의 거부감을 없애고 구매를 유도하는 전략이 필요합니다.

어떤 제품의 상품상세설명창을 읽고 있는 고객이라면, 이미 그 물건의 구입여부를 고민하면서 상대적 장점을 찾고 있는 사람들입니다. 따라서 편안한 말투로 작성하고, 제품의 구매가치를 느낄 수 있도록 여러 가지 '재미있는 표현'으로 상품을 설명하기 바랍니다.

10%가 아니라 10배 더 매출 올리는 쇼핑몰 창업 ③
– 운영을 합리적으로 하는 10가지 팁

쇼핑몰 창업을 준비하는 사람이라면 창업을 할 때 필요한 다음 열 가지 팁을 염두에 두기 바랍니다.

1 : 혁신적인 아이템을 찾자

자신의 쇼핑몰 상품에 혁신적인 아이템을 찾길 바랍니다. 동종 상품을 취급하는 업체들과 차별화되는 어떤 혁신적인 요소를 세우기 바랍니다. 사업 자체가 혁신이라면 그보다 좋을 수는 없습니다. 어느 쇼핑몰 업자는 남들은 생각 못한 '야한 팬티 전문쇼핑몰'을 차려 국내와 해외에 판매합니다. 사업 자체가 혁신이므로 소자본 창업에 성공하였고 1인기업이지만 월 500만원의 순이익을 내고 있습니다.

2 : 더 나은 디자인을 추구하자

인터넷에서 판매하는 상품들은 대부분 사진과 그래픽에 의해 결정됩니다. 인터넷의 고객들은 디자인이 좋은 쇼핑몰을 좋은 회사, 괜찮은 회사, 믿을만한 회사로 인식합니다. 더 나은 디자인, 사진을 더 잘 찍은 상품으로 쇼핑몰의 가치와 전문성을 높이기 바랍니다.

3 : 자신보다 능력 있는 사람을 고용하자

쇼핑몰 창업자들은 대부분 홈페이지 코딩이나 그래픽 디자인을 할 줄 모르는 사람들일 것입니다(코딩을 할 줄 알면 쇼핑몰이 아니라 IT 회사를 창업하기 때문입니다).

코딩이나 그래픽을 할 줄 모른다면 가급적 실력이 좋은 직원을 고용하기 바랍니다. 보통은 그래픽 경연대회 수상 경력이 있는 디자이너들이 창조력과 디자인 면에서 실력이 우수합니다.

또한 디자이너를 고용할 때는 포토샵 디자이너보다는 플래시 디자이너를 고용하기 바랍니다. 플래시 디자이너는 포토샵, 애니메이션, 일러스트레이션, 동영상 편집,

Html 코딩의 기초적인 것을 공부했을 확률이 높으므로 쇼핑몰용 사진 편집, 애니메이션 배너 제작, 쇼핑몰 게시판 관리 등의 쇼핑몰 관련 제반 업무를 믿고 맡길 수 있습니다.

직원을 고용할 때는 자기보다 못하는 사람이 아니라, 자기가 모르는 분야를 잘하는 사람을 고용해서 그 분야의 관리를 맡기라는 뜻입니다.

4 : 사람들은 제품을 구매하는 것이 아니라 쇼핑몰 브랜드를 구매한다

쇼핑몰 운영이 잘되려면 쇼를 할 줄 알아야 합니다. 쇼는 재미, 호감, 친근감이 있는 것이 좋습니다. 쇼핑몰의 쇼는 마케팅, 제품사진의 품질, 상품진열방식, 상품상세설명 방식, 배송, AS 등이 모두 포함된 것을 말합니다. 쇼핑몰의 쇼가 호감이 가고 재미있다면 재구매율도 높을 수밖에 없고, 쇼핑몰의 브랜드 가치도 저절로 생겨날 것입니다.

5 : 통하면 그 방법으로 올인하자

1년을 고생하다가 어느 날 어떤 마케팅이나 어떤 상품이 별안간 잘 팔렸다면 그 방법으로 올인합니다. 우연히 잘 팔렸던 전략이 발견되었다면, 그 전략이 안 통할 때까지 올인하는 전략입니다. 더 이상 통하지 않아 철회할 시점이 되면 이미 중견 쇼핑몰로 성장한 상태일 것입니다.

6 : 쇼핑몰을 창업해도 그것을 아는 고객은 없다

스티브 잡스는 "대부분의 고객은 당신이 뭔가 보여주기 전까지는 자신이 뭘 원하는지 모른다"라고 했습니다.

쇼핑몰을 창업한 뒤 가만히 있으면 쇼핑몰을 방문하는 사람이 없습니다. 고객들은 당신의 인터넷 쇼핑몰이 생긴 것 자체를 모른다는 뜻입니다. 스티브 잡스의 말처럼 당신은 여기에 쇼핑몰이 있음을 고객들에게 알려야 합니다.

"제가 이런 쇼핑몰을 만들었어요. 이제 놀러 오세요."

쇼핑몰을 창업할 때는 반드시 고객들에게 쇼핑몰을 홍보할 광고예산을 준비하기 바랍니다.

7 : 쇼핑몰 사업으로 부자가 되려면 고객과 소통하자

쇼핑몰을 창업할 때 10% 더 버는 쇼핑몰이 아니라 열 배 더 버는 쇼핑몰을 목표로 한다면 쇼핑몰 사업으로 부자가 될 수 있습니다. 좋은 제품, 긍정적인 마인드, 재미를 주는 쇼핑몰이라면 누구나 쇼핑몰 부자가 될 수 있습니다. 1년에 1억이 아닌 10억을 버는 쇼핑몰이 되려면 쇼핑몰의 모든 역량을 고객과의 소통에 올인하기 바랍니다.

8 : 시선을 끄는 데는 할인판매가 최고

할인판매는 신규창업자는 물론 대기업과 중견 쇼핑몰에서도 흔히 펼치는 판매전략입니다. 이때 상품 옆에 무턱대고 '할인가'만 표기하면 할인판매 효과가 약할 것입니다. 할인가를 표기할 때는 '권장소비자가', '시중가'를 병행표기해 할인가격을 돋보이게 하는 전략이 필요합니다.

할인율이 높을수록 마진율은 낮을 수밖에 없으므로 옵션상품과 세트상품을 병행 판매해 역마진으로 발생하는 업체의 이익을 높이려는 전략이 필요합니다.

9 : 이벤트는 1년 내내 계속하자

쇼핑몰이 인기를 얻으려면 1년 내내 이벤트를 진행하는 것이 좋습니다. 가격 이벤트, 신상 이벤트 등의 여러 가지 이벤트를 병행하여 고객의 방문을 꾸준히 유도하는 전략입니다. 고객의 유입량은 곧 매출과 단골 확보에도 직결됩니다. 이벤트의 종류는 사은권 증정, 할인판매, 무료사용기간 등 여러 가지가 있습니다. 이벤트는 각종 기념일과 연계하여 그럴듯한 명분으로 실시하는 것이 좋습니다.

10 : 마케팅 목표는 정확하게

신규고객 유입률, 재방문율, 재구매율은 마케팅에 따라 좌우지된다고 해도 과언이 아닙니다. 마케팅 수단은 여러 가지가 있으므로 다양한 수단으로 마케팅을 해본 뒤 최적화된 마케팅 수단을 발굴하고 각기 판매목표를 설정하고 마케팅을 펼치는 전략이 필요합니다. 무턱대고 팔고자 하는 상품을 소개하기보다는 신규기획상품, 이벤트, 할인상품, 신상 소식을 전달하는 방식의 마케팅이 효율적일 수 있습니다.

쇼핑몰 운영의 효율성을 높이는 4가지 팁

쇼핑몰을 운영할 때 업무의 효율성을 높이는 네 가지 팁입니다.

1 : 창업의 첫 번째 과제는 시스템이 잘 돌아가도록 구축하는 것

시스템이 없는 상태에서 판매목표부터 설정하면 아무래도 일이 제대로 되지 않을 것입니다. 판매목표는 쇼핑몰 오픈 후 3개월 뒤에 설정해도 충분합니다. 먼저 시스템을 만드는 것이 첫 번째 과제입니다. 강물이 흐르는 구조입니다. 상품 준비, 촬영, 리스팅, 광고 등의 쇼핑몰 운영 시스템을 완벽히 체계화하면 자연스레 매출이 발생합니다.

2 : 우선순위를 정해놓은 뒤 순위가 높은 것부터 처리하기

사람은 혼자서 모든 일을 처리할 능력이 없습니다. 인간 자체가 멀티로 일을 처리하는 능력이 떨어지는 동물입니다. 그러므로 우선순위를 정해놓고 가장 중요한 일부터 처리하고 그다음 순위의 일을 처리하는 습관을 기르는 것이 좋습니다. 직원을 고용한 경우에는 직원에게 권한의 일부를 이양하기 바랍니다. 직원이 처리할 수 있는 일은 직원이, 자신이 처리해야만 하는 일은 자신이 처리하는 것이 효율성을 높이는 가장 빠른 지름길입니다.

3 : 알람을 끄고 메모하는 습관 기르기

흔히 하는 실수가 E-메일의 도착을 알리는 알람을 켜놓는 행위입니다. 알람이 울리면 바로 대처하기 위해서라고 할 수 있지만 이것은 현재 진행하는 머릿속 생각이나 계획, 생산성을 흩뜨리는 행위입니다. E-메일 도착 알람을 끄십시오. 대신 E-메일에 답장 쓰는 시간은 12시간 혹은 24시간 이내라고 못을 확실히 박으십시오.

E-메일을 읽는 시간은 아침 출근 전후 1회, 점심 전후 1회, 저녁 퇴근 전후 1회 등 하루 2~3회 정도로 정해놓기 바랍니다. E-메일을 하루 2회만 읽어도 고객의 질문에

24시간 안에 응대할 수 있는 체제를 구축할 수 있습니다.

고객 역시 당신처럼 잠을 잡니다. 그러므로 24시간 안에 답변을 완료하면 고객들도 만족합니다.

그런데 간혹, 고객의 문의를 깜박 잊고 하루가 지날 경우도 있을 겁니다.

고객의 문의를 24시간 넘어서까지 방치할 수는 없으므로 메모하는 습관을 기르십시오. 고객의 문의를 이틀, 사나흘 방치하다가는 좋은 쇼핑몰이 될 수 없습니다.

E-메일 도착을 알리는 알람 소리는 꺼놓되, 메모하는 습관을 기르는 것이 당신의 업무생산성을 확실히 올릴 방법입니다.

4 : 무료 쇼핑몰 솔루션 잘 선택하기

국내 무료 쇼핑몰 솔루션 제공업체는 카페24, 고도몰, 가비아 등이 있습니다. 먼저 각 회사에 각기 가입해서 자신의 무료 쇼핑몰을 생성시키기 바랍니다. 그런 뒤 각자의 무료 쇼핑몰 기능을 손으로 만져보면서 어떤 쇼핑몰이 사용자 친화적인지 파악합니다. 또한 상품 리스팅, 디자인, 고객관리 기능의 장단점을 파악한 뒤 자신의 손에 가장 잘 맞는 업체에서 무료 쇼핑몰을 사용하기 바랍니다. 아무래도 조작성과 관리기능이 우수한 무료 쇼핑몰이 추후 업무효율성에도 도움되기 때문입니다.

참고로, 국내의 무료 쇼핑몰들은 한 사람이 여러 개 생성을 시켜도 일정 기간 사용하지 않으면 자동으로 폐쇄되므로 걱정할 필요는 없습니다.

예비 창업자들이 꼭 알아야 할
인생에서 정말 큰 부자가 될 수 있는 확률

미국의 경제경영 전문기자가 전 세계 부자들을 연구한 뒤 아래와 같은 재미있는 해답을 얻었다고 합니다.

이자소득 생활자가 큰 부자가 될 확률

6%

↓

봉급쟁이가 큰 부자가 될 확률

8%

↓

주식투자자가 큰 부자가 될 확률

12%

↓

자기 사업을 시작한 사람이 큰 부자가 될 확률

20%

↓

주식, 채권, 기업, 특허권, 부동산을 모두 굴리는 자본가가 큰 부자가 될 확률

43%

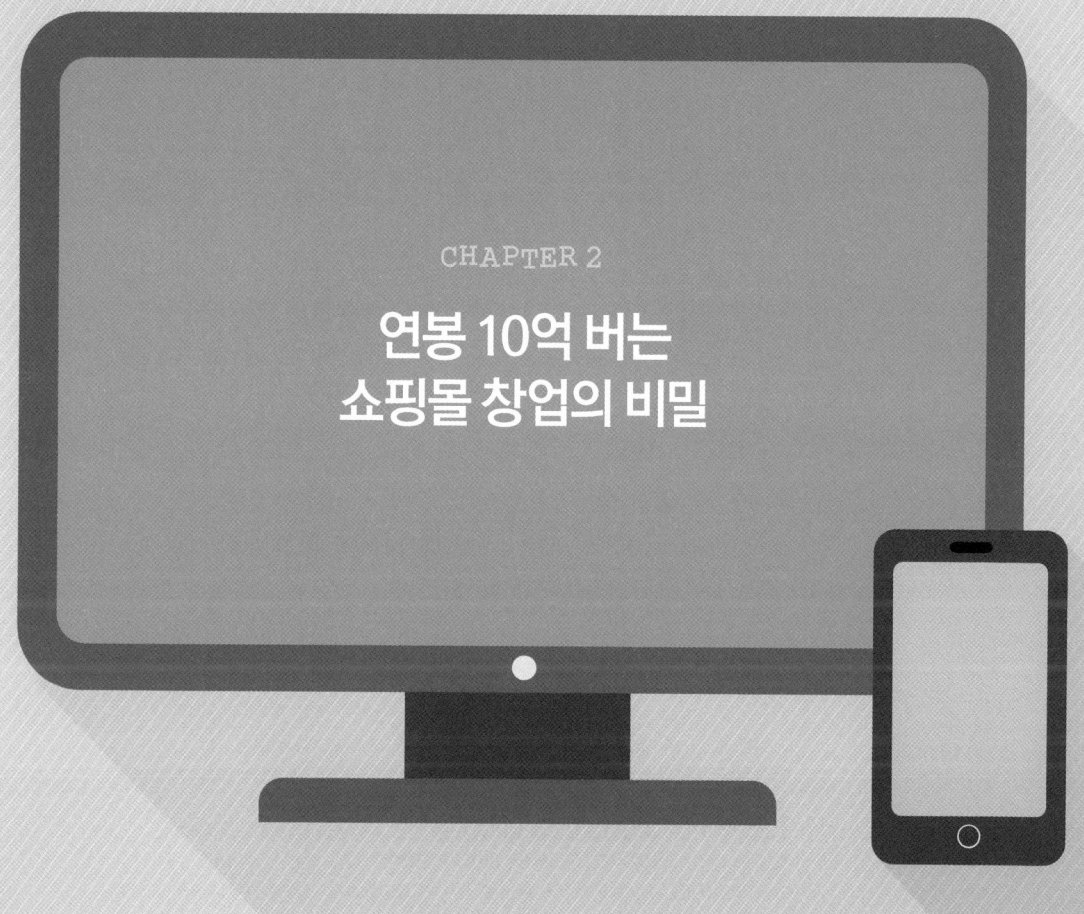

01 SECTION 쇼핑몰에서 무엇이 잘 팔릴까?
– 사업성 있는 카테고리 검토하기

자신이 잘 알고, 잘할 수 있는 분야에서 창업하는 것이 가장 좋지만 사업성이 있는지도 진단해야 합니다. 사업성이 없다고 판단되면 다른 품목을 발굴하기 바랍니다.

사업성 있는 카테고리는 다음과 같이 여러 곳에서 찾아볼 수 있습니다.

독점상품	독점상품이라면 일반상품보다 이문이 많이 남으므로 독점 가능한 상품이나 업종군이 있는지 먼저 검토해봅니다.
틈새상품	식품 쇼핑몰 중에서 수입산 향신료나 허브 전문 쇼핑몰이 틈새 쇼핑몰이라고 할 수 있습니다. 레스토랑, 베이커리숍, 조리하는 것을 좋아하는 사람들을 타기팅할 수 있습니다.
일반 쇼핑몰	패션의류, 신발류, 식품, 공산품, 전자제품, PC 주변기기, 운동기구, 다이어트, 주방용품, 침구류 등에서 마진율이 높고 차별성, 사업성, 브랜드 지명도가 있는 상품을 검토해봅니다.
명품 쇼핑몰	명품시계, 브랜드 의류, 패스트패션 의류, 아웃도어 브랜드, 신발, 명품 이어폰 등에서 차별성, 우수한 것을 찾아봅니다.
미래유망상품 (아이디어 상품)	IT, PC, 카메라, 기계장비류 등에서 유망상품, 최신상품으로 라인을 짜는 전략입니다. 아이디어 잡화상품만 발굴해 판매할 수도 있습니다. 예컨대 셀카봉 같은 아이디어 상품을 맨 처음 수입했던 우리나라의 어느 업자는 셀카봉 아이템으로만 몇 개월 만에 몇억을 벌었습니다. 수십, 수백 가지 아이디어 상품을 취급하되 대박이 날 만한 상품을 발굴하겠다는 전략입니다.
중개 쇼핑몰 (중개 도매숍)	자신이 키운 농축수산물을 판매하거나 자신의 지역 농축수산물, 특용작물, 약초, 건어물 따위를 공급해줄 마을이나 지역 단위를 구성해 중개 판매하는 쇼핑몰입니다. 기계장비, 전문장비, 과학교재 등의 전문기구나 장비를 수입대리하는 쇼핑몰도 있습니다. 저임금국가에서 수입한 각종 생활잡화를 모아서 판매할 수도 있습니다. 판매능력이 없는 소기업을 발굴해 소기업 상품 전문 쇼핑몰을 만들 수도 있습니다. 집 근처에 있는 가내공장을 공급처로 하여 판매할 수도 있습니다. 아예 물건 사입 없이 제품사진만 올려놓고 주문이 오면 그때 사입해 판매할 수도 있는데, 단 공급처가 사무실 가까이에 있어야 합니다.
예약 서비스 쇼핑몰	자신이 운영하는 펜션, 음식점, 여행사 고객들이 쉽게 예약할 수 있는 인터넷 혹은 모바일 예약 홈페이지입니다. 어떤 한 해수욕장 지역의 숙박시설(펜션과 민박집)의 예약을 중개하고 수수료를 취하는 아이템도 있습니다. 소규모 여행사에서 외국인을 위한 성형수술 여행상품을 개발 해당 현지어로 홍보 예약 판매하는 방법도 있습니다.

잘 팔리는 핫한 아이템 찾기
– 대박으로 팔릴 만한 상품 기획하기

10년 동안 1만 개 팔리는 제품보다는 1개월 만에 1만 개 팔리는 제품이 업자들에게 돈을 더 벌어다주는 상품입니다.

인터넷 쇼핑몰에서 기획상품을 만들 때 참고할 점에 대해 알아봅니다.

인터넷 쇼핑몰 이용자들은 대개 알뜰 쇼핑족이지만 충동구매족도 많습니다. 대량판매를 위한 상품을 기획할 때는 알뜰족과 충동구매족에 적절히 맞춤 타기팅하여 기획하는 지혜가 필요합니다.

패션의류	10~20대 취향 상품을 물색하고 기획. 1~10만 원대가 부담 없이 카드로 긁을 수 있는 핫한 아이템
신발 (하이힐 포함)	비메이커 라인은 1~7만 원대, 메이커 라인은 5~30만 원대에서 기획
아웃도어	20~50대 대상. 3~30만 원대가 부담 없이 카드로 긁을 수 있는 아이템. 중저가제품 라인과 중고가 라인으로 기획 가능
아이디어 상품	20~30대 취향 상품을 물색하되, 부담 없이 카드로 긁을 수 있는 0.5~5만 원대에서 기획
PC 주변기기	10~30대 취향의 상품 중 PC를 고성능으로 꾸미는 테크 제품군에서 기획
휴대용 전자기기 모바일 전자기기	10~30대 취향 상품을 물색하되 저가격대 중 디자인이 좋은 제품을 물색
액세서리 사무용품	2만 원대 이하 제품(잃어버려도 별로 억울하지 않은 가격대)에서 귀엽고 세련된 디자인 제품을 찾아서 기획
세트 상품	시너지 관계의 상품들을 세트로 구성해 판매하는 전략. 세트구성에 흥미, 감정, 스토리를 집어넣음.
연령층	연령층에 맞는 상품들을 기획상품으로 내놓는 전략
기념일	기념일에 맞추어 잘 판매되는 상품을 기획하는 데 가장 흔히 볼 수 있는 기획상품군

03 현재 인터넷 쇼핑몰에서 잘 팔리는 상품은?
- 젊은 세대 타깃 상품이 상대적으로 잘 팔린다

인터넷에서 팔리는 상품들은 대개 젊은 세대에 타기팅된 상품들이지만, 최근엔 식품류 같은 것은 나이 드신 분들도 인터넷에서 구매하는 경향이 많아지고 있습니다.

1 : 인터넷 쇼핑몰에서 인기 있는 상품은 무엇일까?

인터넷에서 잘 팔리는 상품을 나이대로 추정하면 젊은 사람들일수록 인터넷 쇼핑몰을 많이 이용한다는 것을 알 수 있습니다. 고연령층은 아무래도 인터넷 쇼핑몰보다 매장에 직접 가서 구입하는 경향이 높습니다. 그러나 식품류나 익히 알려진 공산품류는 저연령은 물론 고연령에서도 골고루 구매가 발생하고 있습니다.

	인터넷 쇼핑몰에서 잘 팔리는 상품	업계상황(추정)	구매자 연령(추정)
1위	패션의류·신발	사업자 간 경쟁 심화 ↕ ↕ 사업자 간 경쟁 느슨	저연령(10~30대) ↕ ↕ 고연령(30~60대)
2위	생활·자동차용품(가구 포함)		
3위	가전, 휴대전화		
4위	식음료		
5위	컴퓨터		
6위	화장품		
7위	아동용품		
8위	레저·스포츠용품		
9위	농수산		

참고로 인터넷 쇼핑몰은 주·야간 시간대마다 잘 팔리는 상품이 다릅니다. 패션의류는 주간 시간대에 잘 팔리는 반면, 야간 시간대에는 취미용품이 상대적으로 잘 팔립니다.

위 표를 보면 추정할 수 있듯 쇼핑몰 업계의 경쟁 상황은 구매자의 연령대에 따라

구별할 수가 있습니다. 틈새시장을 노리는 창업준비자라면 상대적으로 경쟁이 덜한 카테고리에서의 창업을 생각하는 것도 좋지만, 그만큼 구매지수는 떨어질 것입니다. 하나의 쇼핑몰에 올인하기보다는 여러 업종의 쇼핑몰을 준비하거나, 한 업종에서 브랜드가 다른 여러 쇼핑몰을 창업하는 것도 생각해볼 만합니다.

2 : 요즘 사람들이 좋아하는 선물은?

외신을 통해 입수한 리스트로, 기념일에 주고받는 선물 중 첨단 기술을 선호하는 사람들에게 인기 있는 선물입니다.

선물을 주는 사람이 선호하는 제품

1위	태블릿
2위	손목시계(스마트 기술이 적용된)
3위	이어폰(고품질 헤드폰)
4위	스마트폰
5위	살림·주방용품(최신기술이 접목된)
6위	와이드 TV
7위	데스크톱 PC 혹은 노트북

> 선물을 주는 사람은 작고 부담 없는 가격을 선호

선물을 받는 사람이 선호하는 제품

1위	태블릿
2위	와이드 TV
3위	스마트폰
4위	데스크톱 PC 혹은 노트북
5위	손목시계(스마트 기술이 적용된)
6위	이어폰(고품질 헤드폰)
7위	살림·주방용품(최신기술이 접목된)

> 선물을 받는 사람은 비싼 제품을 선호하므로 선물의 크기는 상관하지 않음.

'선물을 주는 사람이 선호하는 제품'은 다시 말해 기념일 같은 날에 벼락처럼 팔리는 제품이라는 뜻입니다. '선물을 받는 사람이 선호하는 제품'은 벼락같이 팔리지는 않지만 평상시에 꾸준히 팔리는 제품이라는 뜻으로 해석할 수 있습니다.

위와 같은 자료는 광고 마케팅에 유용할 수 있습니다. 예를 들어 "직장에 취업한 아들에게 주는 최고의 선물은 손목시계가 아니라 와이드 TV입니다"라는 식으로 광고 문안을 뽑을 수 있습니다.

3 : 대박상품을 기획하는 2가지 방법

대박상품의 기획은 트렌드를 좇아 기획하는 방법과 자신이 트렌드를 만드는 방법이 있습니다. 자신이 트렌드를 만들려면 그만한 입소문과 광고력이 필요하므로 보통은 트렌드를 좇아 기획하는 방법을 선택합니다.

우리나라의 트렌드는 일반적으로 TV의 인기 프로그램에서 유행이 시작하므로 인기 TV 프로그램을 항상 체크하면서 어떤 것이 입소문 나고 있는지 파악하는 자세가 필요합니다.

예컨대, TV에서 군 생활 프로그램이 인기를 얻자 군대 라면, 군대 햄버거 같은 상품이 등장한 것이 트렌드를 좇아 기획한 상품입니다.

패션 쇼핑몰이라면 패션잡지를 늘 구독하면서 대박이 될 만한 트렌드를 먼저 포착하고 그와 관련된 인기상품을 기획하는 자세가 필요합니다.

04 SECTION 통계청 최신 자료로 알아보는
– 국내 인터넷 쇼핑몰 월간 시장규모

이 자료는 통계청 2014년 9월 자료이며 국내 인터넷·모바일 쇼핑몰의 월매출 총합계입니다.

여행 및 예약 서비스 쇼핑몰은 국내 인터넷 쇼핑몰 중 최대인 월 6,200억 시장이지만 해외여행상품 판매와 비행기 탑승예약이 주요 상품이므로 논외로 합니다.

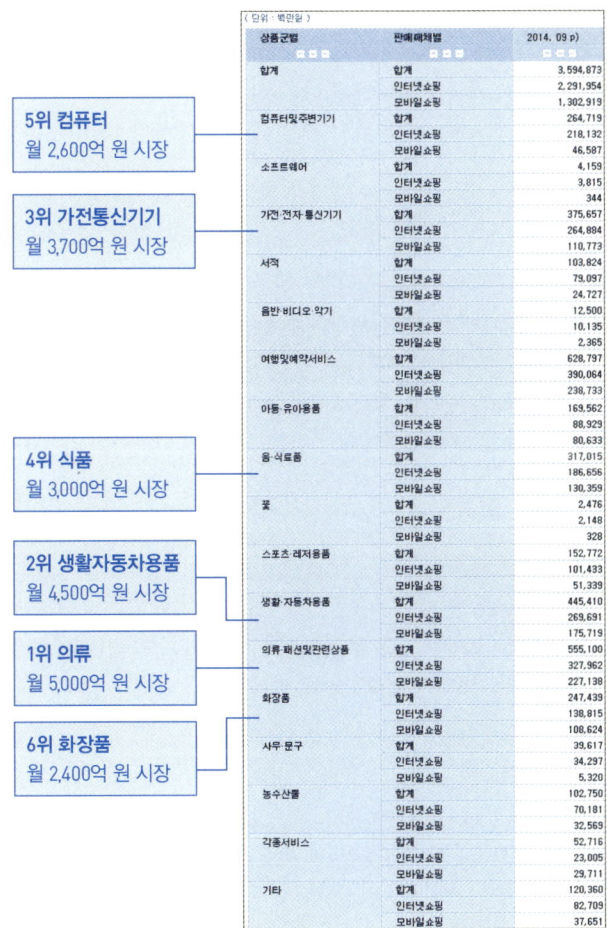

- 5위 컴퓨터 — 월 2,600억 원 시장
- 3위 가전통신기기 — 월 3,700억 원 시장
- 4위 식품 — 월 3,000억 원 시장
- 2위 생활자동차용품 — 월 4,500억 원 시장
- 1위 의류 — 월 5,000억 원 시장
- 6위 화장품 — 월 2,400억 원 시장

어느 상품이 잘 팔릴까? 핫한 아이템 찾는 방법 ①
– 네이버 트렌드 검색(trend.naver.com)

핫한 아이템을 찾으려면 사람들이 관심 두는 상품이 무엇인지 찾아야 합니다. 사용자의 관심사는 인터넷에서 찾는 경우가 많으므로 인터넷 트렌드 검색이 유용합니다.

01 네이버의 트렌드 검색창 (http://trend.naver.com/)입니다. 먼저 기간을 최근, 3개월, 1년 등에서 선택합니다.
그런 뒤 검색어 옵션의 + 버튼을 클릭한 뒤 비교하고 싶은 상품명이나 브랜드명을 개별적으로 입력하고 검색합니다.

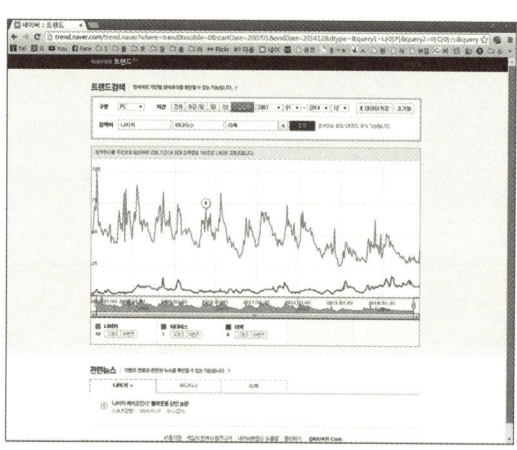

02 검색 기간은 1년으로 설정하고 비교하고 싶은 브랜드명으로 '나이키', '아디다스', '리복'을 입력하고 검색했습니다.
네이버 사용자들이 가장 많이 관심갖는 브랜드(가장 많이 검색했던 브랜드)는 '나이키'임을 알 수 있습니다.

예를 들어 겨울 판매상품을 준비할 무렵에 네이버 트렌드 검색에서 '기모'와 '패딩'으로 검색하면 '패딩' 쪽을 찾는 사람이 많다는 것을 알 수 있습니다. 그만큼 기모의류보다는 패딩의류가 잘 팔리는 상품이란 뜻이므로 겨울에는 기모보다는 패딩상품을 준비하는 것이 판매에 유리합니다.

어느 상품이 잘 팔릴까? 핫한 아이템 찾는 방법 ②
– 구글 트렌드 검색(www.google.com/trends/)

구글 트렌드 검색은 국내 지역별은 물론 전 세계 트렌드 파악에 유용합니다. 특히 국내의 도시별 자주 찾는 검색어를 파악할 수 있어 지역 판매상품 구상에 유용합니다.

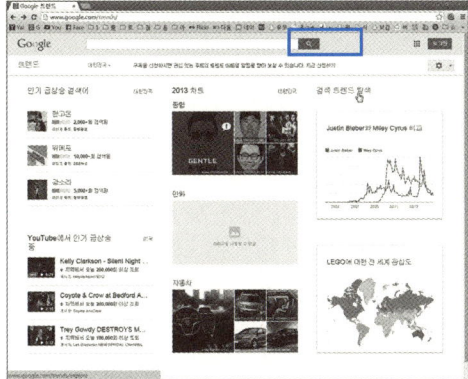

01 구글 트렌드 검색창에 접속합니다. '검색 트렌드 탐색' 버튼을 클릭합니다.

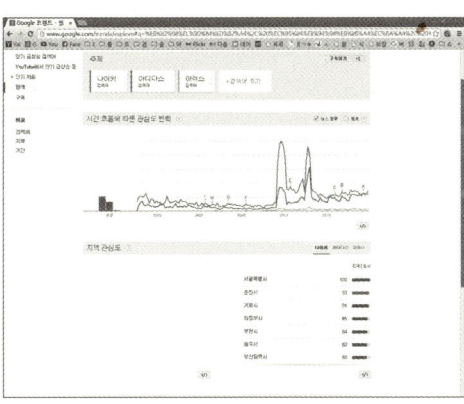

02 +검색어 추가 버튼을 클릭한 뒤 비교하고 싶은 상품명 혹은 브랜드명을 개별적으로 입력하고 검색합니다.

구글 이용자들이 각 브랜드를 검색한 횟수(인기도)가 그래프로 출력됩니다. 구글 트렌드 검색은 국내 도시별, 기간별 인기 트렌드(팔릴 만한 상품)를 찾을 때 유용합니다.

 트렌드 검색을 할 때의 검색어는 매우 상세한 명칭을 입력하는 것도 좋습니다. 광의의 검색어로 검색하면 트렌드 검색 결과도 광의의 범위로 나오기 때문입니다. 예를 들어 카메라 판매업을 한다면, 일단 여러 브랜드명을 같이 검색해 인기도를 비교해봅니다. 그런 뒤 제품별, 모델별 명칭을 비교 검색하면 인기 카메라(트렌드)를 상세하게 찾아 들어가며 검토할 수 있습니다.

SECTION 07
패션 쇼핑몰 창업 시 체크포인트 – 의류·부티크·패션 쇼핑몰 계통

의류 쇼핑몰은 쇼핑몰 창업 시 흔히 창업하는 분야입니다. 장래에 유명 패션업체를 만들 수 있는 핫한 아이템이므로 지금도 창업러시가 꾸준합니다.

의류·부티크·패션 쇼핑몰은 특정 연령층을 타깃으로 설정한 뒤 창업하는 것이 좋습니다.

판매제품 발굴처	국내 도매시장 국내 공장	동대문, 남대문시장 등에서 사입 국내 의류공장에서 OEM 사입
	해외 수입	디자인은 국내에서, 제조는 미얀마·베트남·중국 등 해외에서 OEM 사입. 혹은 기성제품을 알리바바에서 몇백만 원 혹은 몇백 벌 단위로 주문
유명 브랜드 전문몰	멀티숍 형태의 다양한 브랜드를 전문 판매하는 쇼핑몰	
10대 타깃 쇼핑몰	10대 소녀들을 타깃으로 그들에게 친근한 은어, 귀염성, 친절함으로 어필해 판매하는 전략	
사업 타당성 조사	가격	가격 경쟁력이 있을까?
	디자인	디자인 경쟁력이 있을까?
	품질	옷감 품질이나 바느질 품질이 좋을까?
	연령층	연령층에 맞게 운영을 할 수 있을까?
	브랜드	브랜드 보육 능력이 나에게 있을까?
	경쟁업체	타 경쟁업체의 사업능력 분석
수익성 설정	저가 패션 제품은 박리다매 전략, 계절별 기획상품은 대량판매 전략, 고품질제품과 유명 브랜드 제품은 고가판매 전략	
주요 광고비 지출처	포털 사이트의 검색광고나 지식쇼핑 디스플레이광고 등 구글 검색광고, 모바일광고, 지하철광고 패션잡지의 지면광고, 오픈마켓 내의 검색광고	
매출목표	연 매출목표 2~40억 원	예상 영업이익률 8~20%

※ 아마존, 이베이 등의 해외판매를 동시 진행. 카페24 무료 쇼핑몰을 제작한 경우 카페24를 대행사로 끼고 해외 쇼핑몰에서 판매할 수 있습니다.

08 SECTION 잘 팔리는 패션 쇼핑몰 맛보기
– 10대 소녀를 타기팅한 의류 쇼핑몰 상품소개 예제

쇼핑몰에서 상품을 클릭하면 상세설명이 나오는데, 이는 대상 연령층에 타기팅되어 작성해야 합니다. 본문은 10대 소녀에게 타기팅된 의류 쇼핑몰의 상품상세설명 예제입니다.

짱짱 귀여운 레알 니트 신상이에요~

| 피팅모델 사진(1~3장) |
| 1, 2, 3 |

살짝 핑크빛 배색으로 포인트를 주어 짱짱 귀여운 거에용~
정말 좋은 머스트 잇 신상이에요~ ♥
니트지만 목 조임을 줄여서 만든 엄청난 센스~
센스 넘치는 디자인에 부담 없는 가격이에용~
알고 보면 디테일까지 엄청 신경 써서 만들었다는 놀라운 반전 ><
짜임새가 촘촘해 가벼우면서도 따뜻하답니다~

| 색상별 제품사진 |
| 1, 2, 3, 4, 5 |

| 제품 사이즈 정보 |

| 피팅모델 사진(10여 장) |
| 4, 5, 6, 7, 8, 9, 10, 11, 12 |

09 SECTION

신발 쇼핑몰 창업 시 체크포인트
– 신발·운동화·드레스화 계통 쇼핑몰

패션업종 중에서 의류 다음으로 창업을 생각해볼 만한 업종입니다. 주로 중국산 등의 인건비가 저렴한 국가에서 제조한 신발을 사입하거나 수입해 판매하는 전략입니다.

신발·운동화·드레스화 계통 쇼핑몰 창업 시 생각해볼 만한 항목입니다.

판매제품 발굴처	국내 도매시장 국내 신발공장	동대문 신발상가 등에서 사입 각 지역 신발공장에서 OEM 사입
	해외 수입	디자인은 국내에서, 제조는 해외공장에서 OEM 생산 알리바바 쇼핑몰에서 몇백만 원 단위로 사입
수입 브랜드 전문몰		멀티숍 형태로 다양한 수입 브랜드 신발을 전문으로 판매하는 방식
패션화 전문몰		운동화, 패션신발 등의 다양한 브랜드를 전문으로 판매하는 방식
사업 타당성 조사	가격	가격 경쟁력이 있을까?
	디자인	디자인 경쟁력이 있을까?
	품질	품질 경쟁력이 있을까?
	쇼핑몰 브랜드	브랜드 보육 능력이 자신에게 있는지 판단
	경쟁업체	타 경쟁업체의 사업능력 분석
수익성 설정		저가 라인은 박리다매 전략, 트렌디한 상품 대량판매 전략. 건강, 기능성 신발 판매. 고품질 고급 브랜드만 취급하며 고가에 판매하는 전략. 수입신발, 수제고급신발을 병행 취급하는 전략
주요 광고비 지출처		포털 사이트의 검색광고나 구글 검색광고, 모바일광고, 패션잡지의 지면광고, 신문의 지면광고, 오픈마켓 내의 검색광고와 디스플레이광고 등
매출목표	연 매출목표 2~30억 원	예상 영업이익률 8~20%

※ 아마존, 이베이 등의 해외판매 동시 진행합니다.
※ 성숙기에 접어들면 시내에 소호형 부티크 매장을 내기 바랍니다.

SECTION 10
아웃도어 쇼핑몰 창업 시 체크포인트
– 등산·캠핑·스포츠·아웃도어 계통 쇼핑몰

패션업종 중에서 급부상한 업종입니다. 중국 등의 인건비가 저렴한 국가에서 제조한 아웃도어 상품을 판매하거나 해외 선진국의 유명 브랜드를 수입해 판매하는 전략입니다.

아웃도어 계통 쇼핑몰 창업 시 생각해볼 만한 항목입니다.

판매제품 발굴처	국내 도매시장 국내 공장	동대문, 남대문시장 등에서 사입 국내 공장에서 OEM 사입
	해외 수입	디자인은 국내에서, 제조는 해외공장에서 OEM 생산 알리바바 쇼핑몰에서 OEM으로 수입
캠핑·등산용품 전문몰	멀티숍 형태로 해외의 다양한 브랜드를 전문으로 판매하는 방식	
스포츠 브랜드 전문몰	스포츠용품, 자전거용품, 캠핑용품을 판매하는 방식	
사업 타당성 조사	가격	가격 경쟁력이 있을까?
	브랜드	브랜드 경쟁력이 있을까?
	품질	품질 경쟁력이 있을까?
	쇼핑몰 브랜드	브랜드 보육 능력이 자신에게 있는지 판단
	경쟁업체	타 경쟁업체의 사업능력 분석
수익성 설정	저가 라인은 박리다매, 계절별 인기 캠핑상품 판매. 중국산은 초저가에 판매하는 전략. 해외 일반 브랜드 제품을 합리적인 가격에 판매하는 전략. 해외 유명 브랜드 제품을 초고가에 판매하는 전략	
주요 광고지출처	포털 사이트 검색광고 혹은 구글 검색광고, 신문광고, 등산잡지광고, 오픈마켓에서의 검색광고 혹은 디스플레이광고 등	
매출목표	연 매출목표 4~100억 원	예상 영업이익률 8~20%

※ 아마존, 이베이 등의 해외판매 동시 진행합니다.

SECTION 11

전자 쇼핑몰 창업 시 체크포인트
– 가전제품·PC 주변기기·스마트폰 계통

경쟁업체가 많으므로 여러 가지 제품을 취급하는 동시에 아이디어가 좋은 혁신 상품을 동종 업체보다 먼저 발굴해 판매하는 전략이 필요합니다.

전자 계통 쇼핑몰 창업 시 생각해볼 만한 항목입니다.

판매제품 발굴처	국내 도매시장 국내 공장	용산도매상가 등 국내 공장이나 딜러 등
	해외 수입	대만, 중국에서 OEM 수입 혹은 알리바바 쇼핑몰에서 OEM으로 수입 명품 전자제품은 일, 미, 유럽권에서 병행수입
명품 오디오 전문몰	다양한 명품 브랜드를 전문으로 판매하는 방식	
PC 조립 전문몰	PC 완제품과 PC 부품을 전문으로 판매하는 방식	
사업 타당성 조사	가격	가격 경쟁력 있을까?
	혁신	혁신적인 제품일까?
	품질	품질 경쟁력이 있을까?
	쇼핑몰 브랜드	브랜드 보육 능력이 자신에게 있는지 판단
	경쟁업체	타 경쟁업체의 사업능력 분석
수익성 설정	저가라인 전자상품은 대량판매 전략. 독특한 아이디어 상품 독점수입 고가판매 전략. 브랜드 명품은 합리적인 가격 혹은 초고가판매 전략 싱글족을 타깃으로 한 소형가전제품 판매	
주요 광고비 지출처	포털 사이트에서의 검색광고 혹은 구글 검색광고, PC 잡지광고, 지하철광고, 오픈마켓에서의 검색광고, 디스플레이광고 등	
매출목표	연 매출목표 4~100억 원	예상 영업이익률 8~15%

※ 아마존, 이베이 등의 해외판매 동시 진행합니다.
※ 전자제품을 수입 판매할 경우 전자파인증 비용이 들어가므로 도매상을 끼는 것이 좋을 수도 있습니다.

SECTION 12

액세서리 쇼핑몰 창업 시 체크포인트
– 액세서리·패션잡화 계통

자체 액세서리 브랜드와 디자인으로 차별화하는 전략이 필요합니다.

국내에서 생산하기도 하지만 보통은 중국이나 베트남 등의 해외공장에서 OEM으로 생산한 뒤 판매하는 전략을 취합니다.

판매제품 발굴처	국내 도매시장 국내 공장	동대문, 남대문, 인터넷 도매시장 등 국내 가내공장에서 OEM 생산
	해외 수입	디자인은 국내에서 제조는 해외공장에서 OEM 수입. 알리바바 쇼핑몰에서 수입
수입 유명 브랜드 전문몰		유명 액세서리 브랜드를 전문으로 판매하는 방식
잡화 전문몰		다양한 잡화 브랜드를 소매 혹은 도매로 판매하는 방식
사업 타당성 조사	가격	가격 경쟁력이 있을까?
	디자인	디자인 경쟁력이 있을까?
	품질	품질 경쟁력이 있을까?
	수출	수출 가능한 물건을 확보할 수 있을까?
	쇼핑몰 브랜드	브랜드 보육 능력이 자신에게 있는지 판단
수익성 설정		저가라인은 박리다매. 계절별 기획상품은 대량판매 전략. 중고가, 브랜드 상품은 중고가 판매 전략
주요 광고비 지출처		포털 사이트에서의 검색광고 혹은 구글 검색광고 오픈마켓 내에서의 검색광고 혹은 디스플레이광고 모바일광고, 지하철광고, 잡화도매시장에서 전단지광고 액세서리 노점 창업준비자를 대상으로 전단지광고
매출목표		연 매출목표 3~20억 원	예상 영업이익률 10~25%

※ 직접 디자인하고 해외공장에서 OEM 생산한 액세서리는 때에 따라 몇백만 원 단위로 수출이 가능합니다. 아마존 등 해외 오픈마켓에서 영업할 때 해외 현지에서 잡화 도매상을 하는 바이어를 잡을 수 있도록 노력하기 바랍니다.

※ 성숙기에 접어들면 동대문상가, 유명 쇼핑센터 등에 단독 매장을 내기 바랍니다.

SECTION 13
잡화·주방용품 쇼핑몰 창업 시 체크포인트
– 아이디어·생활용품·주방용품·잡화·문구 계통

잡화는 수많은 업체가 다양한 국가에서 수입 및 판매하고 있으므로 경쟁업체와의 차별화 전략과 차별화된 제품 발굴이 중요합니다.

주방잡화 등 전방위적 제품을 판매하되 아이디어가 좋은 상품을 제때 발굴해 한 품목으로 판매 대박을 내는 전략이 필요합니다.

판매제품 발굴처	국내 도매시장 국내 공장	동대문, 남대문 수입상가 등 국내 봉제공장 등에서 OEM 발굴
	해외에서 수입	디자인은 국내에서, 제조는 해외공장에서 OEM 알리바바 쇼핑몰에서 몇백만 원 단위로 주문
수입 유명 브랜드 전문몰	멀티숍 형태로 국내외 다양한 생활잡화 브랜드를 판매하는 쇼핑몰	
아이디어 상품 전문몰	아이디어 잡화상품 위주로 판매하는 쇼핑몰	
주방용품 전문몰	각종 주방용품을 전문으로 판매하는 쇼핑몰	
사업 타당성 조사	가격	가격 경쟁력이 있을까?
	트렌드	트렌드 제품일까?
	품질	품질 경쟁력이 있을까?
	쇼핑몰 브랜드	브랜드 보유 능력이 자신에게 있는지 판단
	경쟁업체	타 경쟁업체의 사업능력 분석
수익성 설정	저가라인은 박리다매. 계절별 기획상품은 대량판매 전략 브랜드 제품은 합리적인 가격이나 고가판매 전략	
주요 광고비 지출처	포털 사이트 검색광고 혹은 구글 검색광고, 오픈마켓 검색광고 혹은 디스플레이광고, 신문광고, 여성지광고	
매출목표	연 매출목표 2~40억 원	예상 영업이익률 10~20%

※ 아마존, 이베이 등의 해외판매를 동시에 진행하기 바랍니다.
※ 자금력이 생기면 TV 쇼핑몰, 신문광고를 통해 대량판매하는 전략을 취하기 바랍니다.

SECTION 14

가구 사무용품 쇼핑몰 창업 시 체크포인트
– 가구·DIY·사무용품·기계류 계통

각종 가구, 사무용품을 판매하는 쇼핑몰입니다.

이 업종 역시 여러 상품을 판매하되 아이디어 상품을 잘 발굴해 한 품목으로 대박을 내려는 전략이 필요합니다.

판매제품 도입처	국내 가구단지 국내 공장	지역 가구도매단지, 기계류도매단지 가구단지의 업체들은 대개 공장이나 목공소를 소유하고 있으므로 도입처 발굴 용이 제품 발주 시 자신의 브랜드를 붙일 수 있음.
	해외에서 수입	대만, 중국산 수입 판매 알리바바 쇼핑몰에서 수입
수입 유명 브랜드 전문몰	수입 고가 브랜드를 전문으로 판매하는 방식	
저가 제품 전문몰	중국산 저가 제품을 전문으로 판매하는 쇼핑몰	
디자인 우수제품 전문몰	세련되고 우수한 디자인 제품 위주로 판매하는 방식	
사업 타당성 조사	가격	가격 경쟁력이 있을까?
	디자인	디자인 경쟁력이 있을까?
	트렌드	트렌드 제품일까?
	품질	품질 경쟁력이 있을까?
	쇼핑몰 브랜드	브랜드 보육 능력이 자신에게 있는지 판단
	경쟁업체	타 경쟁업체의 사업능력 분석
수익성 설정	저가라인은 박리다매 전략, 개학철, 졸업철에 맞는 기획상품 판매전략. 해외 브랜드 제품은 고가판매 전략. 식당집기, 사무집기 전문몰 방식 등	
주요 광고비 지출처	포털 사이트에서의 검색광고, 구글에서의 검색광고 오픈마켓에서의 검색광고, 여성지광고	
매출목표	연 매출목표 4~30억 원	예상 영업이익률 10~20%

※ 자금력이 생기면 TV 쇼핑몰, 신문광고를 통해 대량판매하는 전략을 취하기 바랍니다.

SECTION 15
식품·과자 전문 쇼핑몰 창업 시 체크포인트
– 식품·과자·음료 도소매 계통

식음료, 과자, 냉동식품, 라면 등 다양한 식품류를 판매하는 쇼핑몰입니다.

식음료 전문 쇼핑몰은 마진율이 적지만 다른 쇼핑몰에 비해 고객들의 재구매율이 높습니다.

판매제품 발굴처	도매시장 대리점 공장	지역 식품도매시장 지역 식품대리점 지역 식품공장
	해외수입	초콜릿류, 과자류, 새우 수산물류, 냉동수산물류
수입과자 전문몰	다양한 수입 과자를 전문으로 판매하는 쇼핑몰	
초콜릿 전문몰	다양한 브랜드 초콜릿을 전문으로 판매하는 쇼핑몰	
치즈 가공식품 전문몰	수입 치즈, 유가공업 제품을 전문 판매하는 쇼핑몰	
다이어트 식품 전문몰	다이어트에 도움되는 식품을 판매하는 쇼핑몰	
냉동식품 전문몰	냉동만두, 냉동수산물, 축산물을 전문 판매하는 쇼핑몰	
사업 타당성 조사	가격	가격 경쟁력이 있을까?
	맛	인기를 끄는 맛일까?
	품질	식품재료의 품질이 좋은가?
	쇼핑몰 브랜드	브랜드 보육 능력이 자신에게 있는지 판단
	경쟁업체	타 경쟁업체의 사업능력 분석
수익성 설정	일반적으로 박리다매 전략	
주요 광고비 지출처	포털 사이트 검색광고, 모바일광고, 지하철광고 오픈마켓 검색광고 및 디스플레이광고	
매출목표	연 매출목표 3~30억 원	예상 영업이익률 8~20%

※ 아마존, 이베이 등의 해외판매를 동시에 진행하기 바랍니다.

SECTION 16
농축수산물 쇼핑몰 창업 시 체크포인트
– 농축수산물·특산물 도소매 전문 쇼핑몰

각 고장의 특성에 맞는 농축수산물 전문 쇼핑몰들이 점점 생겨나는 추세입니다. 귀농인이나 마을, 지역단위로 판매조직을 구성한 뒤 쇼핑몰을 운영하는 것도 좋은 전략입니다.

이 업종은 홍보에 어려움이 많지만 일단 고객이 되면 재구매율이 높습니다.

판매제품 발굴처	국내 도매시장 국내 공장 면 소재지 약재상 귀농농업인	지역 농축수산 도매시장 지역 소분업체, 방앗간 약재상(대부분 강원도에 소재) 직접 재배한 작물, 직접 만든 김치 판매
농축수산물·유기농 쇼핑몰	냉동수산물 전문, 한우 전문 쇼핑몰 등을 창업할 수 있지만, 먹을거리 쇼핑몰 특성상 옮겨 다니며 구입하지 않으므로 전문 쇼핑몰보다는 농축수산물을 전부 취급하는 종합 쇼핑몰 창업이 더 좋음. 김치, 된장, 유기농 전문몰, 건강농산 전문몰 등 차별화 브랜드 전략 필요	
중개 쇼핑몰	자기 고장 농업인들과 네트워크를 만든 뒤 지역 내 농축산물을 모두 수집해 중개판매하는 방식	
사업 타당성 조사	가격	가격 경쟁력이 있을까?
	품질	품질 경쟁력이 있을까?
	맛	맛의 경쟁력이 있을까?
	신선도 배송	신선도를 유지하며 배송 가능할까?
	쇼핑몰 브랜드	브랜드 보육 능력이 있는지 판단
수익성 설정	자기고장 농축수산물을 브랜드화하여 판매. 명절시기에 맞추어 기획상품 판매. 약용, 특용작물은 고가 판매. 한약즙, 건과, 건어물 등 2차 가공한 뒤 판매	
주요 광고비 지출처	포털 사이트 검색광고 혹은 구글 검색광고 요리잡지광고, 자기고장 도로변 옥외광고 유명관광지 앞 전단지 광고, 식품박람회에서 전단지 광고	
매출목표	연 매출목표 2~30억 원	예상 영업이익률 10~25%

※ 자신의 고장에서 유능한 농촌사업가가 될 수 있는 아이템입니다.

SECTION 17

수공예 재능을 판매하는 쇼핑몰 창업 시 체크포인트
– 수공예, 드론, 피규어, RC 제품 판매 쇼핑몰

수공예 상품이나 피규어 상품을 제작하거나 사입한 뒤 판매하는 쇼핑몰입니다.

자신의 예술재능과 창작재능을 사업과 접목할 수 있는 쇼핑몰입니다.

판매제품 발굴처	직접 제조 판매	공예품, 피규어 상품을 직접 제조
	공장, 시장 사입	종로 광장시장 액세서리 도매처나 동대문시장 액세서리 도매처에서 사입
	해외 수입	중국의 유명 잡화시장(이우시장 등) 알리바바 쇼핑몰 인천의 중국상품 도매전문점
판매제품	공예품	자신이 제조한 공예품과 공장제품 판매
	피규어	국내외 저작권법에 위반되지 않는 새로운 모양의 피규어를 직접 제조판매
	RC 장난감, 드론	각종 RC 무선제품, 드론, 조립완성품 판매
	한정판	마니아용 한정판 판매와 수입 대행
사업 타당성 조사	가격	가격 이점이 있을까?
	기호	제품을 원하는 마니아층이 있을까?
	품질	품질 경쟁력이 있을까?
	디자인	디자인 경쟁력이 있을까?
	아이디어	창안력, 아이디어가 좋을까?
	완성도	마감 처리를 잘할 수 있을까?
	캐릭터 경쟁력	직접 창조한 피규어 캐릭터, 머그컵 등이 상품적 경쟁력이 있을까?
	월간 제조능력	직접 제조 판매할 경우 자신에게 제조할 능력이 월간 얼마나 있는지 확인
수익성 설정		수입산 저가 제품은 박리다매, 직접 제조한 피규어나 한정판 상품은 고가판매
주요 광고비 지출처		포털 사이트에서의 검색광고(혹은 구글 검색광고), PC 잡지, 여성잡지에서의 광고 오픈마켓에서의 검색광고
매출목표	연 매출목표 1~10억 원	예상 영업이익률 10~40%

※ 아마존, 이베이 등의 해외판매를 동시에 진행하기 바랍니다.
※ 예술활동을 유지하면서 수익을 더 낼 수 있으므로 공방운영자에게 추천합니다.

SECTION 18
서비스 대행업 쇼핑몰 창업 시 체크포인트
– 서비스를 대행하는 쇼핑몰

각종 서비스를 대행하고 수입을 올리는 쇼핑몰입니다.

아래 쇼핑몰은 업종에 따라 자격조건이나 자격증이 필요할 수도 있습니다.

서비스업 종류	심부름 센터	각종 심부름 대행 ※ 창업 시 관련 자격조건 필요
	직업소개소	구인구직을 인터넷에서 중개 ※ 창업 시 관련 자격조건 필요
	흥신소	각종 조사업 등 대행 ※ 창업 시 관련 자격조건 필요
	정보지식 서비스	IT, 정보지식 관련 프로그램 구축이나 제작
	아이템 판매	아이템, 소프트웨어, 앱 개발 및 판매 쇼핑몰
	경제경영 서비스	경영컨설팅, 고급인력 중개, 부동산 중개 등 ※ 업종에 따라 창업 시 자격증 필요할 수 있음.
	번역 서비스	번역 중개, 번역 일감 중개 등
	저작권 중개	각종 저작권 조사, 중개, 구매대행 등
	디자인 서비스	디자인 제작, 디자인 일감 중개 등
	행사 이벤트	행사 및 각종 이벤트 기획 및 대행
판매제품	서비스나 관련 인력을 제공하고 수수료를 취하는 방식	
사업 타당성 조사	가격	가격 경쟁력이 있을까?
	인력	관련 인력, 개발자, 자격증 소지자의 충원 여부
	서비스	서비스 경쟁력이 있을까?
	기술력	선발업체와의 기술력, 차별화 여부
	홍보력	업체를 홍보할 능력이나 예산 여부
수익성 설정	동종 업체의 수익성을 참고해 업체의 수익성 설정	
주요 광고비 지출처	포털 사이트에서의 검색광고, 구글 검색광고, 신문광고, 벼룩시장광고 자기 지역에서의 옥외광고, 플래카드 광고	
매출목표	연 매출목표 1~10억 원	예상 영업이익률 10~50%

SECTION 19

예약 홈페이지 창업 시 체크포인트
– 각종 예약 홈페이지 만들기

펜션, 음식점, 여행사 등을 운영하는 사업자들이 만들 수 있는 쇼핑몰입니다.

고객들이 예약신청을 할 수 있는 모바일, 인터넷 예약 홈페이지입니다.

누가 만들어야 할까?	펜션 운영주	펜션 고객을 위한 예약 홈페이지
	음식점 운영주	음식점 고객을 위한 예약 홈페이지
	여행사 운영주	여행사 고객을 위한 예약 홈페이지
	미용실 운영주	미용실 고객을 위한 예약 홈페이지
쇼핑몰 내용	고객들이 인터넷으로 검색한 뒤 방문예약을 할 수 있는 예약 시스템이 내장된 업소용 PC 및 모바일 예약 홈페이지	
사업 타당성 조사	가격	가격 경쟁력이 있을까?
	위치	위치적 이점이나 좋은 풍경 여부
	흥미	흥미 요소 유무
	청결	청결하게 관리 중인가?
	안락함	고객에게 안락함을 줄 수 있을까?
	영업력	홍보 예산 영업력 여부
	테마	타 업소와 차별화되는 특징, 장점, 재방문을 유도하는 테마가 있는 업소일까?
수익성 설정	음식점의 경우, 때에 따라 고객의 음식 배달 주문으로 매출이 발생할 수도 있음. 현재는 방문예약만 가능하고 음식 주문 기능은 지원하지 않음.	
주요 광고비 지출처	포털 사이트 검색광고 혹은 구글 검색광고 모바일광고, 자기 고장에서의 도로변 옥외광고	
매출목표	예약 고객의 유입으로 업소의 연 매출 꾸준히 유지 가능	

※ 업체용 무료 예약 홈페이지는 샵노트(www.shopnote.kr)에서 제작 가능. 모바일 홈페이지 제작은 무료이지만 예약 시스템을 내장하려면 연간 7만 원 정도의 사용료가 필요합니다.

SECTION 20

앞으로 발전 가능성 있는 쇼핑몰 만들기
– 미국의 지난 10여 년간 소비패턴은 어땠을까?

쇼핑몰을 창업하려면 앞으로의 소비패턴을 분석하는 작업도 해볼 만합니다. 미국인들의 최근 소비패턴을 참고삼아 창업할 쇼핑몰의 업종을 구상하는 것도 좋은 방법입니다.

미국 중산층(우리나라 환율 기준 연봉 5,000만 원 전후 수입 가정)의 가구당 지출비는 최근 10여 년간 다음과 같은 양상을 보이고 있습니다.

	생활비에서 지출 비율 축소	생활비에서 지출 비율 증가
가구용품		▍
애완용품		▎
식비		▍
외식비		▎
음주비		▎
교육비		▇
엔터테인먼트		
여성의류	▇	
헬스케어		▇▇
가전제품	▎	
자가주택유지		▍
주거임대		
홈인테리어용품	▇	
건강보험		▇▇▇▇
휴대전화		▇▇▇
인터넷		▇▇▇▇▇▇
가정용전화	▇▇	

CHAPTER 2 연봉 10억 버는 쇼핑몰 창업의 비밀

미국은 지난 10년 간의 경기불황으로 외식비를 아끼는 경향이 있고 그 때문에 직접 구입해서 조리하는 식품류 구입비가 중산층가정 지출비에서 차지하는 비율이 10% 이상 증가했습니다. 남들보다 앞선 가격 이점이 있다면 식품 쇼핑몰로도 일군의 사업체를 꾸릴 수 있다는 뜻입니다.

영화, 음반 같은 엔터테인먼트 지출이 차지하는 비율은 10여 년 전에 비해 5% 줄어들었습니다.

경기불황으로 침구류, 커텐 같은 홈인테리어 관련 지출은 중산층 가정 지출비에서 차지하는 비율이 10여 년 전에 비해 25%가량 축소되었습니다. 이 말은 즉, 홈인테리어 전문 쇼핑몰 창업은 여러 가지로 불안해 보이지만 결혼 예정자, 새집으로 이사 예정자, 겨울철 에너지 비용을 절감하는 보온재 같은 아이디어 상품 등 틈새 전략을 갖추고 창업하는 것이 안전하다는 뜻으로 보입니다.

전 세계적인 고령화 현상으로 헬스케어 같은 건강에 대한 관심이 높으므로 건강 관련 쇼핑몰로 일군의 사업체를 일구어보는 것도 생각해볼 만합니다.

쇼핑몰 판매상품의 가격 설정하기
– 판매가를 설정하는 방법

판매상품 품목별 마진율이 다르므로 판매가를 정확히 산정하기 어렵습니다. 일반적인 마진율은 30~60% 선인데 특히 메이커 공산품류는 마진율이 낮은 편입니다.

쇼핑몰의 판매가는 보통 다음과 같이 설정합니다. 참고로, 의류품목은 사입가에 1.65~1.75를 곱해서(마진율 42%) 판매가를 설정한 뒤 판매량이 저조한 상품은 가격을 낮추어 판매를 촉진시키고, 판매량이 많은 상품은 가격을 조금 높여 수익을 더 남기는 것이 좋습니다.

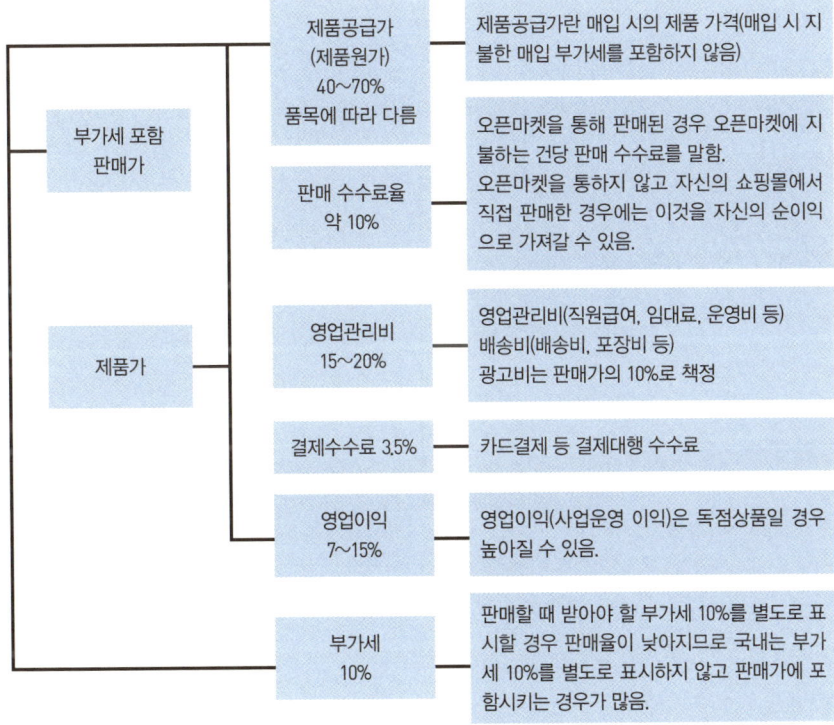

※ 식품류, 전자제품류는 마진율이 낮지만 대량도입이나 덤핑물건 확보의 경우 유리한 마진율로 도입할 수도 있습니다.

SECTION 22
쇼핑몰의 이익률 미리 계산하기
– 이익률을 예상하는 단순한 방법

예비 창업자가 쇼핑몰 창업 후의 이익률을 예측하고 계산하는 것은 가장 어려운 일 중 하나입니다. 그러나 매우 단순하게 자신의 이익률을 계산하는 방법이 있습니다.

대부분의 사업체는 사업주의 능력에 따라 총매출의 8~20%가 영업이익률로 떨어집니다. 예를 들어 어떤 소상공인이나 개인 기업이 1년간 별다른 재고 없이 무난하게 10억 원어치의 물건을 판매했다면 업체의 사장이 가져가는 돈은 총매출의 8~20%이므로 8,000만~2억 원이 사장의 주머니로 들어갑니다.

우리가 아는 작은 사업체들의 영업이익률은 얼마일까?

※ 영업이익률이란 세금, 직원봉급, 제반 운영비를 모두 제하고 남긴 업체의 이익입니다.

↓

보통 연 매출의 8~20%가 영업이익

※ 연 매출의 8~20%가 사장의 주머니로 들어가는 수익이란 뜻입니다.

↓

사장의 주머니 사정이 좋아지는 방법

※ 판매량을 높이는 것이 최고의 전략입니다.

> 총매출의 최대 20%까지 사장의 이익으로 챙기려면 마진율, 절세, 운영비 절감 등의 다양한 사업운영 방법이 필요합니다. 보통은 총매출의 10% 내외를 중소기업 사장이 가져가는 이익으로 보곤 합니다.

SECTION 23
성공하는 쇼핑몰 창업
– 쇼핑몰 사업의 성공을 위해 피해야 할 8가지 습관

쇼핑몰 창업을 목전에 두었다면 이제 이 사업의 성공을 위한 경영자로서의 자세가 필요합니다. 열혈 경영자가 되기 위해 피해야 할 여덟 가지 습관을 알아봅니다.

1 : 지난 1년 동안 책을 읽지 않았어요

부잣집 자녀는 60%가 책을 읽고 가난한 집 자녀는 5%만이 책을 읽는다는 통계가 있습니다. 부자일수록 부를 추구하고 지키는 행위에는 전문적인 식견이 필요함을 알기 때문일 것입니다. 따라서 1년 동안 책을 읽은 적이 없다고 말하기보다는 성공의 지식을 축적하기 위해 관련 서적을 읽는 열혈 습관이 필요합니다.

2 : 모임에 가면 항상 일찍 도착한 사람은 나밖에 없어

업무상 만나는 점심 약속이나 모임에 가면 항상 일찍 도착한 뒤 기다리는 사람이 있습니다. 그런가 하면 30분 늦게 도착하는 사람도 있습니다. 불행히도 이 두 부류의 사람들은 사업적으로 성공할 수 없는 부류에 속한다고 합니다.

약속 시각에 맞추어 정시에 도착하는 습관을 들인 사람만이 사업에도 성공할 확률이 높다고 귀띔 드립니다.

3 : 이 정도면 됐지

"이 정도면 됐지"라고 말하는 사람보다 "이 정도로는 안 돼"라고 말하는 사람이 비즈니스 감각이 더 높은 사람이라고 합니다. 다시 말하면 만족을 느낀 사람은 그 자리에 멈추어 타성에 젖고, 만족하지 않은 사람만이 계속 한 발자국 앞으로 진보한다고 합니다. 자신의 사업을 '이 정도면 됐지'라고 생각하기보다 '이 정도로는 안 돼'라고 생각하는 것이 열혈 사업가다운 자세 같습니다.

4 : 그 프로젝트는 사실 모두 내 아이디어였어

무능한 사람이 하는 말 중에서 가장 최악에 속하는 말이라고 합니다. 아이디어가 머릿속에 없는 사람들일수록 저런 말을 자주 합니다. 가장 근사한 해결책 한 가지가 있습니다.

"내 아이디어가 아니라 우리 팀원(직원)의 아이디어야."

팀원(직원)들과 공로를 나누어 가지는 사람이 인맥도 넓어지고 사업에도 성공할 확률이 높다고 귀띔 드립니다.

5 : 나는 모든 것을 내가 원하는 대로 해왔어

자신이 원하는 대로 할 수 있는 사람은 이 세상에 아무도 없으므로 위의 말은 논리적으로 성립되지 않는 말입니다. 자신의 본능대로, 하고 싶은 대로 살았던 프랑스의 마리 앙투아네트 왕비도 결국 형장의 이슬로 사라졌습니다. 사업은 독단적인 결정보다는 경청이 중요한 것 같습니다.

6 : 뭘 해야 할지 모르겠어

성공한 사람들은 뭘 해야 할지 모르는 사람들이 아니라 자신이 해야 할 것을 스스로 개척한 사람들이라고 합니다.

7 : 네가 말한 그게 뭔지 모르겠어

지금은 모바일 인터넷 시대이자 스마트폰으로 모든 것을 검색할 수 있는 시대입니다. 궁금증이 생기면 인터넷으로 바로 알아내는 시대라는 겁니다.

궁금한 것이 생겼음에도 그게 뭔지 모르는 사람이라면, 그는 방법을 강구할줄 모르는 사람일 수도 있습니다.

성공한 사람들은 스스로 방법을 강구했던 사람들입니다.

8 : 미안해요, 내가 너무 바빠서

간혹 "미안해요, 내가 너무 바빠서"라고 말을 해야만 하는 상황이 있습니다. 그런데 저 말은 보통 상대의 가치가 업무 관계를 유지할 수 없을 정도로 하락했을 때 나오는 말입니다.

비즈니스 관계에서 절교 선언에 가까운 저런 말을, 유능한 기업가들은 절대 하지 않는다고 합니다. '너무 바빠서(당신을 피해다녔어)'라는 표현은 상대의 자존심을 긁을 수 있으므로, 급하게 지방 출장을 가느라 소식을 이제 들었다고 둘러대는 것이 좋습니다.

누군가와 좋지 못한 일로 헤어질 때, 혹은 직원을 자를 때 상대방을 적으로 만드는 사람과 적으로 만들지 않고 헤어지는 사람이 있습니다. 후자가 곧 사업수완이 좋은 사람이라고 합니다.

위의 여덟 가지 표현은 성공한 리더들의 입에서는 절대 들을 수 없는 표현들이라고 합니다.

Why Not?

쇼핑몰 이미지는 어떻게 구축할까?
– 인도 남성복 패션으로 유명해진 영국의 인도 남자

www.singhstreetstyle.com

시크교도 패션 블로거인 Pardeep Singh

01 시크교도 모두가 테러리스트는 아니라는 것을 보여주고 싶어 시작했다는 시크교도 Pardeep Singh의 홈페이지입니다. 머리에 인도식 터번을 걸친 남자가 영국식의 쿨한 남성 패션을 뽐냅니다. 시크교도에 대한 편견을 깨기 위해 시작했는데 인도식 터번과 영국 패션이 어우러져 쿨하다고 소문이 났습니다. 서양의 여러 신문에 기사화되면서 남성이라면 반드시 참고해야 할 머스트 해브 패션이 되었습니다.

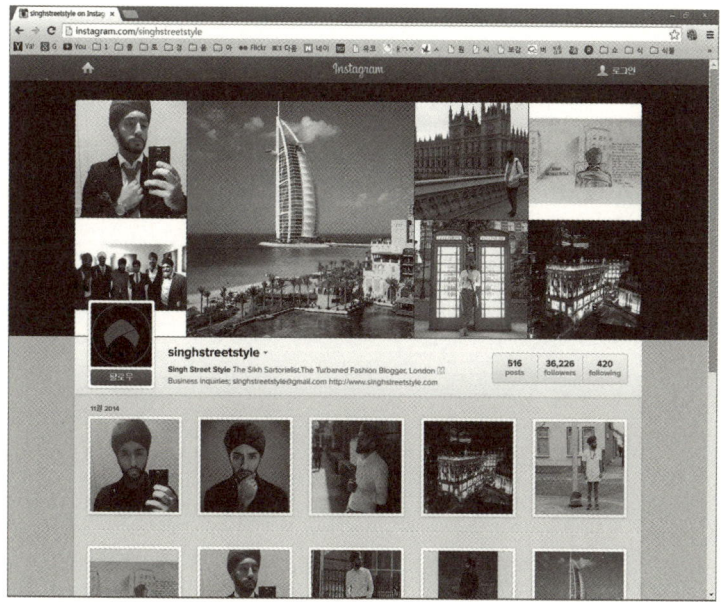

Pardeep Singh의 인스타그램에 올려진 사진들

02 국내에서도 남성용 패션 쇼핑몰을 오픈할 때 모델에게 터번을 씌우면 독특한 방법이 될 것으로 생각합니다. 정장을 빼입고 터번을 쓴 한국 남자 모델이 압구정역에서 피팅모델 사진을 찍으면, 입소문 내는 데 이보다 좋은 작전이 없어 보입니다. 사진을 찍으면서 쇼핑몰 명함을 비처럼 뿌리기 바랍니다. 안 되는 것이 어딨어?

 인스타그램은 스마트폰으로 찍은 사진을 즉석에서 올리는 사진 공유 SNS입니다. 의류, 신발, 화장품, 식품몰 운영자라면 인스타그램 계정을 만든 뒤 수시로 제품사진을 올려 쇼핑몰을 홍보하는 것도 좋은 방법입니다. 단, 인스타그램은 사진을 공유하는 SNS이므로 자신의 쇼핑몰 취급 사진을 널리 공유시키려면 그만큼 신경 써서 찍은 사진을 올리는 지혜가 필요합니다.

CHAPTER 3

쇼핑몰 사업자등록과
폼 나는 상품 사진 촬영하기

쇼핑몰 사업 타당성 분석하기

쇼핑몰 창업에 앞서 먼저 사업의 타당성이 있는지 분석하는 과정이 필요합니다.

사업 타당성 검토는 보통 다음과 같은 방법으로 진행합니다. 쇼핑몰 특성상 판매할 제품의 시장성 조사, 판매상품 사입 방법, 쇼핑몰 광고 방법을 중점 조사하는 과정이 필요합니다.

쇼핑몰 사업 타당성 검토 시작					
쇼핑몰에서 취급할 상품 선정					
시장 분석	수익성 검토	기술성 검토	공급선 검토		검토 후 수익성이 없으면 다른 상품군을 선정하여 재검토
① 취급할 상품군의 시장상황 조사 ② 동종 상품을 취급하는 경쟁사 쇼핑몰 조사 ③ 자사 쇼핑몰 외 추가할 수 있는 판매 채널 조사	① 수익성 검토 ② 시너지 있는 상품군 검토 ③ 광고예산 검토	① 광고 및 게릴라 홍보 능력 검토 ② 직원 고용 검토 ③ 혁신적인지 검토	① 상품 공급선, 사입처 조사 ② 최저가 구매를 할 수 있는 구매선 조사 ③ 구매안정성 조사 ④ 해외 구매선 조사 外		
자금조달 검토 자기자본&투자자 검토					
창업(사업)계획서 작성					
OK 창업 확정&창업비용 마련					
창업 준비 착수 무료 쇼핑몰 제작&점포(사무실) 계약&직원 구인					
사업자등록 신청 사업자등록&통신판매신고서 신청					
쇼핑몰 사업 개시&쇼핑몰 홍보 시작					

SECTION 02 인터넷 쇼핑몰 창업계획서에 들어갈 내용

사업 타당성 분석 후 쇼핑몰에서 취급할 상품군이 결정되면 그 후 창업계획서를 작성합니다. 창업계획서의 양식은 정해진 것이 없지만 아래 내용이 가급적 들어가는 것이 좋습니다.

일반적으로 창업계획서에 들어가는 내용들입니다.

표지	쇼핑몰 명칭(업체명), 작성일, 작성자, 연락처
목차	창업계획서 목차
창업동기	창업 목적, 동기, 창업 배경 사회적 환경, 시대 환경, 경쟁업체 환경 등
사업경험	자신의 사업경험이나 소유하고 있는 자격증 내용 등
사업내용	쇼핑몰에서 취급할 상품군 확장 가능한 판매 채널(자사 쇼핑몰 외 오픈마켓에서의 판매를 말함)
상품조달	상품군의 사입처, 공급망, 2차 공급망 등 품목별 가능한 최저 조달가
상품 판매	타깃 고객층, 시장분석
차별화	다른 쇼핑몰 업체와 비교해 차별화되는 요소나 경쟁력이 되는 요소 자신의 쇼핑몰이 가지게 될 강점
마케팅 방법	계획 중인 유료광고 예산 계획 중인 SNS 게릴라 홍보 방법
시나리오	창업 후 사업이 안정화될 때까지의 시나리오(1~5년) 대출금이 있을 경우 대출금 상환을 사업 1년 후부터 설정
조직/인력 계획	인력 고용 및 조직 계획
매출계획	예상매출, 매출원가, 사업경비, 대출금 이자
손익분기	예상하는 손익분기점, 영업이익률
시설자금	쇼핑몰 제작비(무료 쇼핑몰로 창업하므로 초기에는 제작비 없음) 쇼핑몰 유료 운영비(부담 없는 가격이므로 신경 쓸 필요 없음) 사무실 운영비, 조명촬영시설 구비 비용 등
운전자금	예상 운전자금(최하 6개월 운전자금 준비 권장) 예상 광고예산(쇼핑몰 광고에 사용할 자금, 월 매출의 10%로 설정)
자금조달	자금 조달 방법, 자금 내용 작성
부록	위 내용의 이해도를 높이는 관련 조사 자료가 있을 경우 첨부

쇼핑몰 정식 사업자로 등록하기
– 세무서, 인터넷 홈텍스에서 사업자등록하는 방법

신용카드 고객을 받으려면 세무서에 정식 사업자등록 신고를 해야 합니다. 그렇지 않으면 쇼핑몰에 카드결제 시스템 연결을 할 수 없으므로 영업이 안 됩니다.

1 : 사업자등록을 신고하는 곳은?

사업자등록 신고는 사업장이 있는 관할 주소지의 세무서에 내방해 직접 작성하거나, 인터넷 국세청인 홈텍스에서 온라인으로 작성할 수 있습니다. 사업자등록을 제출하면 세무서에서 바로 확인전화가 온 뒤 7일 이내에 사업자등록증이 정식 발급됩니다.

만일 세금 미납으로 인한 신용불량자인 경우에는 세금을 완납해야 사업자등록증이 나오며, 세금 완납으로 신용불량을 풀지 않는 한 사업체를 만들 수 없습니다.

2 : 쇼핑몰 사업자등록의 업태명은?

쇼핑몰 사업자등록증을 작성할 때의 업태는 일반적으로 '도·소매업', '소매업', '제조업' 등에서 선택하는데 보통은 '도·소매업'이나 '소매업'으로 선택합니다. 자신이 공장, 가내공업, 제조업체 등을 소유한 경우에는 업태를 '제조업' 등에서 선택합니다.

3 : 쇼핑몰 사업자등록의 업종명은?

업태를 도·소매업이나 제조업으로 했다면 이제 업종명을 선택해야 합니다. 업종명은 쇼핑몰에서 취급하게 될 상품에 따라 달라집니다. 의류 쇼핑몰을 창업할 경우에는 의류업종을, 잡화나 액세서리이면 잡화업종을 추가합니다. 그런 뒤 인터넷에서 판매해야 하므로 '전자상거래업' 등을 추가합니다. 만일, 사무실 없이 자택을 주소지로 쇼핑몰을 창업하려면 업종명을 '전자상거래업'으로만 지정합니다. 오프라인 매장인 로드숍이나 사무실을 구비할 예정인 경우 의류, 신발 등의 취급하는 업종을 추가로 지정합니다. 업태명, 업종명은 사업 중 바꾸거나 추가할 수 있습니다. 옷도 팔고 신발도 팔고 전자제품도 파는 쇼핑몰이라면 해당 업종을 추가 등록하면 됩니다.

04 SECTION 쇼핑몰 사업체의 종류 2가지 – 개인회사 쇼핑몰과 법인회사 쇼핑몰

사업자등록을 신고할 때는 개인 혹은 법인회사 중 하나로 사업자등록을 해서 창업해야 합니다.

개인사업자란 개인이 국가(세무서)에 정식 신고하고 하는 사업을 말하고, 법인사업자란 사업에 관심 있는 사람들이 공동 투자해 회사조직을 만든 뒤 국가(세무서)에 정식 신고하고 사업하는 것을 말합니다. 개인사업자는 사업자등록 신고 시 '간이과세자' 혹은 '일반과세자' 중 선택해서 신고할 수 있습니다.

1 : 개인사업 간이과세자

개인사업 간이과세자는 아주 영세한 업체(구멍가게, 세탁소 등)를 창업할 때 선택합니다. 개인사업 일반사업자에 비해 부가세 납부금액이 적은 것이 유리한 점입니다. 그러나 세금계산서를 발행할 권리가 없으므로 세금계산서를 요구하는 고객과 거래를 하지 못한다는 단점이 있습니다.

연 매출 4,800만 원 미만으로 추정되는 소매업, 음식점, 숙박업, 고물상, 전기, 수도, 간이제조업, 농·임·어업, 부동산임대업, 서비스업을 창업할 때 개인사업 간이과세자로 신고합니다. 간이과세자라고 해도 연 매출 4,800만 원을 초과하면 자동으로 개인사업 일반과세자로 전환됩니다.

간이과세자의 경우 금융권에서 사업경력으로 인정하지 않기 때문에 추후 은행 대출을 받으려 할 때 경력이 없는 것으로 취급받습니다. 따라서 쇼핑몰을 창업하려면 가급적 개인사업 일반과세자로 창업하기 바랍니다.

개인사업 간이과세자의 특징과 연간 납부해야 할 세금 산출 방법

간이과세자	연 수입(연 매출) 4,800만 원 이하인 사업자
세금계산서	세금계산서 발행이 법적으로 불가능 ※ 세금계산서를 요구하는 고객이 있을 경우 거래 자체가 불가능 ※ 매입 세금계산서의 세액을 부가세 납부 시 10~40%만 공제

* 연간 납부할 종합소득세 세액=과세표준(매출액-사업소득-소득공제)×누진세율
* 연간 납부할 부가세 세액=(매출액×업종별 부가가치율×10%)-공제세액(매입세액의 15~40%)

2 : 개인사업 일반과세자

개인사업자 일반과세자는 일반적인 점포나 소규모 공장, 소규모 회사, 소규모 유통회사, 소규모 전자상거래업체를 창업할 때 선택합니다.

개인사업 일반과세자는 세금계산서를 정식 발행할 수 있으므로 세금계산서를 요구하는 고객과 거래가 가능하고 '부가세 공제' 등의 장점이 있습니다.

개인사업 일반과세자의 특징과 연간 납부해야할 세금 산출 방법

일반과세자	연간 매출액 4,800만 원 이상인 개입사업자 대상
세금계산서	매출 세금계산서 의무 발행(큰 거래처와 사업 가능) 매입 세금계산서의 세액을 부가세 납부 시 100% 공제

* 연간 납부할 종합소득세 세액=과세표준(매출액-사업소득-소득공제)×누진세율
* 연간 납부할 부가세 세액=매출세액(매출액의 10%)-매입세액(매입액의 10%)

개인사업 일반과세자가 연간 납부해야 할 세금

개입사업 일반과세자가 쇼핑몰 등의 개인 사업을 영위하면서 벌어들인 돈에서 연간 인건비, 임대비, 운영경비 등을 정확히 제하고 사장이 자기 소득으로 실제 벌어들인 돈에 대한 세금이 종합소득세입니다.

개인사업체이므로 사업체 이름으로 벌어들인 수익은 전부 사장이 가져갈 수 있습니다. 그 대신 납부해야 할 세율이 법인세율보다 높습니다.

과세종류	연사업소득	종합소득세율
일반과세	1,200만 원 이하	6%
	1,200~4,600만 원	15%
	4,600~8,800만 원	24%
	8,800만 원~3억 원	35%
	3억 원 초과	38%

* 부가세 납부 별도

3 : 법인사업자(중소기업, 주식회사 등)

법인사업자란 흔히 말하는 중소기업이나 큰 회사를 말합니다. 소규모 중소기업도 대부분 주식을 가지고 있는 법인사업자이지만 주식시장에 상장할 수 있는 요건을 갖추지 않았으므로 주식회사라고 부르지 않을 뿐입니다.

법인사업체는 창업자가 여러 사람의 투자를 받아 창업하기 위해 주식을 발행하는 방식으로 창업하는 사업 방식입니다. 창업자는 회사 약관을 만들고 그 약관이 정한 대로 주식을 발행한 뒤 투자할 사람을 발굴, 회사 주식을 판매해 사업자금을 모으고 그 사업자금으로 회사 창업을 시작합니다.

만일 투자자가 아예 없으면 창업자는 자신의 개인 돈으로 자신의 회사가 발행한 주식 100%를 전량 구매해 자신이 세운 회사의 사업자금을 마련해야 합니다. 회사 이름으로 유입된 돈은 사장이 개인용도로 사용할 수 없으므로 회사 돈과 사장의 개인 돈이 철저하게 나누어진 상태로 운영되는 것이 법인사업체입니다.

쇼핑몰을 창업할 때는 법인사업체로 창업할 수도 있지만 쇼핑몰 창업자는 대부분 소자본 창업자이므로 개인사업 일반과세자로 창업해도 무방합니다. 만일 자본금 5~10억 정도의 인터넷 쇼핑몰을 창업하고 싶다면 세금 납부 면에서 법인회사가 유리하므로 법인회사로 창업할 것을 권장합니다.

법인회사가 연간 납부해야 할 세금

법인사업체가 사업을 영위하며 사업체 이름으로 연간 벌어들인 소득에 대한 세금이 법인세입니다. 법인사업체 이름으로 벌어들인 돈은 사장이 가져갈 수 없으며, 사장은 자신의 법인사업체에서 책정한 연봉과 보너스만 가져갈 수 있습니다.

법인종류	연사업소득	법인세율
영리법인	2억 원 이하	10%
	200억 원 이하	20% (2,000만 원+2억 원 초과금액의 20%)
	200억 원 초과	22% (39.8억 원+200억 원 초과금액의 20%)

* 부가세 납부 별도
* 그 외 주식배당세금 별도

연매출 100억 원, 연순익 10억 원을 목표로 쇼핑몰을 창업하려고 합니다. 이 경우 개인사업 일반과세자로 창업하는 것이 좋을까요, 법인사업체로 창업하는 것이 좋을까요?

개인사업 일반과세자로 창업하면 연간 순이익 10억 원이 모두 사장님 수중에 들어갑니다. 단 세금은 연간 사업소득 3억 원을 초과하기 때문에 종합소득세율 38%가 적용되어 순이익 10억 원에 대한 종합소득세 3억 8,000만 원을 내야 합니다.
만일 법인사업체로 창업하면 연간 순이익 10억 원이 회사 순이익으로 잡히므로 법인세 20%가 적용되어 회사 이름으로 납부하는 법인세는 2억 원입니다. 8억 원은 회사 순이익이 되어 회사 통장으로 적립된 뒤 회사의 운영자금이 됩니다. 이때 법인사업체 사장은 자신의 회사에서 책정한 연봉이 만일 2억 원이라면 2억 원만 가져갈 수 있고, 사장이 내야 하는 종합소득세는 연봉 2억 원의 35%인 7,000만 원입니다.
업체의 순이익을 사장님 혼자서 차지하고 싶다면 개인사업체로 창업하는 것이 좋지만, 세금을 절감하고 회사를 계속 키울 생각이라면 법인사업체로 창업해도 무방합니다.

05 SECTION 사업자등록 신청서 작성하기

사업자등록은 사업장이 있는 관할 세무서 혹은 국세청 홈페이지인 홈텍스(www.hometax.go.kr)에서 작성합니다. 인터넷에서 하건 세무서에서 하건 신청서 내용은 같습니다.

사업자등록 신청은 쇼핑몰 제작 전에 하는 것이 아니라 쇼핑몰 제작 중간에 하는 것이 좋습니다. 일단 쇼핑몰을 거의 만들어놓은 뒤 각종 결제 시스템을 자신의 쇼핑몰에 연결할 무렵 사업자등록 신청을 하기 바랍니다.

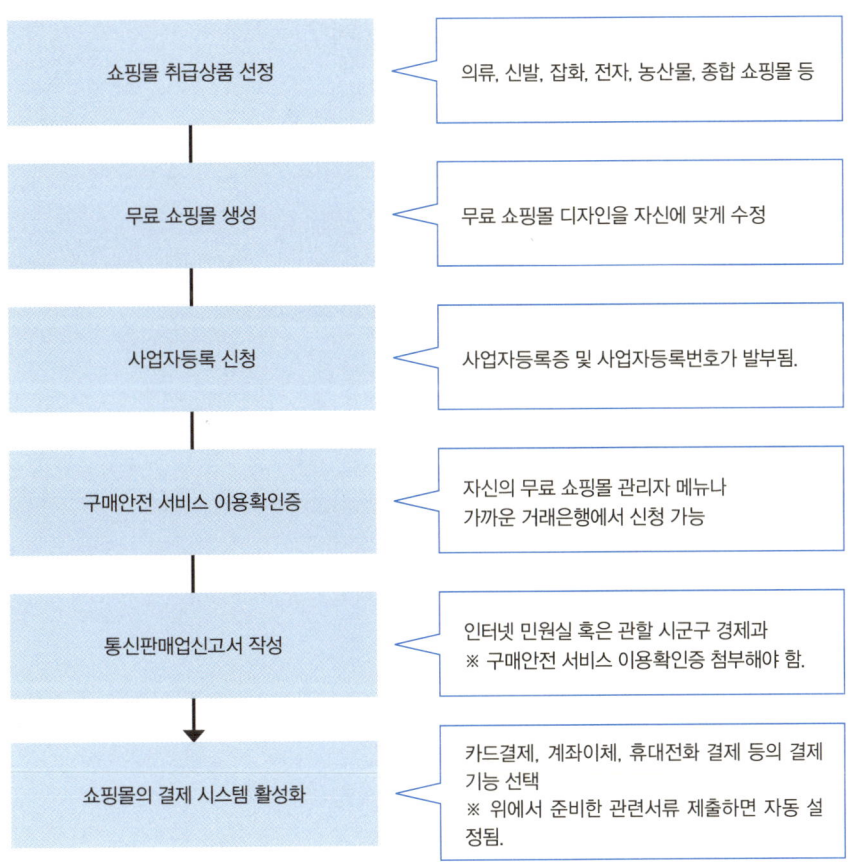

사업자등록은 관할 세무서에서 작성하거나 국세청 인터넷 홈페이지인 홈텍스(www.hometax.go.kr)에서 할 수 있습니다.

홈텍스에서 사업자등록을 신청할 경우에는 먼저 공인인증서가 필요하며, 공인인증서는 은행에서 신청하여 발급받습니다. 사업자등록을 할 때는 점포나 사무실이 있는 쇼핑몰일 경우 점포계약서 사본, 점포가 없으면 주거지 계약서 사본 등을 제출해 사업자등록을 합니다.

다음은 국세청 인터넷 홈페이지인 홈텍스(www.hometax.go.kr)에서 사업자등록을 하는 모습입니다. 세무서에 방문해 하는 것과 신청양식은 동일합니다.

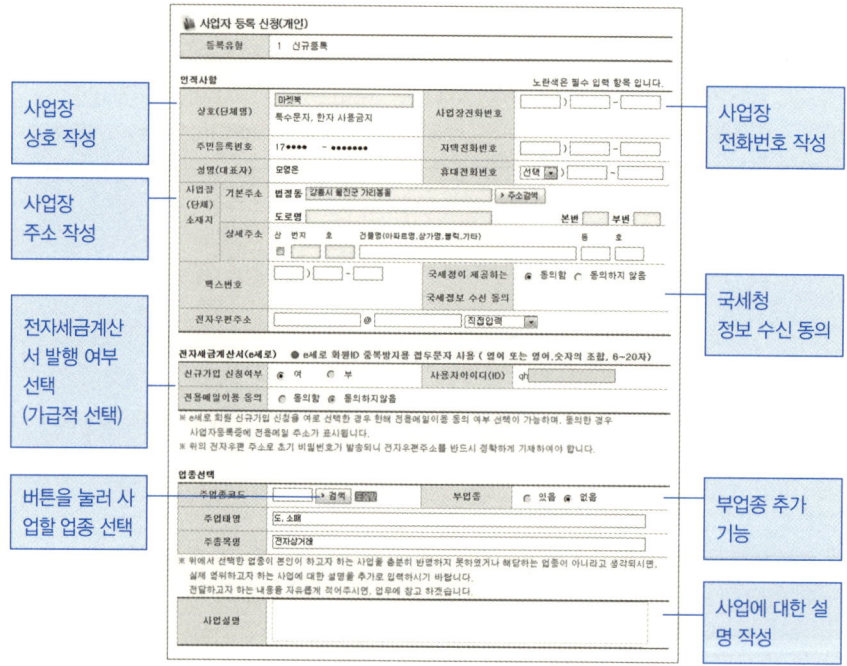

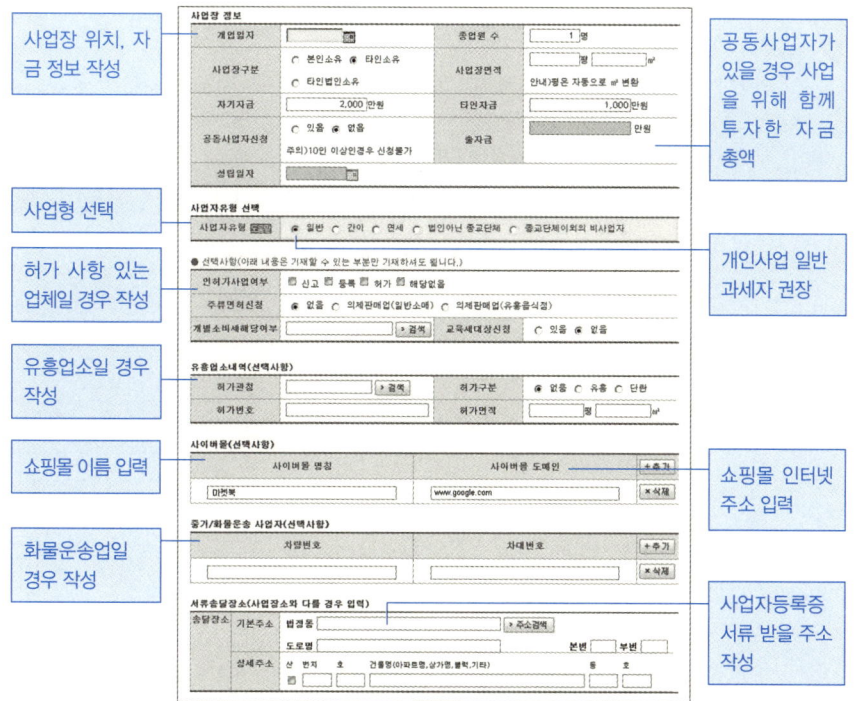

　홈텍스에서 위와 같이 사업자등록을 한 뒤 사무실이 있는 경우 사무실계약서 사진 파일을 전송합니다. 이후 관할 세무서에서 전화 확인이 오고 며칠 뒤 사업자등록이 완료됩니다.

　쇼핑몰 사업을 하려면 별도의 통신판매업신고를 해야 합니다. 통신판매업신고는 사업자등록을 할 때 하거나 쇼핑몰 디자인 제작이 완료되고 쇼핑몰에 결제 시스템을 연결할 시점에 관할 시군구 경제과를 방문해서 합니다.

SECTION 06
통신판매신고서 양식

통신판매신고서는 '인터넷, 전화 등으로 판매사업'을 하겠다고 신고하는 서류입니다. 인터넷 민원24(www.minwon.go.kr)실에서 신청할 수 있으며 '구매안전서비스 이용 확인증'을 첨부해야 합니다. 처리에는 평균 3일 소요됩니다.

- 사업자등록번호 입력
- 사업자등록번호 상의 사업장주소 입력
- 자택 주소 입력
- 쇼핑몰의 인터넷 주소 입력
- 쇼핑몰을 서비스하는 호스트 서버의 주소지 입력
- 구매안전 서비스 이용 확인증(PG, 에스크로 이체 등) 첨부. 자신의 쇼핑몰 관리자 메뉴 혹은 거래은행 홈페이지에서 신청한 뒤 미리 구매안전 서비스 이용 확인증을 받아놓을 것

※ 시군구 지역 경제과에서 종이 양식으로 신고할 경우 신청서 내용이 조금 다를 수도 있습니다.

SECTION 07 쇼핑몰 사무실은 어떻게 꾸며야 할까?

쇼핑몰 사업은 업종 특성상 창고형 사무실로도 운영이 가능하다보니 사무실에 크게 신경 쓰지 않기 마련입니다. 하지만 너무 무신경하면 업무생산성에 영향을 미칠 수 있으므로 사무실을 쾌적하게 꾸밀 필요가 있습니다.

사무실을 조명, 환경, 인체공학적으로 설계하면 자신은 물론 직원들의 업무생산성이 10% 이상 상승합니다. 새로 산 물건을 초기에는 아끼고 깨끗하게 쓰려는 심정과 같은 이치입니다.

1 : 세련된 사무실을 만들자

세련된 사무실은 일반적으로 업무생산성을 높입니다. 뿐만 아니라 방문객들에게 좋은 인상을 주고 후한 점수를 딸 수 있습니다. 물론 세련된 사무실을 만들려면 그만큼 인테리어 비용이 상승하므로 저비용 고효율 방법을 연구하기 바랍니다. 비용을 들이지 않으려면 이미 만들어진 세련된 사무실을 임대하는 방법이 가장 좋습니다. 요가학원이나 피부미용학원을 운영하다가 망한 사무실이 추가 비용 없이 얻을 수 있는 세련된 사무실들입니다.

2 : 발품을 팔아 충분히 싼 사무집기를 마련하자

괜찮은 사무용품, 예컨대 책상부터 화이트보드까지 모두를 비싼 값을 주고 구입할 필요는 없습니다. 서울은 각 지역마다 유명 사무가구단지가 있으므로 발품을 팔면 좋은 사무가구를 저렴한 가격으로 구입할 수 있습니다.

3 : 자부심을 가질 만한 사무실을 만들자

회의실에 TV를 들여놓는다고 가정하겠습니다. 소형 TV보다는 대형 TV를 설치하는 것이 직원들에게 자부심을 가지게 하는 방법입니다. 사무실 냉장고의 크기는 상관없습니다. 냉장고는 연구하는 업무와 연관되는 것이 아니기 때문입니다. TV, 프린터, 모니터는 연구, 마케팅, 조사업무를 연상시키는 장치이므로 크기가 클수록 혁신과 열정 있는 회사임을 보여줄 수 있고 직원들에게 자부심을 불러일으키게 만듭니다.

4 : 작은 공동회의실을 곳곳에 만들자

예산이 있다면 팀원 두세 명이 즉석에서 회의할 수 있는 작은 회의공간을 사무실 곳곳에 만들기 바랍니다. 소소한 회의를 하기 위해 큰 회의실로 직원 한두 명을 소집하는 것은 낭비이기 때문입니다. 실무자 근처에 마련한 작은 회의 공간은 즉석에서 실무자와 의견을 나누고 토의할 수 있는 장소이므로 실무자의 머릿속 아이디어를 수집할 목적으로도 좋습니다.

08 SECTION 쇼핑몰 상품 사진 촬영에 필요한 촬영장비 - 최소 필요한 촬영장비는 무엇일까?

쇼핑몰 제품사진 촬영에 필요한 최소 촬영장비에 대해 알아봅니다.

1 : 디지털 카메라

소형 제품이나 의류를 촬영할 경우에는 기본적으로 500만 화소 정도의 하이앤드 카메라로도 충분히 촬영할 수 있습니다.

피팅 모델을 촬영할 경우에는 최소한 1,200만 화소 이상의 DSLR 카메라를 준비하는 것이 좋으며 렌즈는 표준 번들렌즈와 매크로렌즈를 준비합니다.

2 : 삼각대

실내에서 소형 제품사진이나 의류사진을 찍을 때 필요합니다.

3 : 카메라 리모컨

실내에서 소형 제품사진이나 의류사진을 찍을 때 필요합니다.

4 : 조명세트

실내에서 소형 제품사진, 중형 제품사진, 의류사진, 피팅모델 사진을 찍을 때 필요합니다. 기본적으로 한 세트 이상의 조명세트를 준비하되 스트로보형과 할로겐형 등에서 선택합니다. 촬영하려는 제품이 크면 클수록 더 넓은 면적에 조명을 쏘아주어야 하므로 여러 개의 보조 조명이 필요합니다. 조명세트를 구입할 예산이 없을 경우 50W 형광등 열 개를 설치해 조명세트로 사용할 수도 있습니다.

5 : 배경지

기본적으로 흰색, 아이보리색, 연회색 계통 배경롤지가 좋습니다. 소형 제품사진 촬영은 책상 위에 흰색 도화지를 올려놓고 찍어도 나름대로 사진이 잘 나옵니다. 촬영용 배경롤지를 구입할 예산이 부족하면 배경롤지와 생김새가 비슷한 단색 커튼을 배경롤지 대용으로 사용하기 바랍니다.

6 : 각종 소품들

제품 설정샷을 찍을 때 배경에 놓을 수 있는 각종 소품들을 별도로 수집하기 바랍니다. 마땅한 배경지가 없을 경우에는 무늬가 있는 천을 사용할 수 있는데 천은 매번 다림질을 해야 한다는 단점이 있습니다.

카메라 조명 전문업체 포멕스(www.fomex.co.kr)

상품 사진은 어떻게 하면 잘 찍을까? ①
– 조명 개수, 촬영 방법, 제품사진 크기

사진이란 장르는 흔히 빛의 예술이라고 말합니다. 일출 사진과 일몰 사진이 특히 인기 있는 이유는 그 순간에 그 빛이 있었기 때문입니다.

1 : 조명세트는 한 세트 이상 준비한다

조명세트는 스트로보, 할로겐 조명 등에서 선택합니다. 의류사진 촬영은 조명세트 하나에 보조등이 있으면 충분하고 소형제품 촬영에는 할로겐 조명 두 개 정도면 충분합니다. 만일 결과물이 나쁠 경우(배경 등이 어두운 경우) 조명을 몇 개 더 추가하거나 출력광량이 높은 조명세트를 설치합니다. 실내에서의 사진 촬영은 조명 광량이 높을수록 더 뚜렷하고 사진이 잘나오기 때문입니다.

2 : 사진은 한 번에 몰아서 찍는다

상품 사진은 날을 잡아서 한 번에 몰아서 찍어야 합니다. 몰아서 찍지 않으면 매번 사진을 찍기 위해 조명세트를 이동하고 재설치하는 작업을 해야 하기 때문입니다.

3 : 제품사진 촬영은 각 방향에서 한 장 이상씩 촬영한다

사진은 흰색 배경에 제품의 정면, 사면, 측면, 윗면, 아랫면 각 한 장 이상씩 찍되 측면 네 방향 모양이 각기 다를 경우 네 측면 모두를 촬영합니다. 그런 뒤 바탕에 배경이 있는 설정샷, 모델이 제품을 사용하거나 착용한 사진도 추가로 찍기 바랍니다.

4 : 제품사진의 품질은 500만 화소 이상이면 충분하다

쇼핑몰용 제품사진은 용량 및 편집이 용이하도록 500만 화소로 찍어도 충분합니다. 단, 인쇄광고용으로 사진을 사용할 경우에는 카메라가 지원하는 가장 큰 사이즈로 찍는 것이 좋습니다.

피팅 모델 사진은 기본적으로 카메라가 지원하는 가장 큰 사이즈로 촬영하는 것이 좋은데 그럴 경우 패션잡지용 인쇄광고사진으로 사용할 수 있기 때문입니다.

5 : 제품사진의 저장은 여러 군데 하는 것이 좋다

제품사진 저장용 HDD를 준비하는 것이 좋으며 따로 외장하드에 백업하는 시스템을 구축하기 바랍니다. 이중 백업보다는 한 군데 더 백업해놓는 삼중 백업이 안전합니다.

 의류 쇼핑몰의 피팅 모델료는 얼마일까요?
피팅 모델의 모델료는 보통 시간당으로 계산합니다. 초보급 모델은 시간당 1만 원 선이고, 경력급 모델은 시간당 2~3만 원 선입니다. 유명 피팅 모델은 하루에 50~100만 원인 경우도 있습니다.
피팅 모델은 인터넷의 피팅 모델 사이트를 통해 공급받을 수 있지만 길에서 픽업한 사람을 피팅 모델로 고용하기도 합니다. 모델료는 당일 업무가 끝나면 바로 지불합니다.
모델료는 비교적 저렴하지만 장소를 픽업하고 이동하는 데 드는 기름값, 식대 같은 운영비가 몇십만 원 이상 추가되므로 피팅 모델을 고용할 때는 한꺼번에 많은 의류사진을 확보할 각오로 준비하는 게 좋습니다.

상품 사진은 어떻게 하면 잘 찍을까? ②
– 제품의 배경을 잘 선택하자

쇼핑몰에 따라 상품 사진 배경을 흰색을 사용하도록 주문하는 경우가 있습니다. 해외 쇼핑몰은 상품 사진 배경의 단순화를 요구하므로 흰색 배경에서 찍는 것이 좋습니다.

1 : 상품 사진은 흰색 배경에 놓고 찍는 것이 기본이다

제품사진은 기본적으로 흰색 배경에 찍는 것이 좋습니다. 이런 사진은 국내 여러 쇼핑몰에서 무난하게 사용할 수 있을 뿐 아니라 해외 아마존 등에 상품 판매를 등록할 때도 사용할 수 있습니다.

2 : 상품 사진은 설정샷도 추가로 찍는다

제품사진을 찍을 때는 설정샷도 추가로 찍기 바랍니다. 설정샷은 제품의 가치를 돋보이게 할 목적으로 좋은 배경 하에 제품사진을 촬영하는 것을 말하는데 제품 상세설명창에 첨부하는 사진으로 사용할 수 있습니다. 설정샷을 찍을 때의 좋은 소품들은 꽃, 나뭇잎, 천, 목재 재질, 도자기 재질, 풀잎, 바구니, 과일 등이 있습니다.

3 : 배경으로 사용할 만한 것이 없으면 태블릿 화면을 배경으로 사용해라

소품사진을 찍을 때 미처 좋은 배경용지를 구하지 못한 경우에는 태블릿 화면에 사진을 띄우고 그것을 배경으로 소품사진을 찍을 수도 있습니다. 이때 주의할 점은 태블릿 화면에 떠 있는 사진은 저작권법적으로 문제가 없는 사진이어야 한다는 것입니다. 인터넷에서 무료 공개되는 사진은 저작권법적으로 문제가 없습니다.

4 : 피팅모델은 매력 있는 사람을 고용한다

의류촬영 시 피팅 모델을 고용해 사진을 촬영할 경우 기본적으로 1급 모델을 고용해 찍는 것이 가장 좋습니다. 모델을 구할 비용이 없으면 마네킹에 입혀놓고 촬영하되, 마네킹도 1급이어야 합니다.

상품 사진 편집은 어떤 프로그램이 좋을까? ①
– 전문적인 디자인 작업은 포토샵

어도비 포토샵은 전 세계의 그래픽 전문가와 디자이너들이 흔히 사용하는 전문적인 사진 편집 프로그램입니다.

어도비 포토샵은 사진 편집, 웹디자인, 그래픽디자인, 제품디자인 등의 전문적인 디자인 기능을 제공하는 그래픽 프로그램의 최고 강자입니다. 강력하고 화려한 편집 기능을 제공하지만 프로그램의 사용법을 제대로 배우려면 3~6개월가량 공부해야 합니다. 그래픽 초보자들이 속성으로 공부하기에는 어려운 점이 많을 정도로 고급 기능을 많이 제공합니다.

어도비 포토샵 한글판

어도비 포토샵으로 할 수 있는 대표적인 작업	
사진 편집	오리기, 붙이기, 이어붙이기, 끼워 넣기, 배경 날리기, 사진크기 변경하기
텍스트 입력	글자 입력하기
애니메이션	Gif 애니메이션 제작하기, 동영상 장면 수정하기
드로잉&채색	그림 그리기, 색상 칠하기, 도형 삽입하기, 3D 페인팅
밝기, 색상 편집	사진의 밝기, 명암, 대비 조절하기, 색상 변경하기
특수효과	방대한 특수 이미지 효과 제공
웹디자인	웹디자인, 홈페이지 Html 문서 디자인, 갤러리창, 배너광고 만들기
디자인	북디자인, 커버디자인, 포스터디자인, 제품디자인, 산업디자인 등
사진배열	특정 종이에 맞게 여러 장의 사진 배열하기
액자	사진 테두리에 액자 만들기

　어도비 포토샵 정식 버전은 구매가격이 100만 원에 달하는 고급 프로그램입니다. 그러나 최신 버전인 포토샵 CC 버전은 클라우드/앱 방식으로 사용 가능해 월 1~5만 원의 사용료로도 이용할 수 있습니다. 포토샵 CC 버전 사용자로 가입하려면 www.adobe.com에 접속하기 바랍니다.

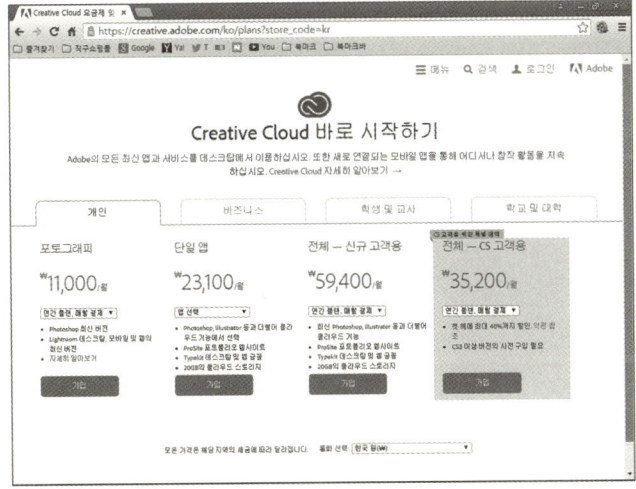

어도비 홈페이지의 포토샵 CC 버전 사용자 가입창

상품 사진 편집은 어떤 프로그램이 좋을까? ②
– 초보자라면 포토스케이프

포토스케이프는 그래픽 초보자들이 흔히 사용하는 사진 편집 프로그램입니다. 꼭 필요한 기능만 제공하므로 2~3일이면 사용법을 익힐 수 있습니다.

포토스케이프는 무료로 사용할 수 있는 그래픽 초보자용 프로그램입니다. 꼭 필요한 기능만 제공하므로 기초적인 사진 편집을 하려는 초보자들이 많이 사용합니다. 국내에서는 블로그 유저들이 자신의 사진을 예쁘게 꾸미기 위해 즐겨 사용합니다. 간단한 편집 기능만 제공하므로 사진 속 특정 배경을 날리는 기능은 지원되지 않습니다. 2~3일 공부하면 전체 사용법을 숙지할 수 있을 정도로 쉬운 프로그램이므로 지금 당장 쇼핑몰 사진 편집을 속성으로 배우려는 사람들에게 권장합니다.

그래픽 초보자들이 쉽게 익힐 수 있는 포토스케이프

포토스케이프로 할 수 있는 대표적인 작업	
사진 편집	잘라내기, 이어붙이기, 끼워 넣기, 사진크기 변경하기
텍스트 입력	글자 입력하기
애니메이션	Gif 애니메이션 제작하기
드로잉	그림 그리기, 도형 넣기
밝기, 색상 편집	사진의 밝기, 명암, 대비 조절하기, 색상 변경하기
특수효과	간결한 특수 이미지 효과 제공
웹디자인	배너광고 만들기
사진배열	특정 종이에 맞게 여러 장의 사진 배열하기
액자	사진 테두리에 액자 만들기

※ 포토스케이프는 기초 편집 기능만 제공하므로 상품 사진 편집 등의 간단한 작업에 사용합니다. 쇼핑몰 외관을 고급스럽게 꾸미는 고급 디자인 작업은 포토샵과 플래시에 능숙한 웹디자이너가 합니다.

포토스케이프는 www.photoscape.co.kr로 접속한 뒤 다운로드 버튼을 클릭하면 무료 버전을 사용할 수 있습니다.

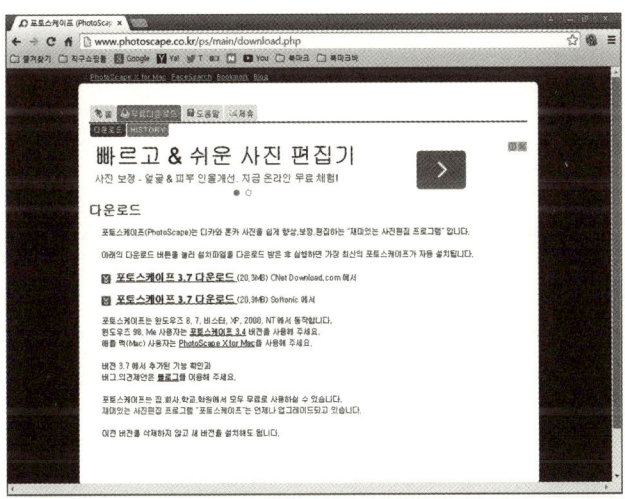

포토스케이프 무료 버전 다운로드창

쇼핑몰의 '상품상세설명창'은 어떤 배치가 좋을까?
– 비주얼 인포그래픽(Infographics)의 원칙

쇼핑몰에 상품을 진열하다보면 개별 상품마다 상품을 상세히 설명할 수 있는 '상품상세설명창'이 있습니다. 상세설명은 텍스트, 동영상, 특히 사진으로 합니다.

인포그래픽은 어떤 정보나 설명을 그림, 도형으로 함축해 설명하는 것을 말합니다. 즉, 어떤 방대한 통계 데이터나 정보를 한눈에 파악할 수 있도록 시각적으로 표현한 것이 인포그래픽입니다. 쇼핑몰에서의 상품상세설명은 사진으로 설명하는 경우가 많으므로 인포그래픽적인 접근이 필요합니다. 상품설명을 인포그래픽적으로 접근하는 방법에서 참고할 점입니다.

1 : 상품설명사진과 도표의 혼합

쇼핑몰에서 아웃도어 점퍼 상품을 클릭하면 점퍼에 대한 상세한 사진이 쭉 나열됩니다. 이것이 요즘 흔히 만나는 상품 상세설명입니다. 이때 사진만 나열하는 것보다는 도표를 적절히 곁들이는 것도 좋은 방법입니다. 판매량이 높은 상품은 판매량 도표 그림을 사진 옆에 곁들입니다.

2 : 비주얼 스토리텔링

상품을 상세설명하는 사진들과 도표의 연결은 스토리텔링이 있는 것이 좋습니다. 사진과 사진의 연결을 매끄럽게 하거나, 어떤 상황을 스토리로 짜서 사진으로 연결하는 방법이 있는데 이를 비주얼 스토리텔링이라고 부릅니다. 물론 제품의 장점과 특징을 더 돋보이게 하려는 목적 때문입니다. 비주얼 스토리텔링이 좋다면 제품 판매에도 도움이 될 것입니다.

3 : 타기팅 인포그래픽

상품의 상세설명은 해당 수요층에 정확하게 타기팅이 되어 있어야 합니다. 여성의류를 상세설명하는 사진들이라면 타깃 연령층에 맞는 스토리텔링, 도표 등을 동원합니다. 눈을 즐겁게 하고 타기팅이 잘된 비주얼 스토리텔링이라면 제품 판매에 도움이 될 것입니다.

쇼핑몰 업자들이 너도나도 사진으로 상품설명을 하다 보니 그 제품과 연관 없는 다른 제품사진까지 총 동원해 상품을 설명하는 경향이 많아지고 있습니다. 자사 쇼핑몰에서 그만큼 많은 제품을 취급하고 있음을 홍보하려는 것이지만 관련 없는 제품 정보 속에서 관련 있는 정보를 찾아 읽으려니 고객들의 머리가 복잡하고 아프기 시작합니다. 상품을 설명할 때 비주얼 스토리텔링을 구사하는 것은 매우 좋은 방법이지만 가급적 그 제품과 연관 있는 사진으로 설명하는 것이 고객의 귀중한 시간을 아끼고 해당 상품의 정보를 명확히 전달하는 방법일 것입니다.

소니 디지털카메라 제품의 상세 설명창

SECTION 14

상품의 이해도를 높이는 '상품상세설명' 작성 요령
– 비주얼 있게 보이는 상품설명서 작성 예제

상세설명을 비주얼 있게 설명하는 예제입니다. 포토스케이프나 포토샵에서 큰 종이를 생성한 뒤 각 사진을 삽입, 상품설명창에 사진을 일일이 첨부하는 방식이 있습니다.

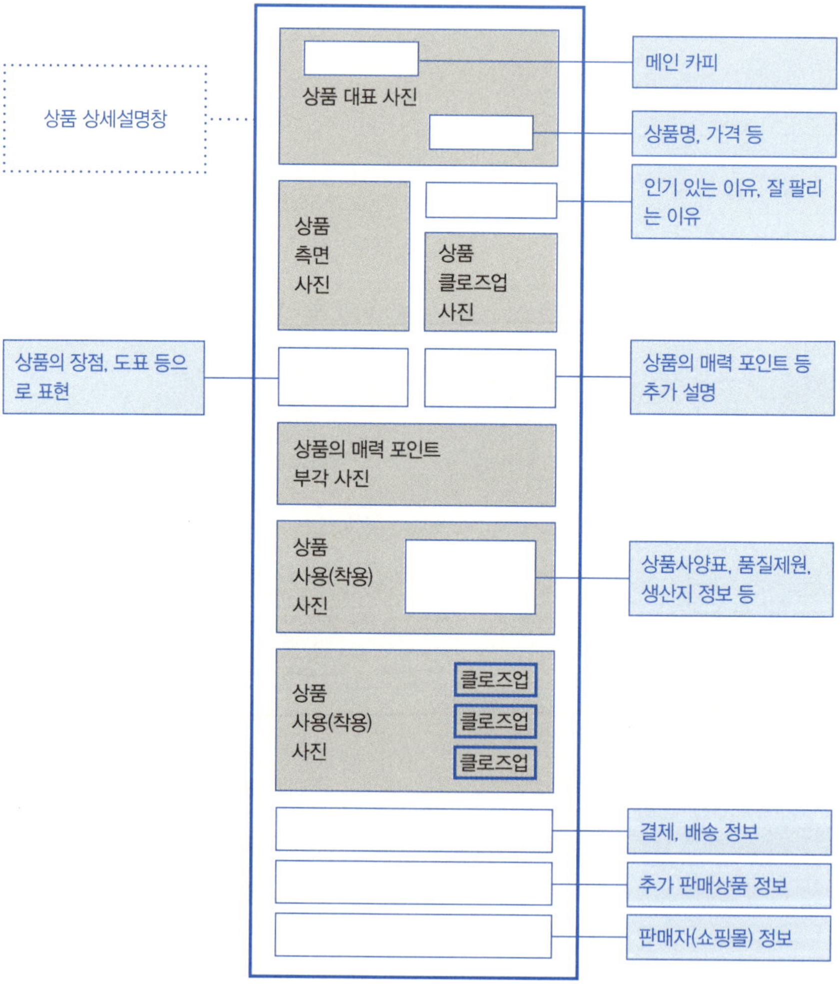

- 상품 상세설명창
- 상품 대표 사진 — 메인 카피
- 상품명, 가격 등
- 인기 있는 이유, 잘 팔리는 이유
- 상품 측면 사진 / 상품 클로즈업 사진
- 상품의 장점, 도표 등으로 표현
- 상품의 매력 포인트 등 추가 설명
- 상품의 매력 포인트 부각 사진
- 상품 사용(착용) 사진 — 상품사양표, 품질제원, 생산지 정보 등
- 상품 사용(착용) 사진 / 클로즈업 / 클로즈업 / 클로즈업
- 결제, 배송 정보
- 추가 판매상품 정보
- 판매자(쇼핑몰) 정보

앞의 상세설명창은 전자제품 상세설명창 작성에서 흔히 사용하는 방법입니다.

아래는 여성의류상품의 상세설명창 작성 예제입니다. 여성고객을 대상으로 하는 상품은 딱딱한 배열 대신 물 흐르듯 부드럽게 배열하며, 귀염성 있으며 친절한 어투, 감성어린 표현으로 상품을 설명하는 것이 좋습니다. 친구와 귓속말로 하듯 귀염성 있게 설명하되, 상품의 장점을 노골적으로 칭찬하지 않고, 위트 있게 알려주면서 호감을 불러일으키고 구매욕을 돋우는 전략입니다.

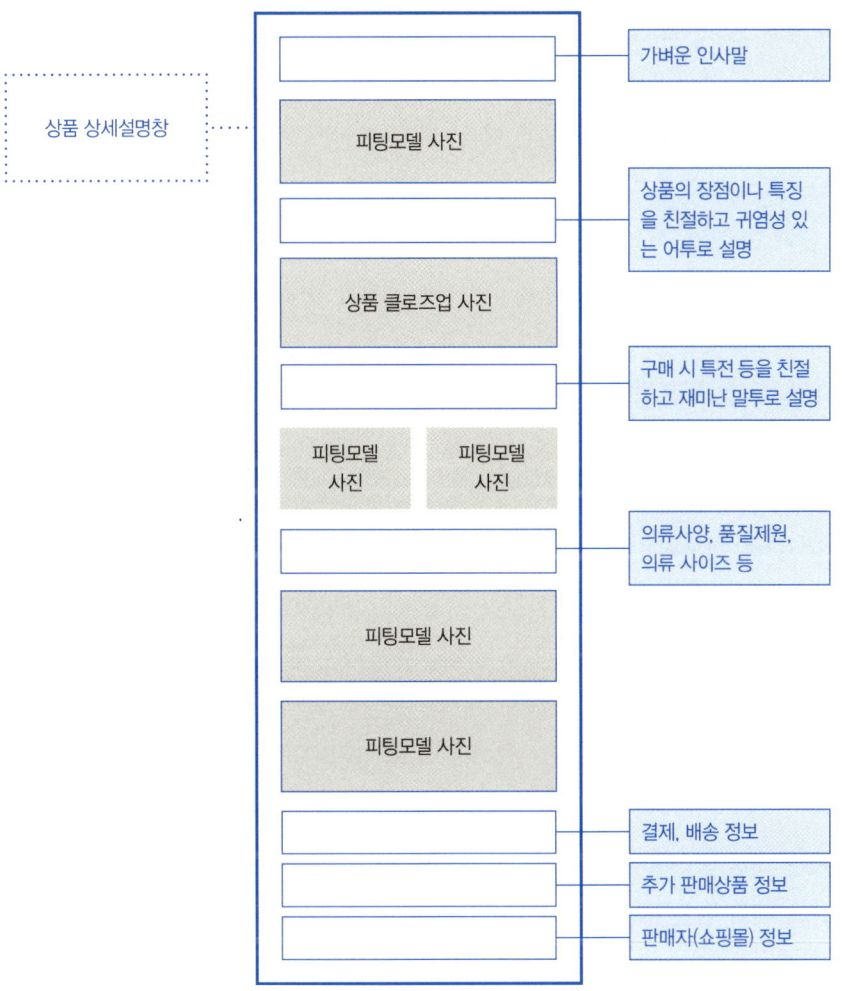

배송 시스템 구축 및 배송상품 포장방법

초보 쇼핑몰 사업자들을 위한 배송 시스템 구축과 배송상품 포장방법을 정리합니다.

1 : 배송업체 선정

배송업체 선정은 쇼핑몰 서비스 업체를 통해 선정하는 방법과 집 근처에 있는 배송업자를 불러서 계약하는 방법, 우체국택배 같은 배송업체 홈페이지를 통해 계약하는 방법이 있습니다. 월간 배송 건수에 따라 가격을 탄력적으로 내릴 수 있으므로 배송업체를 다방면으로 물색해본 뒤 가격과 배송품질에 이점이 있는 업체를 선정하기 바랍니다. 배송업체를 선정하면 그 후 배송건이 있을 때 전화나 컴퓨터 예약으로 물품을 픽업해가게 할 수 있으므로 쇼핑몰 배송 시스템이 자동으로 구축됩니다.

2 : 배송상품의 포장방법

상품포장은 기본적으로 이중 포장을 하는 것이 좋습니다. 외부포장재는 우편물의 편지봉투나 소포상자 등을 말하고, 내부포장재는 제품을 보호할 목적으로 사용하는 포장재입니다. 외부포장재는 고객의 사생활 보호를 위해 투명봉투 사용을 자제하는 것이 좋지만 내부포장재는 투명봉투를 사용해도 무방합니다. 다소 비용이 들더라도 고급 포장재를 사용하는 것이 고객들에게 점수를 따는 좋은 방법일 것입니다.

3 : 주소 라벨은 중견 기업체 느낌이 나도록 프린터로 출력

수신인, 송신인 주소가 찍힌 주소 라벨은 가급적 프린터로 출력한 뒤 배송물품에 부착하는 것이 좋습니다. 주소 라벨에는 쇼핑몰 로고가 근사하게 인쇄된 것이 더 좋습니다. 업체의 주소 라벨은 소비자들과 직접 만나는 얼굴이므로 고급스럽게 만드는 전략입니다. 주소 라벨이 형편없으면 소비자는 영세업자라고 판단할 것이고, 주소 라벨이 근사하면 소비자는 중견 쇼핑몰업자라고 판단하고 더 신뢰할 것입니다.

CHAPTER 4

카페24를 이용한 무료 인터넷 쇼핑몰 만들기

나만의 최적의 무료 쇼핑몰 선택하기
- 카페24, 고도몰, 가비아의 무료 쇼핑몰

국내의 유명한 무료 쇼핑몰 제공업체는 카페24, 고도몰, 가비아 등이 있습니다. 세 업체 모두 회원으로 가입하면 인터넷과 모바일 쇼핑몰이 자동 생성되며 무료입니다.

1 : 카페24 무료 쇼핑몰

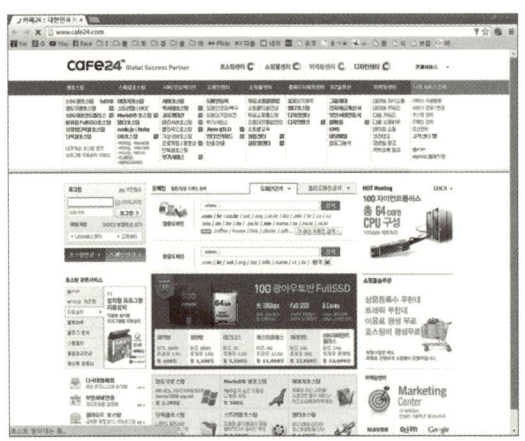

회원가입을 하면 즉시 무료 인터넷 쇼핑몰과 무료 모바일 쇼핑몰이 자동으로 생성됩니다. 사용자는 쇼핑몰 디자인을 자신이 판매하려는 상품군에 맞게 수정하면 됩니다.

일반 쇼핑몰처럼 게시판 등의 쇼핑몰 기능이 완벽하게 지원됩니다.

2 : 고도몰 무료 쇼핑몰

고도몰 무료 쇼핑몰 역시 회원가입을 하면 바로 무료 인터넷 쇼핑몰과 무료 모바일 쇼핑몰이 자동으로 생성됩니다. 사용자는 쇼핑몰 디자인을 자신이 판매하려는 상품군에 맞게 수정하면 됩니다.

고도몰 무료 쇼핑몰 역시 일반 쇼핑몰처럼 게시판 등의 쇼핑몰 기능이 완벽하게 지원됩니다.

3 : 가비아의 쇼핑몰 브랜드 '퍼스트몰'

가비아의 무료 쇼핑몰은 '퍼스트몰'이라는 브랜드에서 생성할 수 있습니다. 역시 회원가입을 하면 바로 무료 인터넷 쇼핑몰과 무료 모바일 쇼핑몰이 자동으로 생성됩니다. 사용자는 쇼핑몰 디자인을 자신이 판매하려는 상품군에 맞게 수정하면 됩니다.

4 : 카페24, 고도몰, 가비아 무료 쇼핑몰의 같으면서도 다른 점 – 비슷한 기능을 제공하지만 디자인 편집 기능은 판이하게 다르다

카페24, 고도몰, 가비아 등의 무료 쇼핑몰들은 서로 비슷한 쇼핑몰 기능, 비슷한 관리자 기능, 비슷한 게시판 개수를 제공합니다. 물론 면밀히 비교해보면 기능면에서 약간 차이점이 보이고 업체별 장단점이 다름을 알 수 있습니다. 특히 판이하게 다른 점은 디자인 편집 기능입니다.

일단 세 군데에 모두 가입한 뒤 각 무료 쇼핑몰의 쇼핑몰 기능, 관리자 기능, 제공되는 옵션을 비교 검토하기 바랍니다. 또한 디자인 편집 기능을 손으로 익혀보면서 각 업체별 디자인 수정 기능이 어떻게 다른지 확인바랍니다. 그런 뒤 자신에게 가장 알맞은 업체의 무료 쇼핑몰을 최종 선택한 뒤 사용할 것을 권장하며, 사용하지 않는 나머지 무료 쇼핑몰은 폐쇄하기 바랍니다.

카페24로 배우는 무료 쇼핑몰 제작
– 가입만 해도 PC 쇼핑몰과 모바일 쇼핑몰 무료 생성

쇼핑몰을 돈을 주고 만들던 시대에서 지금은 무료로 만드는 시대가 되었습니다. 완벽하게 잘 작동하는 쇼핑몰이므로 디자인만 업체에 맞게 수정하면 됩니다.

카페24 무료 쇼핑몰은 현재 영업하고 있는 일반 쇼핑몰처럼 완전히 잘 작동하는 쇼핑몰입니다. 이 무료 쇼핑몰 안에는 신상품 코너, 스페셜 상품 코너, 상품 품목별 카테고리, 고객 관리용 게시판 3~5개, 자료실, 공지사항, 상품검색 기능, 쇼핑몰 관리자 메뉴 등이 기본적으로 포함되어 있습니다.

카페24 무료 쇼핑몰이 만들어지면 사용자는 쇼핑몰 디자인을 자신에게 맞게 수정하는 작업이 필요합니다. 또한 각 게시판 이름, 게시판 개수, 카테고리 메뉴 이름 등을 자신이 판매할 상품구색에 맞게 변경하는 작업을 해야 합니다. 그런 뒤 판매할 상품을 등록하고 결제기능을 연결하면 바로 영업을 할 수 있습니다. 일반적으로 다음 순서대로 작업합니다.

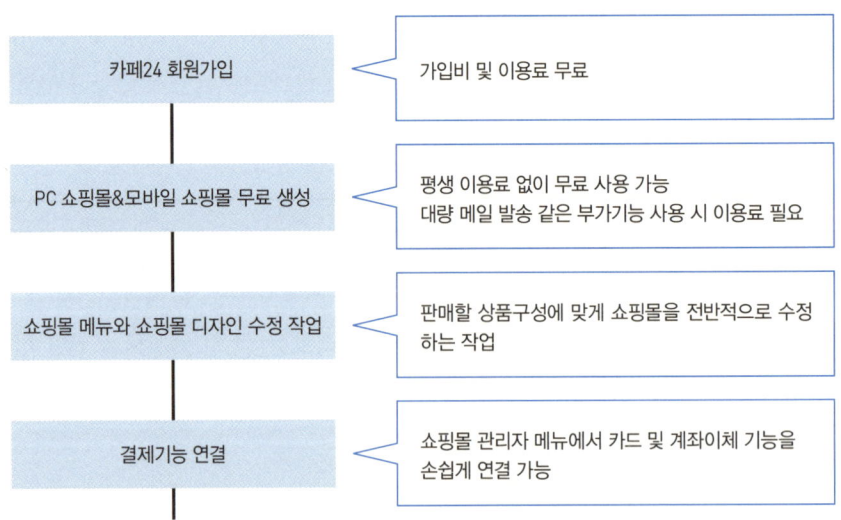

```
판매상품 리스팅  ◁  판매할 상품 사진, 상품 안내글, 판매가격, 배송방법 등록
     │
판매시작  ◁  초기에는 쇼핑몰의 존재를 아는 사람이 없으므로 쇼핑몰을 광고해 널리 알려야 매출이 발생
     │
오픈마켓으로 판매 채널 확장  ◁  카페24 쇼핑몰 외 옥션, G마켓, 11번가 등에서도 판매하기 위해 각 오픈마켓별 판매자로 입점
     │
오픈마켓 ID를 자신의 카페24 쇼핑몰에 등록  ◁  카페24 쇼핑몰 관리자 창에서 오픈마켓 내 자신의 미니숍을 통합 관리하는 절차
     │
오픈마켓 연동 설정  ◁  카페24 관리자 창에서 상품 사진을 업로드하면 연동 중인 오픈마켓에도 상품이 자동 등록
     │
오픈마켓에서 매출 발생  ◁  오픈마켓에서 고객의 주문이 발생하면 실시간 카페24 관리자 창으로 취합되어 표시
     │
해외 오픈마켓 판매 채널 확장  ◁  정식 계약 시 카페24 담당부서가 해외 오픈마켓인 아마존 등에서 판매할 수 있도록 입점 작업 등을 대행
```

카페24에서 무료 쇼핑몰을 만들면 PC용 인터넷 쇼핑몰과 스마트폰용 모바일 쇼핑몰이 자동 생성될 뿐 아니라, 옥션이나 11번가 같은 오픈마켓 판매자로 가입한 경우 오픈마켓에서 판매하는 상품들을 카페24 무료 쇼핑몰 관리자 창에서 통합 관리할 수 있습니다. 예전에는 오픈마켓에서 만든 쇼핑몰을 개별적으로 관리해야 했지만 지금은 카페24 무료 쇼핑몰 하나로 모바일 쇼핑몰과 오픈마켓의 미니숍까지 통합 관리할 수 있습니다. 카페24 무료 쇼핑몰은 평생 무료로 사용할 수 있습니다. 단, 대량 메일 발송, SMS 홍보문자 발송 등 쇼핑몰 외의 부가 서비스를 이용하려면 해당 이용료를 지불해야 합니다. 일단 유료기능을 전혀 사용하지 않아도 쇼핑몰 기능이 잘 작동하므로 상품 판매에는 지장이 없습니다.

카페24 무료 쇼핑몰의 특징

카페24 무료 쇼핑몰은 평생 무료이며 해외용 쇼핑몰도 무료로 생성할 수 있습니다. 해외용 쇼핑몰이란 외국어로 제작한 해외 판매용 글로벌 쇼핑몰을 말합니다.

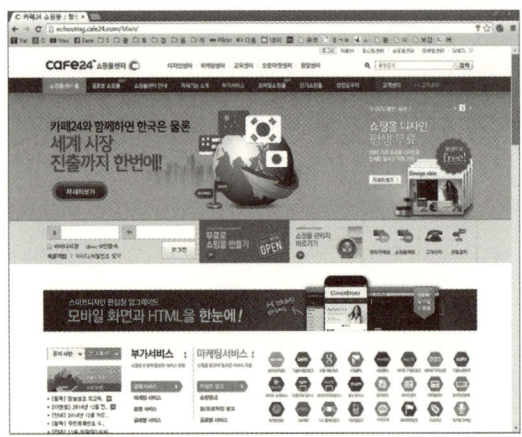

카페24 무료 쇼핑몰은 평생 무료로 사용하는 쇼핑몰로서 무료 모바일 쇼핑몰이 함께 생성됩니다. 또한 해외 고객을 위한 외국어 쇼핑몰도 무료로 생성할 수 있습니다. 아울러 국내 오픈마켓과 연동되는 오픈마켓 통합 관리 기능도 무료로 제공합니다. 단, 대량 메일 발송 등의 몇몇 부가 기능을 사용할 때는 유료입니다.

카페24 무료 쇼핑몰의 특징

설치비	무료	월 사용료	무료
전자결제 가입비	무료(이벤트 중)	상품 등록 수	무제한
트래픽	무제한	디스크 용량	200MB 무료 제공
웹호스팅	무료	오픈마켓 관리	무료 제공
쇼핑몰 디자인	자유수정 가능, 무료/유료 디자인스킨 제공		
다국어 쇼핑몰	해외용 무료 쇼핑몰 제공		

04 카페24 무료 쇼핑몰 주요 기능

카페24 무료 쇼핑몰의 주요 기능은 다음과 같습니다.

카페24 무료 쇼핑몰은 카페24 회원가입 시 자동으로 생성됩니다. 그 후에는 다른 무료 쇼핑몰처럼 본인이 자유롭게 쇼핑몰 디자인을 꾸밀 수 있습니다. 카페24는 다른 무료 쇼핑몰과 달리 여러 가지 대행 사업을 병행합니다. 예를 들어 자체 브랜드의 의류 생산을 하기 어려울 때 카페24에 대행시킬 수 있습니다.

판매상품 등록	판매상품 사진 대량 등록 가능(무료제공 공간이 꽉 찰 경우 카페24 웹호스팅을 업그레이드해야 함)
디자인 꾸미기	직접 쇼핑몰 디자인 꾸미기 가능. 쇼핑몰 화면을 보면서 디자인 수정 가능. 쇼핑몰 디자인을 한번에 교체하는 무료 디자인스킨 제공
주문 및 회원관리	고객 주문 통합 관리 기능, 회원관리 및 등급별 관리, 회원 적립금 관리 등
C 스토어	배너 만들기, 설문조사, SNS 등 쇼핑몰에 필요한 다양한 판매 촉진을 위한 앱 기능 제공
고객관리 게시판	기본적으로 약 13개 게시판 제공(무료)
오픈마켓 연동 통합 관리	G마켓, 11번가 등에 사진을 연동 등록하고 이들 오픈마켓을 자신의 쇼핑몰에서 통합 관리하는 기능(무료)
모바일 쇼핑몰	무료
글로벌 쇼핑몰	해외 판매를 위한 글로벌 쇼핑몰 제공(무료)
해외 오픈마켓 판매대행	해외 오픈마켓에서의 입점 및 판매대행 및 번역 서비스(유료)
판매상품 사입 대행	판매할 제품의 사입을 카페24에서 대행(유료)
물류 대행	판매상품의 입출고를 카페24에서 대행(유료)
의류생산 대행	자체 브랜드의 의류생산을 카페24에서 대행(유료)
접속통계 분석기능	쇼핑몰 방문자의 통계를 분석하는 기능(유료)
홈페이지 제작 대행	홈페이지에 온라인 예약기능 및 쇼핑몰 기능 탑재 가능(유료)

05 SECTION

카페24 무료 쇼핑몰 관리자 기능
– 주요 관리자 기능

카페24 쇼핑몰 관리자 기능은 자신의 쇼핑몰에서 '쇼핑몰 관리자'로 로그인하면 사용할 수 있습니다.

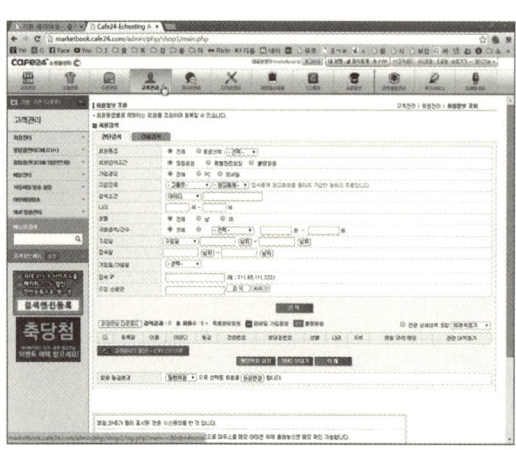

쇼핑몰 관리자 기능은 자신의 쇼핑몰 관리에 필요한 다음 기능들을 제공합니다.

카페24 쇼핑몰 관리자 화면

상점관리 메뉴	쇼핑몰 기본정보관리 기능 멀티몰 관리 기능 배송, 결제 관리 外
상품관리 메뉴	상품등록 분류관리 재고관리 外
주문관리 메뉴	입금 전 관리, 주문관리, 주문분석, 견적서 관리 현금영수증 관리 外
고객관리 메뉴	회원관리 회원등급 관리 적립금 관리 外
게시판관리 메뉴	쇼핑몰 게시판 관리 캘린더 관리 外

디자인관리 메뉴	디자인 편집 디자인 예약 디자인스킨 교체 기능 外
모바일 메뉴	모바일 쇼핑몰 생성 및 관리 PC 쇼핑몰과 상품 연동 가능
프로모션 메뉴	프로모션 만들기 쿠폰 관리 外
마켓통합 관리메뉴	오픈마켓 연동 통합 관리
부가 서비스 메뉴	카페24 내의 유료 부가 서비스 사용 확인 및 관리
마케팅 메뉴	쇼핑몰 유료광고 상식 쇼핑몰 유료광고상품 종류 유료광고상품 구매기능
접속통계 메뉴	쇼핑몰 접속자 분석도구(유료)

카페24 실전으로 사용하기
– 카페24 무료 인터넷 쇼핑몰 만들기

카페24의 무료 쇼핑몰 기능은 인터넷 쇼핑몰과 모바일 쇼핑몰 양쪽에 동시에 작동하는 쇼핑몰입니다. 실전으로 회원가입을 한 뒤 쇼핑몰을 생성하는 방법을 알아봅니다.

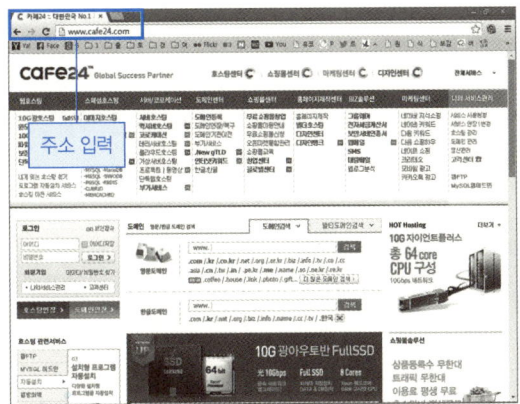

01 인터넷에서 카페24 홈페이지로 접속합니다(www.cafe24.com).

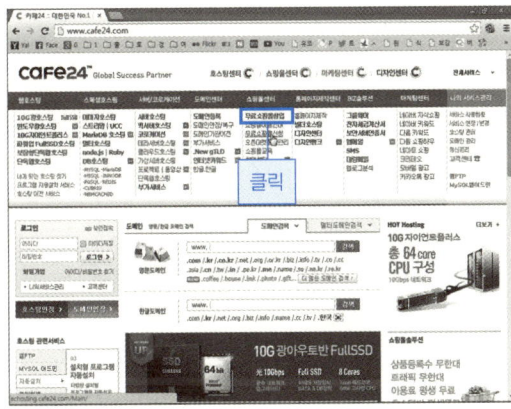

02 '무료 쇼핑몰 신청' 버튼이나 문자열을 클릭합니다.

03 카페24 쇼핑몰 센터 페이지가 열립니다. 회원이 아닌 경우 '회원가입' 버튼을 클릭합니다. 회원인 경우 ID와 비밀번호를 입력해 로그인합니다.

04 사업자등록증이 없는 유저는 '일반회원'으로 가입하고, 개인 사업자등록증이 있는 유저는 '개인사업자'로, 법인 사업자등록증이 있는 유저는 '법인회원'으로 가입합니다.

05 각각의 약관을 읽어본 뒤 '동의함'에 체크합니다. 그런 뒤 본인임을 확인하기 위해 '휴대폰 인증' 버튼을 클릭합니다.

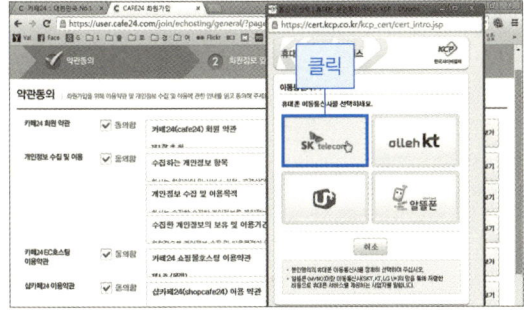

06 본인의 휴대전화 서비스 회사를 클릭합니다.

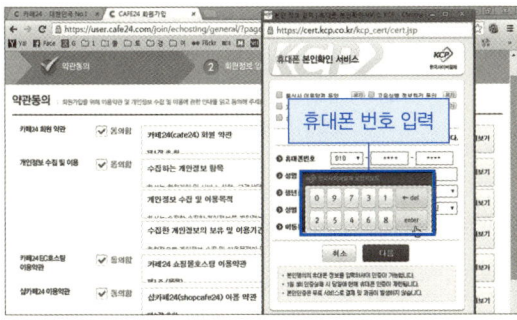

07 본인의 휴대전화 번호를 입력합니다.

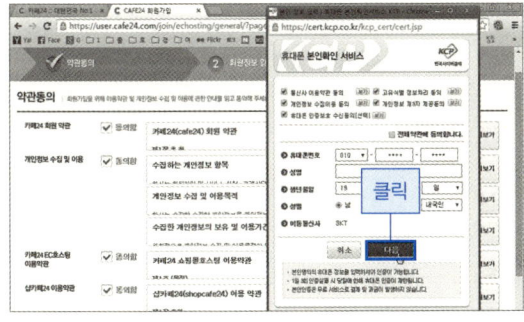

08 본인 휴대전화 정보가 맞으면 '다음' 버튼을 클릭합니다.

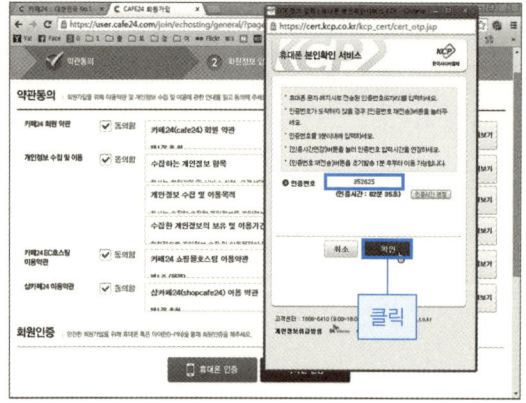

09 바로 본인의 휴대전화로 인증번호가 날아옵니다. 이 인증번호를 입력해 본인임을 인증합니다.

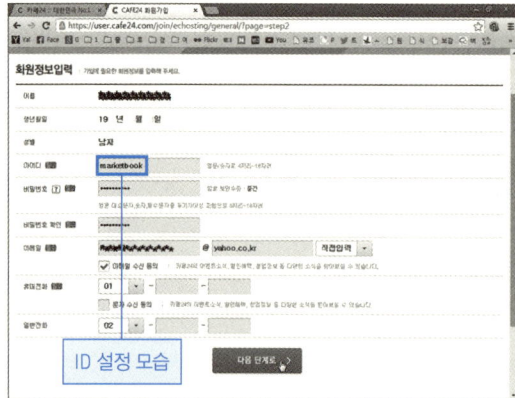

10 카페24 쇼핑몰에서 사용할 본인의 ID와 비밀번호를 설정합니다.

참고로, 가입할 때 만든 ID는 나중에 자신의 무료 쇼핑몰 주소가 되므로 고객들이 기억하기 좋은 ID를 만들기 바랍니다.

카페24에서 만든 ID는 나중에 자신의 쇼핑몰 주소가 됩니다. 예를 들어 ID를 'marketbook'으로 만든 경우 자신의 쇼핑몰 주소는 'http://marketbook.cafe24.com/'로 설정됩니다. 쇼핑몰 주소는 나중에 도메인명(일반적인 인터넷 주소)을 구입한 뒤 그 도메인명으로 바꿀 수 있습니다.

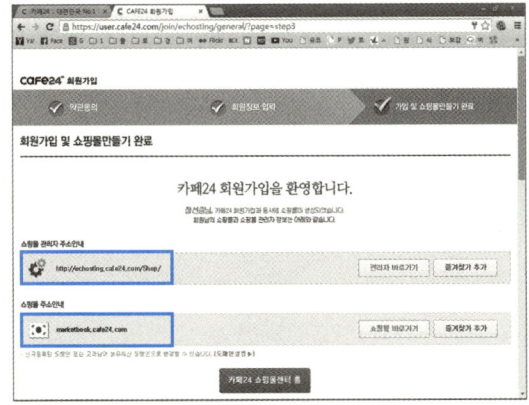

11 앞에서 '다음 단계로' 버튼을 클릭하면 무료 쇼핑몰이 자동으로 생성됩니다.

무료로 생성된 자신의 '쇼핑몰 주소'와 '쇼핑몰 관리자 주소'가 나타나는 것을 알 수 있습니다. 쇼핑몰 디자인 수정 작업을 하기 위해 매일 접속하므로 자신의 '쇼핑몰 주소'는 기억하기 편하도록 메모하기 바랍니다.

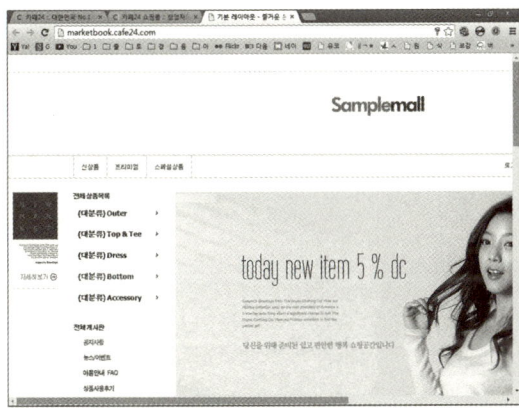

12 앞에서 자신의 쇼핑몰 주소를 클릭해 접속합니다. 무료 쇼핑몰을 확인할 수 있습니다. 참고로, 무료 쇼핑몰의 디자인은 기본값으로 설정된 상태이므로 자신의 쇼핑몰에 맞게 로고, 메뉴, 디자인을 수정하는 작업을 해야 합니다.

13 만일 앞에서 쇼핑몰 관리자 주소로 접속하면 쇼핑몰 관리자 기능을 사용할 수 있습니다. 앞에서 만들었던 ID로 로그인하면 됩니다.

카페24 무료 쇼핑몰의 로고와 메인 화면 수정하기
- 기본 수정 기능 맛보기

앞에서 생성한 무료 쇼핑몰은 기본 디자인이므로 다소 밋밋합니다. 약 열흘 일정으로 쇼핑몰 디자인과 메뉴를 재구성하는 작업을 하기 바랍니다.

카페24 무료 쇼핑몰의 다양한 기능을 자신에게 최적화하는 수정 작업은 카페24 도움말 기능을 참고하기 바라며, 여기서는 기본적인 수정 방법을 알아보겠습니다. 디자인이나 메뉴 구성을 수정할 때 판단이 잘 안 되는 항목이 보이면 카페24의 내부 도움말 기능을 참조하십시오.

01 카페24 인터넷 주소로 접속한 뒤 '쇼핑몰센터' 메뉴를 클릭합니다.

02 쇼핑몰센터 화면에서 ID와 비밀번호를 입력해 로그인합니다.

03 로그인한 뒤 관리자모드로 쇼핑몰을 수정하려면 '관리자 바로가기'를 클릭합니다.

04 만일 쇼핑몰 화면을 육안으로 보면서 수정하려면 '쇼핑몰 바로가기'를 클릭합니다.

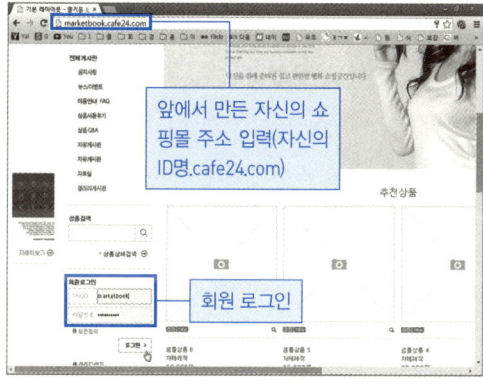

05 앞의 방법 대신 아예 자신의 쇼핑몰 주소를 주소창에 입력한 뒤 바로 쇼핑몰 화면으로 로그인할 수도 있습니다.

인터넷 주소창에 자신의 쇼핑몰 주소를 입력합니다.

자신의 쇼핑몰이 나타나면 '회원 로그인' 창에 ID와 비밀번호를 입력해 로그인하면 됩니다.

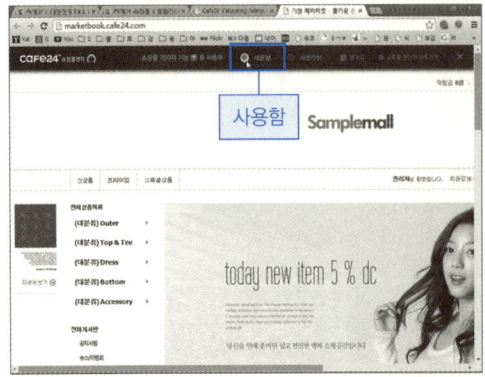

06 상단의 '쇼핑몰 관리자기능'을 '사용함'으로 체크하면 쇼핑몰 화면을 보면서 수정할 수 있습니다. '사용 안 함'으로 하면 화면수정이 불가능하지만 그 화면이 고객에게 보이는 쇼핑몰 화면입니다.
일단 '사용함'에 체크하여 편집 상태로 전환합니다.

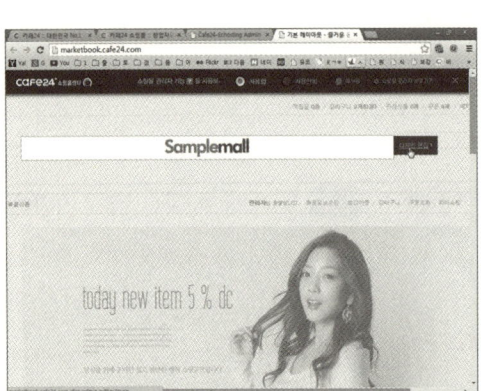

07 쇼핑몰의 로고 이미지를 수정하겠습니다. 'SampleMall'이란 로고 글자에 마우스 커서를 대면 오른쪽에 '디자인 편집' 메뉴가 나타납니다. '디자인 편집' 메뉴를 클릭합니다.
만일 바탕화면 크기가 1024×738 크기이면 1280×1024 이상으로 변경해야 '디자인 편집' 버튼이 보입니다.

08 디자인 편집 상태로 전환된 모습입니다. '속성' 탭을 클릭합니다.

09 로고를 마우스로 클릭하면 로고가 텍스트가 아닌 이미지임을 알 수 있습니다.

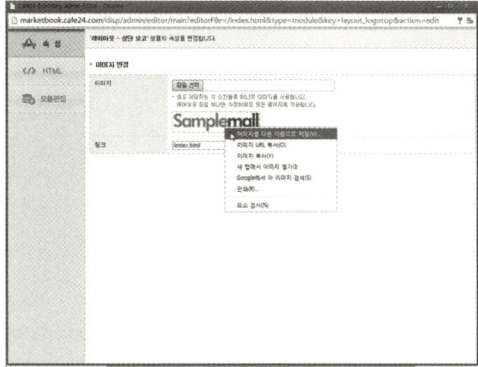

10 로고가 이미지로 제작되어 있으므로 비슷한 크기로 쇼핑몰 로고 이미지를 미리 만들어놓아야 합니다.

현재 붙어 있는 로고 크기를 정확하게 파악하기 위해 로고 이미지를 마우스 오른쪽으로 클릭한 뒤 '이미지를 다른 이름으로 저장' 메뉴를 실행합니다.

자신의 하드디스크에 해당 로고 이미지를 저장할 수 있습니다.

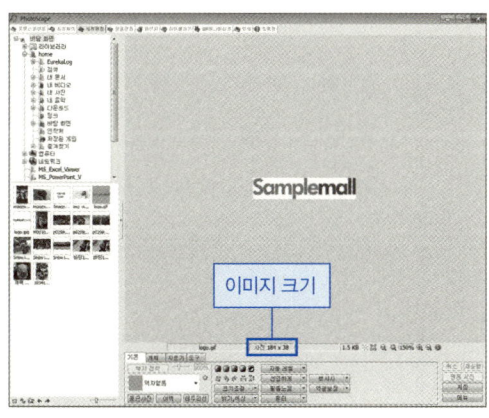

11 저장한 로고 이미지를 '포토스케이프'로 불러오면 이미지의 크기를 알 수 있습니다. 크기는 대략 '184×38픽셀'입니다.

자신의 쇼핑몰에서 사용할 로고 이미지도 '184×38픽셀' 크기로 제작하면 되는데 로고 이미지는 최대 800×38픽셀까지 지원되므로 더 큰 크기로 제작해도 무방합니다.

> 포토스케이프로 글자형 로고 이미지를 제작하는 방법은 이 책의 후반부 포토스케이프 기본 사용법을 참고하세요.

12 앞에서 '파일 선택' 버튼을 클릭하면 제작해둔 자신의 쇼핑몰 로고 이미지를 불러올 수 있습니다. 로고 이미지는 보통 Jpg 포맷 혹은 Gif 포맷이어야 합니다.

13 그림은 제작해둔 로고 이미지를 불러온 모습입니다.
로고 이미지를 교체한 뒤에는 반드시 하단의 '적용' 버튼을 클릭해야 변경된 로고가 적용됩니다. 그런 뒤 '×' 버튼을 눌러 현재 보이는 화면을 닫아줍니다.

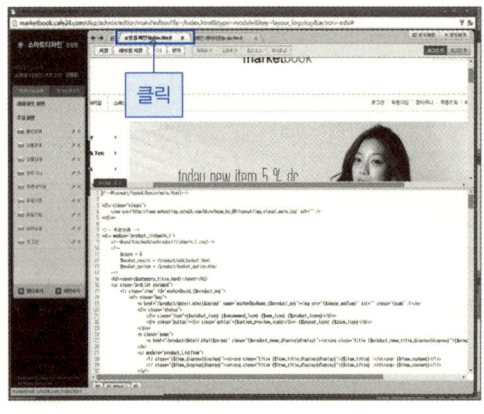

14 쇼핑몰 메인 화면에 걸려 있는 큰 사진을 자신의 쇼핑몰에 맞는 사진으로 교체하겠습니다.
'쇼핑몰 메인' 탭을 클릭합니다.

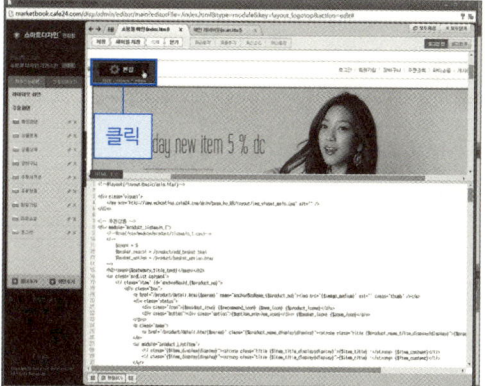

15 마우스 커서를 메인 사진에 대면 '편집' 버튼이 나타납니다. '편집' 버튼을 클릭합니다.

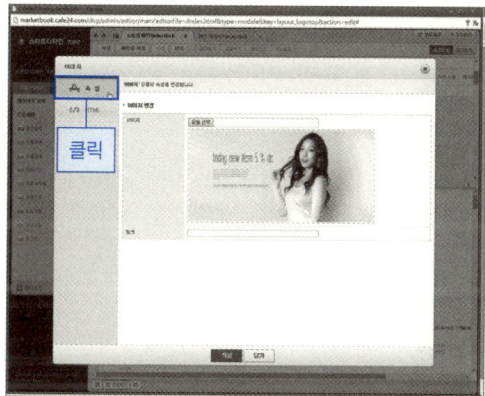

16 이미지 편집 상태로 전환된 모습입니다. '속성' 탭을 클릭합니다.

17 쇼핑몰 메인 이미지로 사용할 이미지 역시 포토스케이프나 포토샵에서 만들어놓아야 합니다. 자신의 쇼핑몰에서 취급하는 제품사진을 쇼핑몰 메인 화면 이미지로 사용하는 것이 좋습니다. 대략 1000×400픽셀이나 1000×300 픽셀로 만들어놓기 바랍니다. 여기서는 디지털카메라로 찍은 제품사진을 메인 화면 이미지로 사용하기 위해 포토스케이프에서 1014×676픽셀로 자른 뒤 준비했습니다.

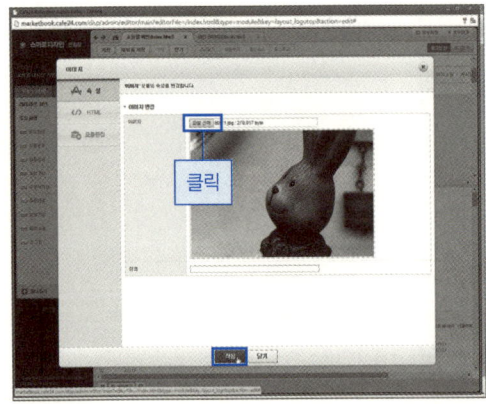

18 제작해둔 자신의 쇼핑몰 메인 화면 이미지를 불러오기 위해 '파일 선택' 버튼을 클릭합니다. 그림은 포토스케이프에서 만든 사진을 불러온 뒤 적용한 모습입니다. 하단의 '적용' 버튼을 클릭해 사진 교체 작업을 적용하기 바랍니다.

포토스케이프에서 사진을 자르거나 축소하는 방법, 글자를 입력하는 방법 등은 이 책의 권말부록 〈초보 사장님들을 위한 쇼핑몰 상품 사진 만들기〉를 참고하기 바랍니다.

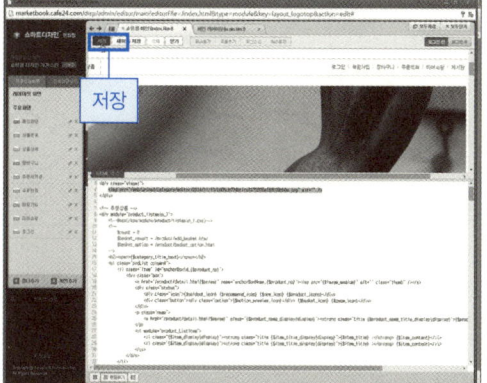

19 '저장' 버튼을 클릭해 지금까지 진행한 두 가지 작업(로고 교체, 메인 화면 이미지 교체)을 쇼핑몰 서버에 저장하기 바랍니다.

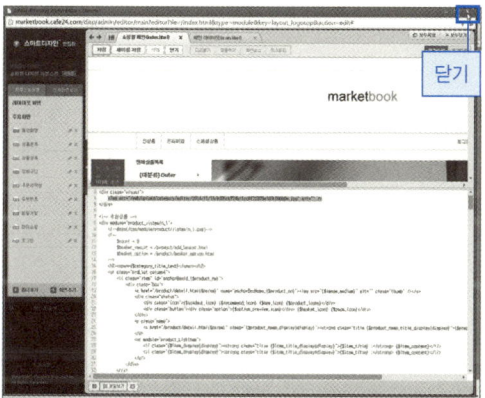

20 '닫기' 버튼을 클릭해 편집창을 닫기 바랍니다.

21 원래 화면으로 돌아온 모습입니다.
그런데 메인 화면 이미지가 교체되지 않은 상태라는 것을 알 수 있습니다.

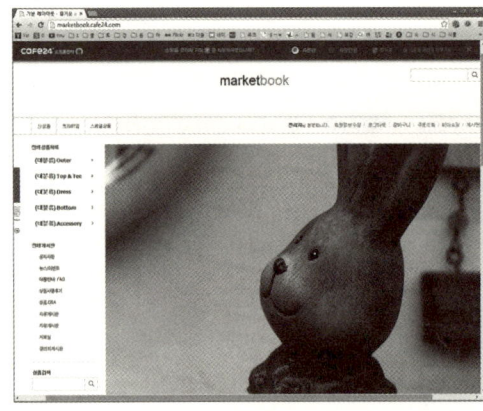

22 키보드 단축키 F5 키를 눌러 화면을 갱신하기 바랍니다. 교체된 이미지가 적용된 쇼핑몰을 확인할 수 있습니다.

지금까지 두 가지 작업을 해본 결과 카페24 쇼핑몰의 수정 작업은 매우 쉬운 편입니다. 단지 쇼핑몰 사업을 처음 시작하는 사람들에게 생소한 단어나 메뉴들이 많이 보이므로 수정 작업을 할 때는 카페24 내부 도움말과 매뉴얼을 읽으며 작업하기 바랍니다.

카페24 무료 쇼핑몰 메뉴 구성 수정하기
– 메뉴 구성, 메뉴 이름, 메뉴 색상 교체하기

카페24 무료 쇼핑몰의 메뉴 이름, 메뉴 색상을 구미에 맞게 수정하는 법을 알아봅니다. 도움말 기능을 참고하면 누구나 쉽게 원하는 모양으로 수정할 수 있습니다.

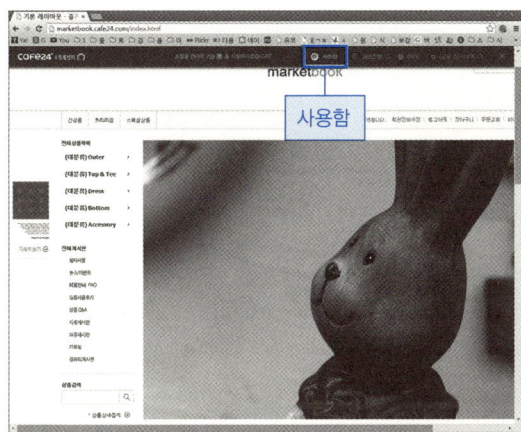

01 자신의 쇼핑몰로 로그인한 뒤 '쇼핑몰 관리자 기능'을 '사용함'으로 체크합니다.

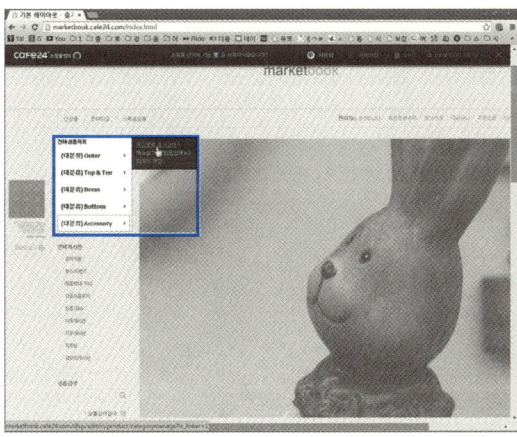

02 왼쪽의 메뉴 구성과 메뉴 이름을 자신이 판매하는 상품에 맞게 카테고리를 재구성해야 합니다. 먼저 메뉴 이름부터 수정하겠습니다.

왼쪽 대메뉴에 마우스 커서를 대면 팝업메뉴가 나타납니다. '메인분류 표시상태' 메뉴를 클릭합니다.

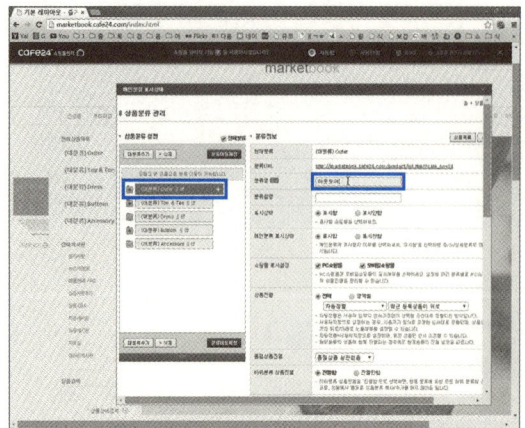

03 아웃도어 쇼핑몰이라고 가정하고 첫 번째 대메뉴 분류명을 '아웃도어'라고 수정했습니다. 대메뉴 이름이 아웃도어로 변경될 것입니다.

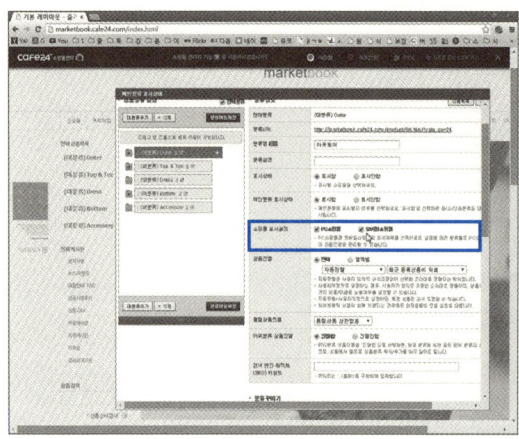

04 오른쪽 옵션 항목을 읽으면서 필요한 항목이 있으면 체크 표시를 합니다.
현재 수정한 '아웃도어 대메뉴'를 PC 쇼핑몰은 물론 모바일 쇼핑몰에서도 표시하고 싶다면 '쇼핑몰 표시설정' 항목에서 '모바일 쇼핑몰'에 체크 표시를 합니다.

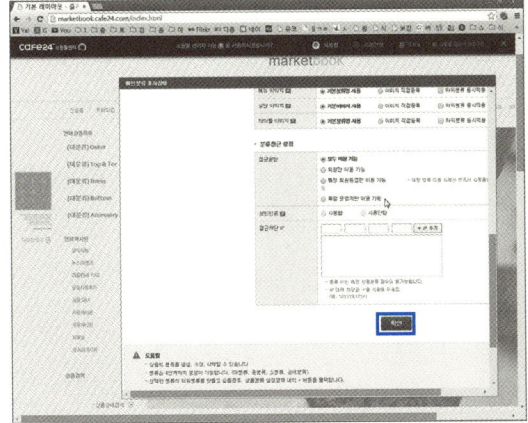

05 오른쪽 옵션 항목을 아래로 읽으면서 필요한 항목이 있으면 체크 표시를 하는데 기본값을 사용해도 무방합니다. '확인' 버튼을 클릭해 편집창을 닫아줍니다.

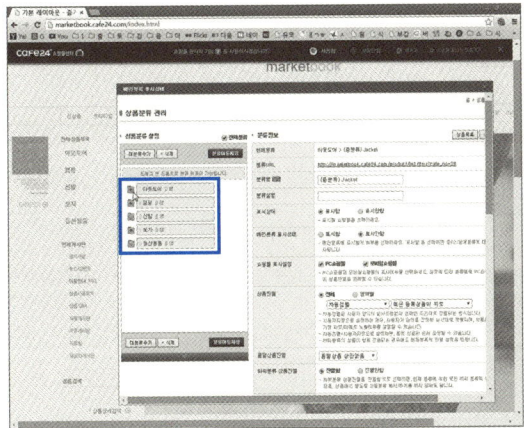

06 이런 식으로 앞의 작업을 반복해 다섯 개의 대메뉴 이름을 순서대로 '아웃도어 메뉴', '캠핑 메뉴', '신발 메뉴', '모자 메뉴', '등산용품 메뉴'로 변경했습니다.
이번에는 '대메뉴' 하위에 있는 중메뉴 이름을 교체하기 위해 '대메뉴'의 폴더 + 버튼을 클릭합니다.

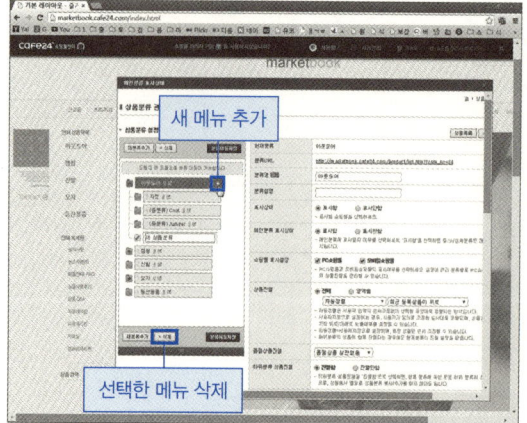

07 '아웃도어 대메뉴' 하위에 있는 중메뉴 이름을 순서대로 '재킷', '점퍼', '바람막이' 등으로 교체했습니다. 만일 중메뉴를 하나 더 추가하려면 대메뉴 오른쪽의 + 버튼을 클릭해 새 중메뉴를 추가합니다.

현재의 메뉴 구성에서 특정 메뉴를 삭제하려면 삭제할 메뉴를 선택한 뒤 하단의 '삭제' 버튼을 사용합니다.

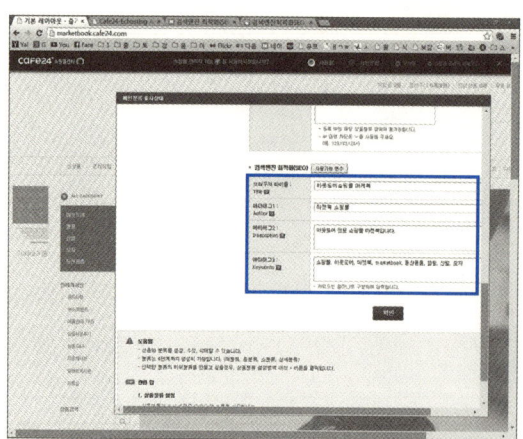

08 참고로 오른쪽 옵션창의 제일 하단에 있는 '검색 엔진 최적화' 항목은 인터넷 이용자들이 어떤 키워드(검색어, 단어)를 검색했을 때 자신의 쇼핑몰이 검색되도록 키워드를 설정하는 기능입니다.

검색 엔진 최적화는 인터넷 이용자들이 상품 등을 검색할 때 자신의 쇼핑몰과 자신이 판매하는 상품이 검색 엔진에서 검색되도록 여러 개의 키워드를 규칙에 맞게 입력하는 기능입니다. 일반적으로 Keywords 항목에다가 쇼핑몰에서 판매하는 제품 이름과 품목 이름을 쉼표(,)로 구분한 뒤 입력해놓으면 됩니다.

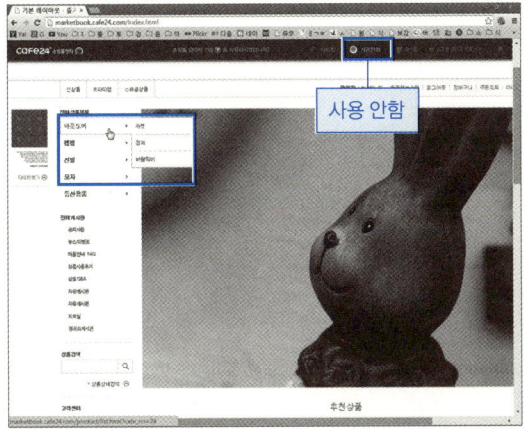

09 메뉴 수정이 끝나면 앞의 편집창을 닫기 바랍니다.
쇼핑몰 화면 상단에서 '쇼핑몰 관리자 기능'을 '사용 안 함'으로 설정합니다.
그런 뒤 대메뉴를 클릭하면 중메뉴가 나타나는데, 대메뉴와 중메뉴 모두 이름이 수정된 것을 알 수 있습니다.

10 메뉴의 색상이 흰색이므로 밋밋해 보입니다. 따라서 이번에는 메뉴 색상을 변경하겠습니다.
화면 상단에서 '쇼핑몰 관리자 기능'을 '사용함'으로 설정합니다. 마우스를 메뉴 영역으로 이동한 뒤 팝업 메뉴의 '디자인 편집' 메뉴를 실행합니다.

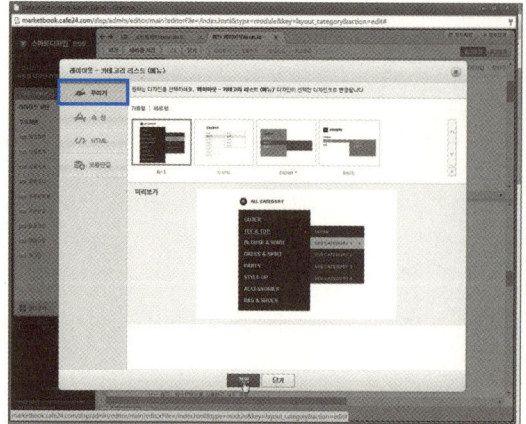

11 '꾸미기' 탭에서 원하는 버튼 디자인을 선택합니다. '적용' 버튼을 클릭해 적용한 뒤 편집창을 닫아줍니다.

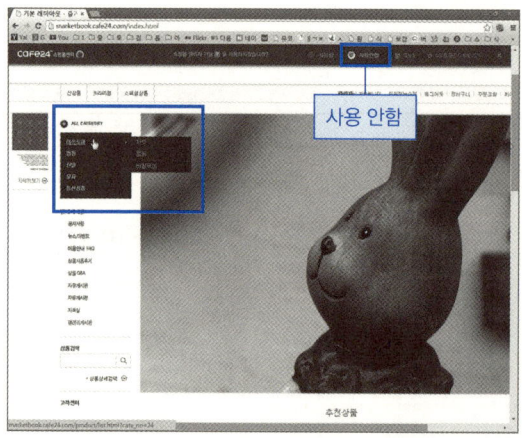

12 쇼핑몰 화면 상단에서 '쇼핑몰 관리자 기능'을 '사용 안 함'으로 설정합니다.
그런 뒤 메뉴를 확인하면 메뉴 색상이 변경된 것을 알 수 있습니다. 대메뉴를 클릭해 중메뉴 색상도 변경되었는지 확인바랍니다.

카페24 무료 쇼핑몰은 대메뉴 영역과 게시판 메뉴 영역 등 각 영역마다 다른 색상을 적용할 수 있습니다. 색상을 변경할 때는 보색 등의 튀는 색상의 사용을 자제하고, 전체 색상 조합이 조화롭고 세련되게 보이도록 하기 바랍니다.

카페24 무료 쇼핑몰 레이아웃의 교체
– 디자인스킨 사용으로 쇼핑몰 레이아웃 일괄 교체

디자인스킨은 카페24 쇼핑몰의 화면을 일괄 변경하는 방법입니다. 메인 화면의 각 영역을 일일이 변경하려면 시간이 소요되므로 디자인스킨을 적용하는 것이 더 좋습니다.

디자인스킨 기능으로 쇼핑몰 디자인을 변경할 때 주의할 점은 기존에 사용한 로고 이미지나 메인 화면 이미지, 버튼 색상이 모두 무시되고 새 디자인이 적용된다는 점입니다. 따라서 로고 이미지, 메인 화면 이미지 등을 다시 삽입해야 합니다. 디자인스킨 적용 시 변경되지 않는 유일한 부분은 사용자가 수정한 메뉴 이름 등의 텍스트입니다. 그 외 디자인적 요소는 모두 변경되므로 로고 삽입 작업 등을 다시 하기 바랍니다.

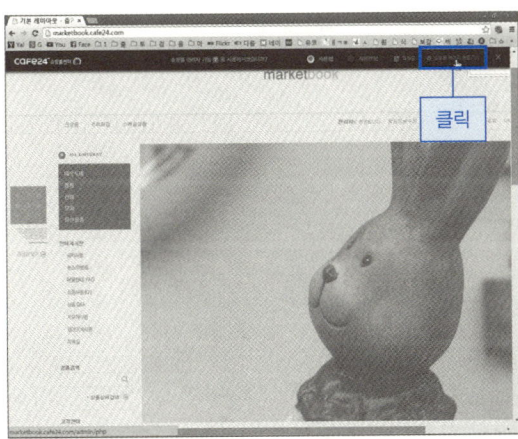

01 자신의 쇼핑몰에 로그인한 뒤 '쇼핑몰 관리자 바로가기'를 클릭해 이동합니다.

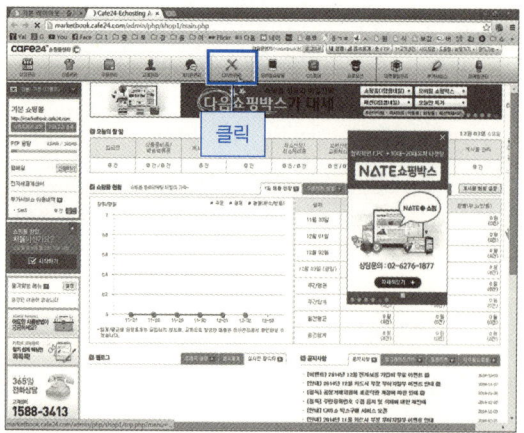

02 '디자인 관리' 메뉴를 클릭합니다.

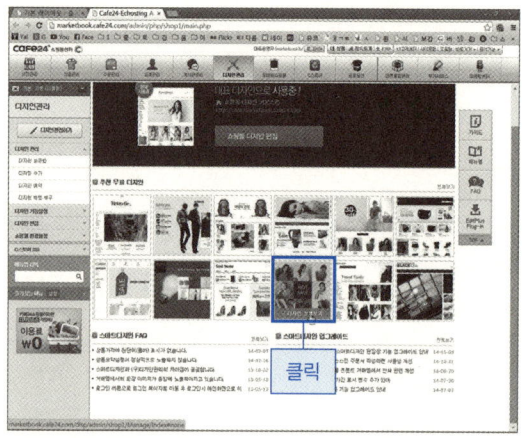

03 디자인스킨(메인 화면 디자인 세트)은 무료와 유료가 있습니다. 무료 중에서 마음에 드는 디자인스킨을 클릭해 미리 확인해봅니다.

04 보고 있는 무료 스킨이 마음에 들면 '디자인 추가' 버튼을 클릭해 '디자인 보관함'에 저장합니다.
이런 식으로 무료 스킨 몇 개를 디자인 보관함에 저장하기 바랍니다.

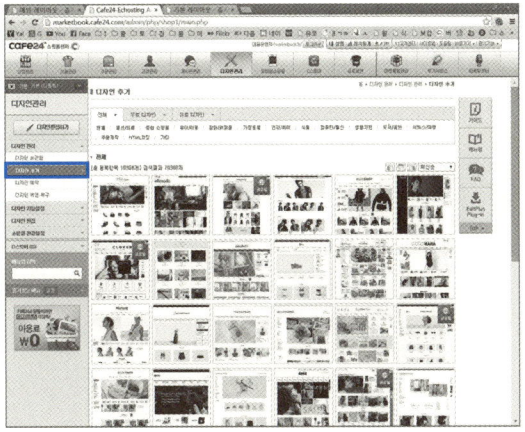

05 유료 디자인스킨은 '디자인 추가' 메뉴에 있으므로 거기서도 마음에 드는 디자인스킨이 있으면 디자인 보관함에 추가합니다.
참고로 유료 디자인스킨의 가격은 몇만 원~몇십만 원대까지 있습니다.

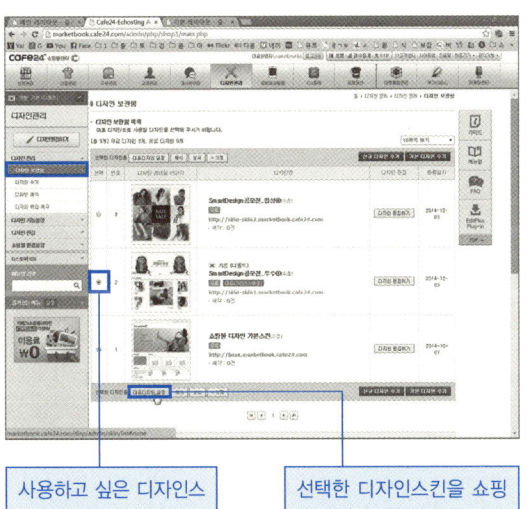

06 '디자인 보관함' 메뉴를 클릭합니다. 앞에서 추가한 디자인스킨들이 보입니다.
사용하고 싶은 디자인스킨의 라디오버튼에 체크한 뒤 '대표 디자인 설정' 버튼을 클릭하면 자신의 쇼핑몰에 해당 디자인이 사용됩니다.

사용하고 싶은 디자인스킨의 라디오버튼 선택

선택한 디자인스킨을 쇼핑몰의 대표 디자인으로 설정

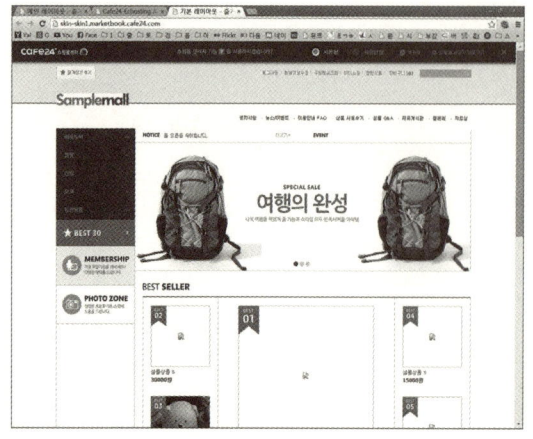

07 자신의 쇼핑몰 디자인이 바뀐 것을 알 수 있습니다.

이때 주의할 점은 디자인스킨은 쇼핑몰 외부 디자인을 통째로 바꾸는 것이므로 그 이전에 등록했던 로고 이미지나 메인 이미지가 모두 사라진다는 것입니다. 다만 메뉴 구성(수정한 메뉴 이름), 자신이 등록한 쇼핑몰 상품 이미지는 그대로 남아 있습니다. 즉, 쇼핑몰 메인 화면 외부 디자인이 완전히 바뀌므로 로고 이미지나 메인 화면 영역에 자신의 쇼핑몰 이미지를 다시 등록해야 합니다.

> 적용한 디자인스킨이 마음에 들지 않을 경우 '디자인 보관함' 메뉴에서 이전에 사용했던 디자인스킨의 라디오 버튼을 체크한 뒤 '대표 디자인 설정' 버튼을 클릭하면 이전 디자인으로 돌아갈 수 있습니다.

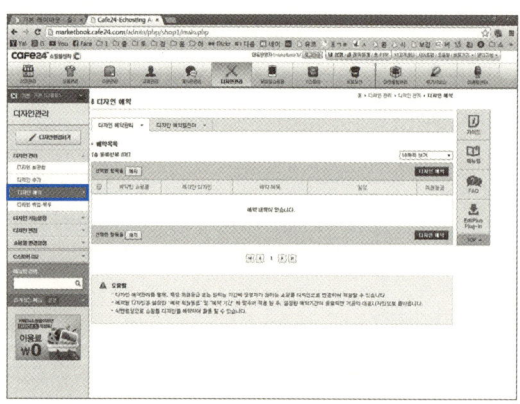

08 '디자인 예약' 메뉴를 클릭해봅니다.

디자인 예약 기능은 미리 만들어 놓은 디자인스킨을 지정한 날짜나 지정한 특정 회원에게 선택적으로 보여주는 예약 기능입니다. 쇼핑몰 화면이 1년 내내 같은 모양이면 고객들이 싫증낼 수 있으므로 보통 3~6개월 단위로 쇼핑몰 디자인을 교체하는 것이 좋습니다.

> 앞에서 말했듯 다른 새 디자인스킨을 예약 방식으로 사용하려면 새 디자인스킨의 로고 이미지나 메인 화면 이미지를 전부 자신의 쇼핑몰에 맞게 수정해놓은 스킨이 있어야 합니다.

SECTION 10
카페24 무료 쇼핑몰에 상품 진열하기
– 상품진열, 판매가, 배송설정 기능 맛보기

카페24 무료 쇼핑몰의 디자인 수정은 카페24 도움말 기능을 참고하면 열흘 일정으로 할 수 있습니다. 이제 판매상품 정보를 쇼핑몰에 진열하는 방법을 알아봅니다.

01 자신의 카페24 무료 쇼핑몰에 로그인한 뒤 '쇼핑몰 관리자 기능'을 '사용함'으로 체크합니다.
그런 뒤 추천상품 영역에 마우스를 대면 오른쪽으로 '상품진열 관리' 메뉴가 나오므로 바로 실행합니다.

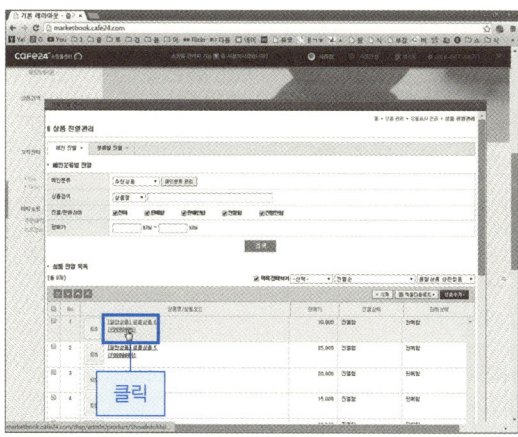

02 상품 진열목록 번호 중 원하는 번호를 클릭합니다.
진열 순서는 1, 2, 3… 순서대로 등록하는 것이 좋지만 상대적으로 앞쪽에 보이도록 하고 싶은 것은 앞쪽에, 뒤쪽에 진열하고 싶은 것은 뒷번호에 등록해도 됩니다.

03 앞에서 진열상품 번호를 클릭하면 해당 번호에 상품을 진열할 수 있도록 '상품 수정창'이 실행됩니다.

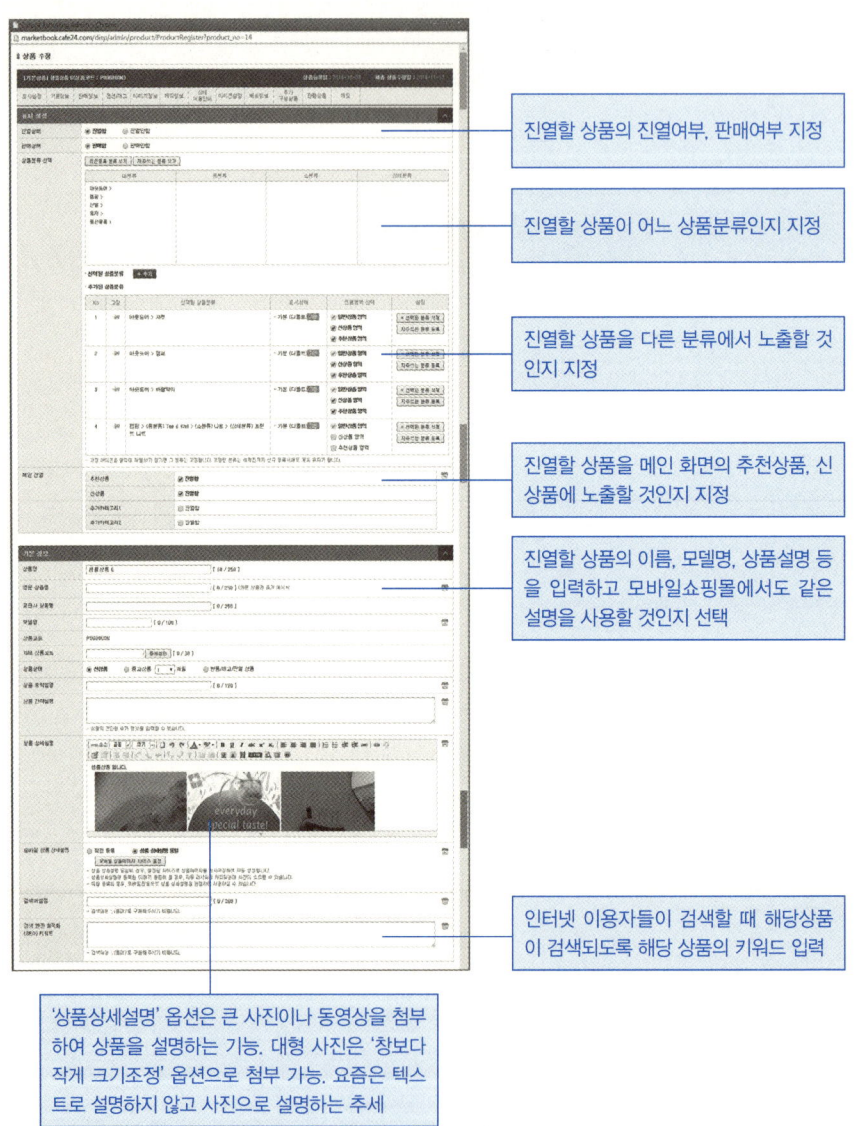

04 화면을 아래로 스크롤하면서 계속 추가 내용과 상품 사진 등록을 합니다.

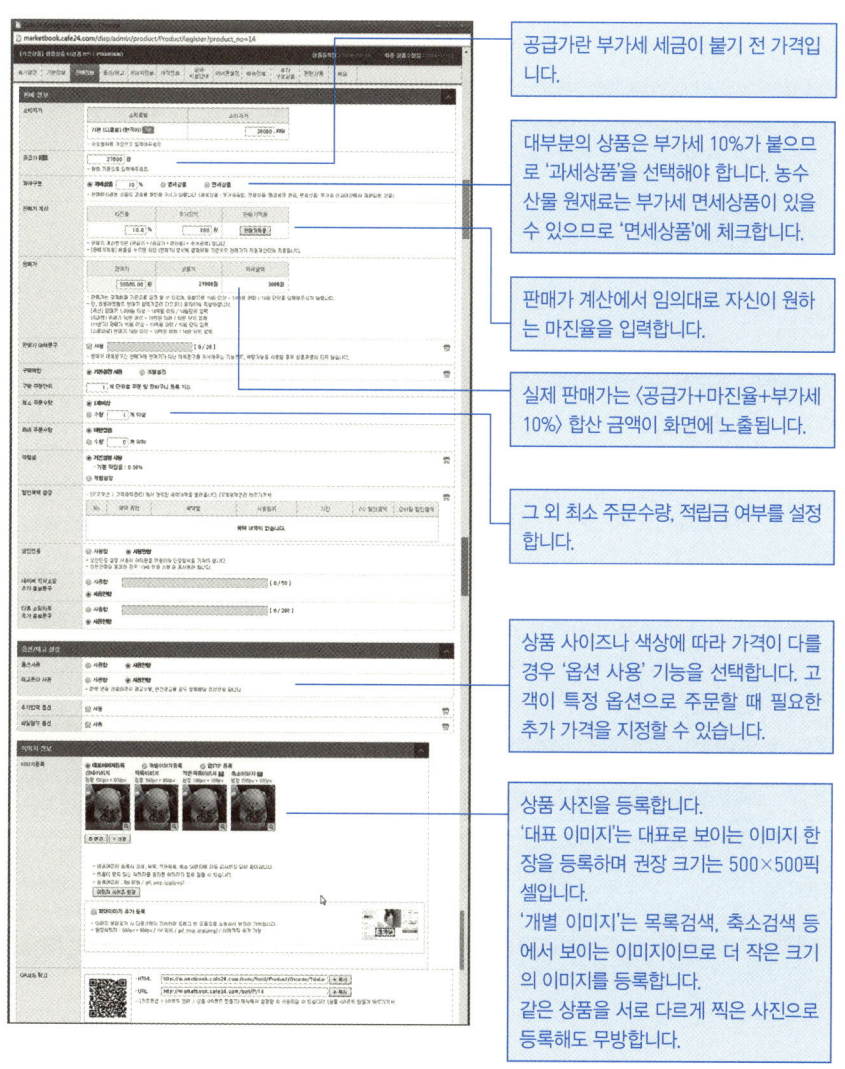

CHAPTER 4 카페24를 이용한 무료 인터넷 쇼핑몰 만들기 **133**

05 화면을 아래로 스크롤하면서 상품원산지 정보 등을 계속 입력합니다. 이렇게 하면 상품 하나의 등록이 완료됩니다.

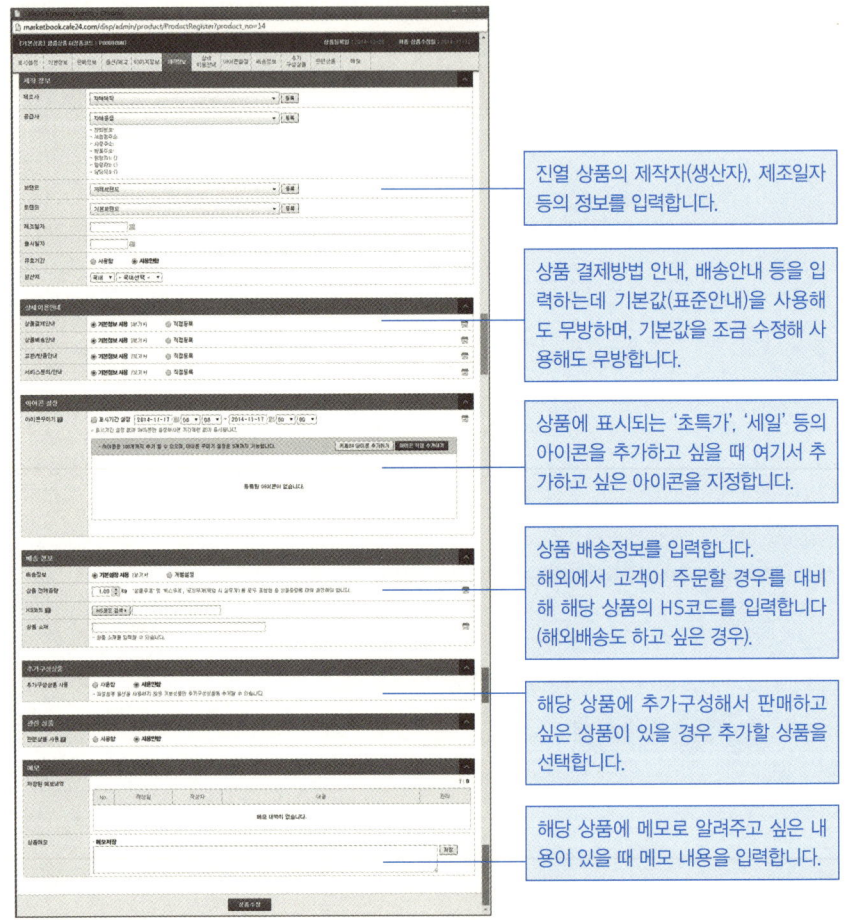

카페24 쇼핑몰에서 판매상품 진열은 위와 같은 방법으로 진행합니다. 이후 다른 상품 진열도 위와 같은 방식으로 상품설명서를 작성하고 상품 이미지를 등록하기 바랍니다.

카페24 무료 쇼핑몰에 결제 시스템 연결하기
– 카드·휴대전화 결제, 계좌이체, 구매안전 서비스

판매할 상품을 모두 진열한 뒤에는 고객들이 상품을 구입한 뒤 대금을 결제할 수 있도록 카페24 쇼핑몰에 결제 시스템을 연결해야 합니다.

01 먼저, 카페24로 만든 자신의 쇼핑몰로 로그인합니다. 자신의 쇼핑몰 화면에서 '쇼핑몰 관리자 바로가기' 버튼을 클릭합니다.

02 '상점관리' 메뉴를 클릭합니다.

CHAPTER 4 카페24를 이용한 무료 인터넷 쇼핑몰 만들기 **135**

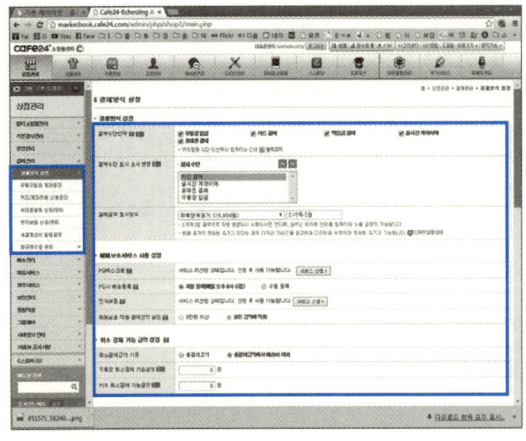

03 '결제관리'→'결제방식설정' 메뉴를 클릭합니다.
오른쪽 화면에서 쇼핑몰에 탑재하고 싶은 결제수단을 선택합니다.
고객 입장에서는 결제수단이 많은 쇼핑몰이 좋으므로 가급적 여러 가지 결제 수단에 체크표시를 하여 동작 상태로 만듭니다.

참고로, 항목마다 '?' 아이콘을 클릭하면 해당 항목의 용도가 도움말로 표시됩니다. 도움말을 읽은 뒤 사용 여부를 결정하면 되는데 대부분 쇼핑몰 사업자에게 필요한 기능이므로 사용하는 것이 좋습니다.

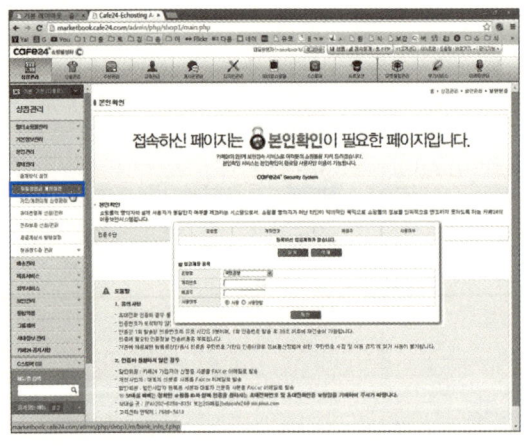

04 '무통장입금 계좌설정'은 고객들이 대금을 무통장으로 송금할 때 대금을 받을 쇼핑몰 운영자의 계좌를 등록하는 기능입니다.
정식 사업자등록자라면 사업자 은행계좌를 등록하는 것이 좋으며 개인 계좌의 등록은 피하기 바랍니다. 개인 계좌로 사업자금

이 오고 가면 세금을 납부할 때 매입매출 정산과 증빙에서 어려움이 발생하기 때문입니다.
참고로, 고객의 입금이 있을 시 입금확인은 쇼핑몰 운영자가 직접 해야 하며 쇼핑몰 상에서는 고객의 입금 여부를 파악할 수 없습니다.

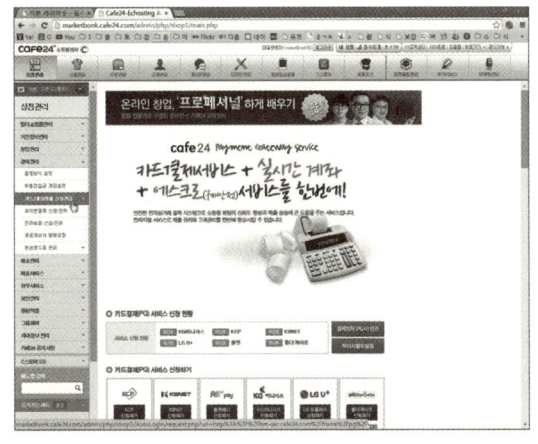

05 '카드/계좌이체 신청관리' 메뉴는 고객들이 구매대금을 카드나 계좌이체로 할 수 있도록 설정하는 기능입니다. 기본적으로 구매안전 서비스인 에스크로 서비스를 함께 신청합니다. 카드결제(PG) 서비스는 여러 업체에서 하고 있으므로 수수료 비율과 이점 등을 비교한 후 원하는 업체를 대행사로 하기 바랍니다. 여기서는 PG신청서를 작성할 수 있고 계약서는 해당 PG사로 우편으로 보내 접수합니다.

카드결제 서비스는 사업자등록자에 한해 할 수 있으며 카드결제대행 수수료는 판매가의 3.5%, 초기가입비는 20만 원이고, 계좌이체 서비스까지 동시에 진행되며 가상계좌 등 부가 서비스를 받을 수 있습니다. 카드결제 대행업체는 여섯 군데이지만 여섯 군데 모두 똑같은 수수료율이고 부가 서비스 내용도 비슷합니다.

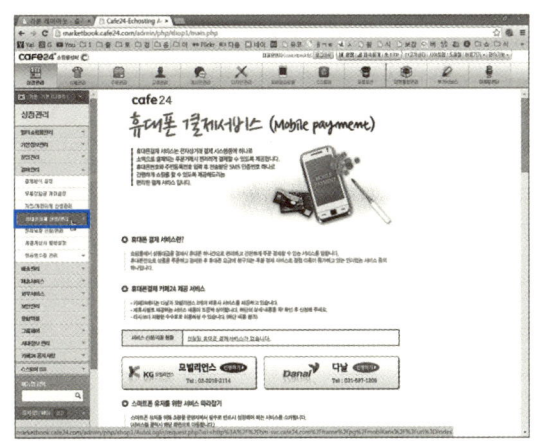

06 '휴대전화 결제/신청관리' 메뉴는 고객들이 구매대금을 휴대전화로 결제할 수 있도록 설정하는 기능입니다.

청소년 대상의 쇼핑몰이라면 30만 원 이하의 소액 결제를 위해 휴대전화 결제 기능을 쇼핑몰에 넣는 것이 좋습니다.

휴대전화 결제 수수료는 판매가의 2.2~3.7%이고 초기가입비는 11만 원입니다.

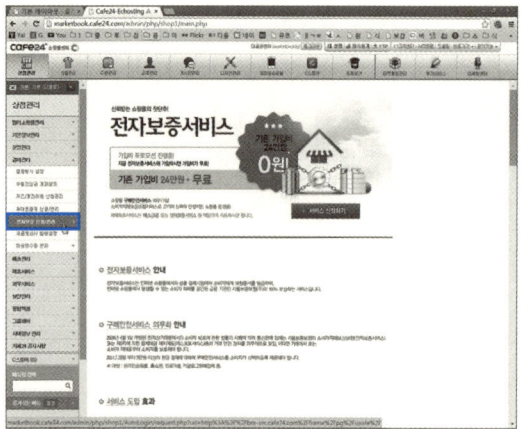

07 '전자보증/신청관리' 메뉴는 쇼핑몰에서 판매하는 제품에 대해 전자보증을 하는 서비스입니다.
앞에서 에스크로 구매안전 서비스를 가입한 경우 굳이 중복으로 가입할 필요는 없지만 에스크로와 약간 다른 장점도 있기 때문에 에스크로와 비교한 뒤 필요한 경우 가입을 권유합니다.

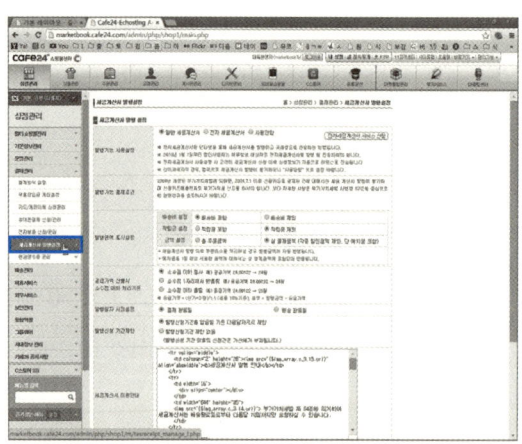

08 '세금계산서 발행설정'은 구매자에게 세금계산서를 발행하는 기능입니다. 구매자 중에는 세금계산서 요청이 있을 수 있으므로 이 기능을 사용하는 것이 좋습니다.
기본적으로 인감사진이 준비되어 있어야 합니다.
결제수단 신청 및 설정을 마무리하면 별다른 추가설정 없이 쇼핑몰의 결제 시스템이 작동합니다. 고객들은 물품 선택 후 장바구니에서 자신이 원하는 결제수단으로 결제할 수 있습니다.

카페24 무료 쇼핑몰의 배송관리
– 배송관리 기능 맛보기

카페24로 만든 무료 쇼핑몰의 배송관리 기능을 알아봅니다. 고도몰 같은 다른 업체를 통해 만든 무료 쇼핑몰에도 이와 비슷한 배송관리 메뉴가 있습니다.

아직 배송업체를 계약하지 않은 경우에는 배송업체와 계약한 뒤 배송 시스템 관리를 하기 바랍니다.

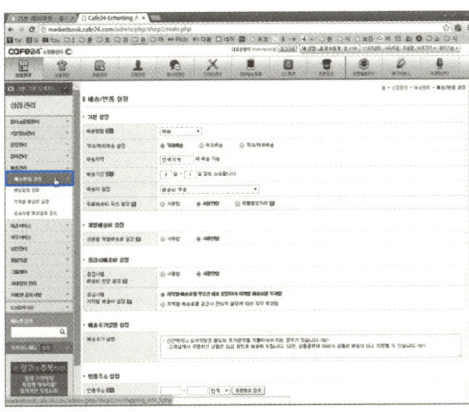

01 앞에서와 같은 쇼핑몰 관리자 화면에서 '상점관리'→'배송관리'→'배송/반품 설정' 메뉴를 클릭합니다.
배송방법, 배송지역, 해외배송 여부, 배송기간, 배송금액 등을 설정합니다. 공급사에서 배송할 경우 공급사 배송비 등을 설정합니다.

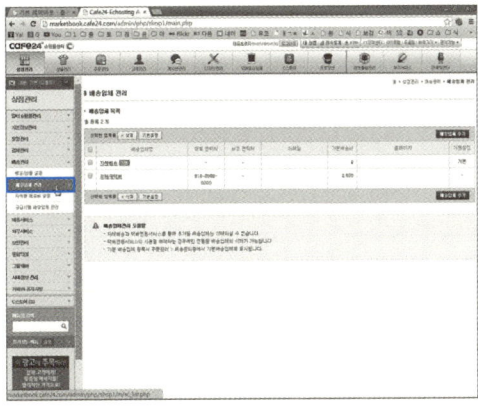

02 '배송업체 관리' 메뉴는 이용하는 배송업체를 등록 관리하는 기능입니다.

03 '지역별 배송비 설정' 메뉴는 섬 지역이나 산간지역에 배송할 때 필요한 추가 배송비를 설정하는 기능입니다.

우체국 등과 월 배송건수 협약을 한 경우 건당 배송료가 책정되므로 몇백 원 높은 금액을 설정하면 됩니다.

04 '공급사별 배송업체 관리' 메뉴는 상품 공급사의 배송업체 정보를 등록 관리할 때 사용합니다.

 쇼핑몰의 리스팅 상품에 표시되는 배송정보는 배송관리 메뉴에서 설정한 내용이 일괄적으로 적용되어 표시되지만, 때에 따라 상품 개개별로 배송을 다르게 설정할 수도 있습니다.

SECTION 13

상품 관리, 고객 관리 등을 할 수 있는
– 카페24 쇼핑몰의 다양한 무료 기능들

지금까지 알아본 내용은 카페24 쇼핑몰을 오픈하기 전 해야 할 작업들입니다. 카페24는 앞의 기능 외에도 상품 관리, 고객 관리 등의 다양한 기능을 제공합니다.

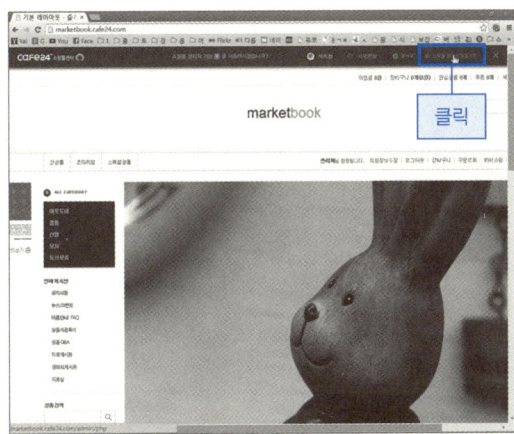

01 카페24로 만든 자신의 쇼핑몰로 로그인합니다.
자신의 쇼핑몰에서 '쇼핑몰 관리자 바로가기' 버튼을 클릭합니다.

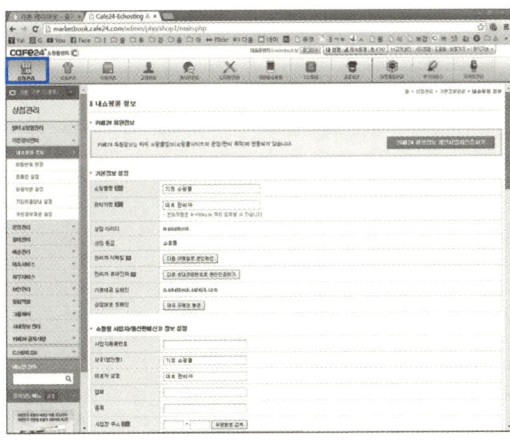

02 '상점관리' 메뉴는 자신의 쇼핑몰을 정식 등록하는 사업자등록 정보 입력 기능, 통신판매업신고 입력 기능, 상점에 회원으로 가입할 수 있는 나이를 설정하는 '운영관리 기능', 고객들이 회원으로 가입할 때 하는 '본인인증 서비스 기능' 사용 여부, 고객들에게 주는 혜택인 '적립금 설정 기능', 고객들이 예치금을 사용할 수 있게 하는 '예치금 사용 설정 기능' 등 상점 운영에 필요한 전반적인 추가 기능을 설정합니다.

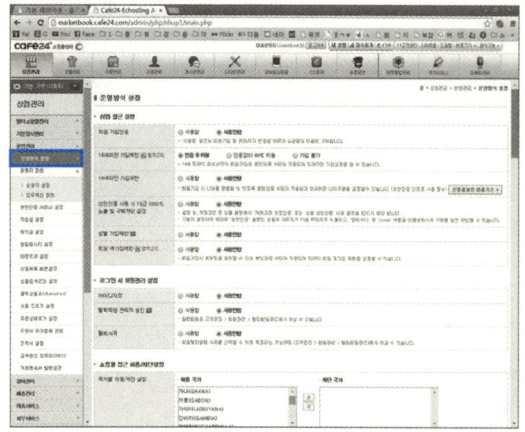

03 중요한 기능들은 '운영관리' 메뉴에 있으므로 쇼핑몰 운영에 필요한 기능이 있으면 활성화시키기 바랍니다.

04 '주문관리' 메뉴는 고객들의 주문 정보 관리, 상품 준비 관리, 배송 상태를 관리하는 기능입니다. 고객 주문은 입금 전후 등 상황에 맞게 관리하고 확인할 수 있고 세금계산서 발행 여부, 현금영수증, 주문 취소, 환불 등 고객 주문과 배송에 대한 정보를 종합적으로 관리할 수 있고 쇼핑몰의 현재 운영상태를 일목요연하게 확인할 수 있습니다.

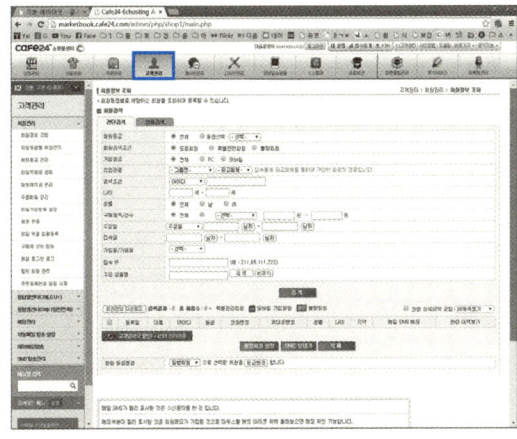

05 '고객관리' 메뉴는 자신의 쇼핑몰에 가입한 고객들의 회원정보, 회원등급 관리, 회원 적립금 관리, 단골 고객 관리 등을 할 수 있습니다.

그 외에 자신의 쇼핑몰에 들어온 문의 등을 관리하는 콜센터 상담 관리, 대량 메일 발송 기능(유료), 대량 SMS 발송 기능(유료) 등을 사용할 수 있습니다.

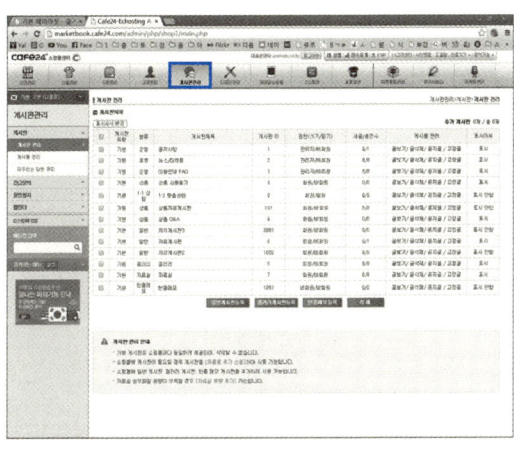

06 '게시판 관리' 메뉴는 자신의 쇼핑몰에 있는 게시판을 관리하는 기능입니다.

게시판은 기본적으로 열 개 이상이 무료로 제공되므로 게시판 수가 많다고 느낄 경우 불필요한 게시판은 사용을 취소하기 바랍니다.

07 '프로모션' 메뉴는 카페24 쇼핑몰 운영주들에게 자신의 상품을 프로모션(홍보) 하는 기능입니다.

자신의 상품을 신청한 쇼핑몰 운영주에게 열 개 단위로 제공하고, 제공받은 쇼핑몰 운영주는 자신의 고객들에게 프로모션 용도로 사용합니다. 신청 운영주가 많을 경우 당첨자를 뽑아 배송합니다.

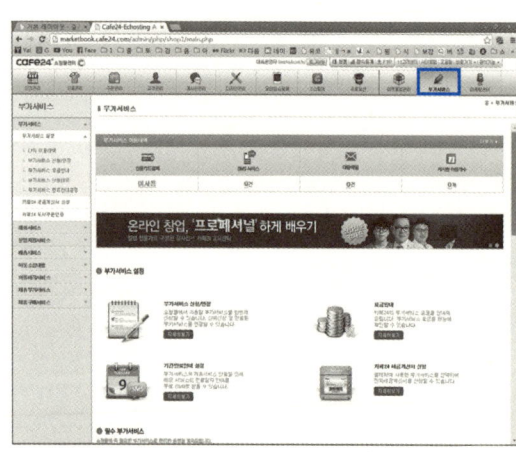

08 '부가 서비스' 메뉴는 카페24 쇼핑몰 운영에 필요한 부가 서비스의 내용과 부가 서비스 사용 시의 결제도구, 부가 서비스 사용기간 연장 등을 관리하는 기능입니다.

판매상품을 대행 사입해주는 사입대행, 판매상품을 제작대행하는 의류제작대행 등의 다양한 부가기능을 사용할 수 있습니다.

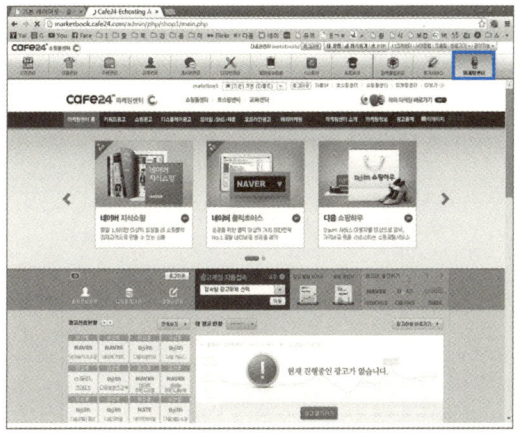

09 '마케팅센터' 메뉴는 카페24를 대행사로 끼고 네이버 광고, 다음 광고 등의 다양한 광고상품을 구매하는 기능입니다. 네이버, 다음 광고의 광고비에는 기본적으로 대행료가 포함되어 있으므로 별도의 대행료를 카페24에 납부하지는 않습니다.

카페24를 대행사로 끼고 광고상품을 구매하면 구매한 광고상품을 통합 관리할 수 있습니다. 또한 최신광고상품 정보를 이곳에서 일목요연하게 확인하여 비용 대비 저렴한 상품을 찾을 수 있습니다.

10 '마케팅센터' 메뉴에서는 온라인 광고 외에 잡지광고, 라디오광고, 지하철광고 등의 오프라인 광고도 대행하므로 카페24를 대행사로 끼고 원하는 광고상품을 손쉽게 찾고 상담할 수 있습니다.

월간잡지에 자신의 쇼핑몰을 노출하는 광고비용은 잡지의 판매 부수에 따라 다릅니다. 지면의 1/2쪽 크기로 광고를 실을 경우의 광고비는 20~200만 원대이며 인기 월간지일수록 광고비가 비쌉니다. 의류, 화장품, 신발, 전자제품, 생필품 쇼핑몰이라면 잡지광고와 지하철광고를 생각해볼 만합니다.

카페24 사용자 맛보기

해외고객 타깃 국산 피규어를 판매하는 국내 쇼핑몰

아일린 인형(www.aileendoll.com)

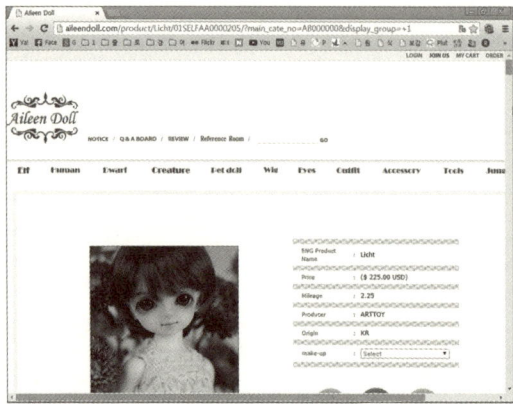

아일린 인형 홈페이지

경기도 용인에 위치한 업체로서 해외 마니아를 대상으로 수제 피규어를 제작 판매하는 쇼핑몰입니다.
준비된 상품이 없을 경우 입금 확인 후 피규어 제작에 들어간 뒤 배송합니다.

판매하는 수제 피규어 목록

피규어 인형의 크기는 보통 15cm 내외이며 피규어 인형의 종류는 미소녀, 괴물, 공룡 등입니다.
쇼핑몰 표시언어는 영문이며, 이 쇼핑몰은 카페24로 만든 쇼핑몰이라고 카페24 측에서 말합니다.

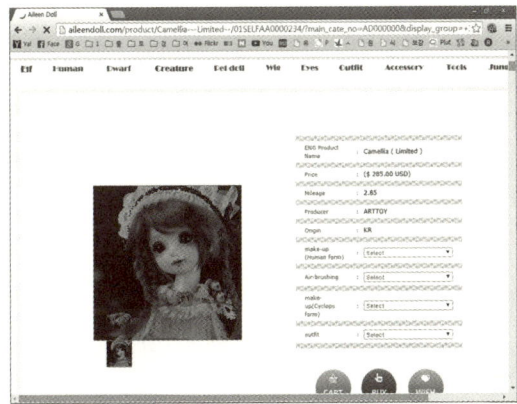

아일린 인형 주문창 화면

이 쇼핑몰은 해외 구매자들을 위한 결제대금방법으로 계좌이체와 페이팔 이체 등 두 가지 방법을 제공합니다.

주문 후 발송까지는 10~50일 내외이며 재고가 없을 경우 제작 시간으로 최대 50일 소요된다고 쇼핑몰에서 밝힙니다.

해외 구매자들의 리뷰 게시판

피규어 상품의 가격은 40~500달러대까지 있습니다. 해외배송료가 무료이므로 피규어 값에 배송료가 포함되었다고 할 수 있습니다.

재고품이 없는 피규어 인형의 제작 소요 시간을 쇼핑몰에서 명확하게 밝히고 있고, 색칠을 원할 경우 50달러를 추가로 받는다고 밝힙니다.

CHAPTER 5

카페24 무료 모바일 쇼핑몰 제작과 오픈마켓 리모컨 환경 만들기

카페24의 무료 모바일 쇼핑몰
- 모바일 쇼핑몰 연동 확인하고 수정하기

카페24에서 무료로 만들어진 쇼핑몰은 PC용 인터넷 쇼핑몰이므로 모바일용 쇼핑몰도 함께 작업해야 합니다. 일단 같이 생성되므로 디자인만 자신에 맞게 변경하면 됩니다.

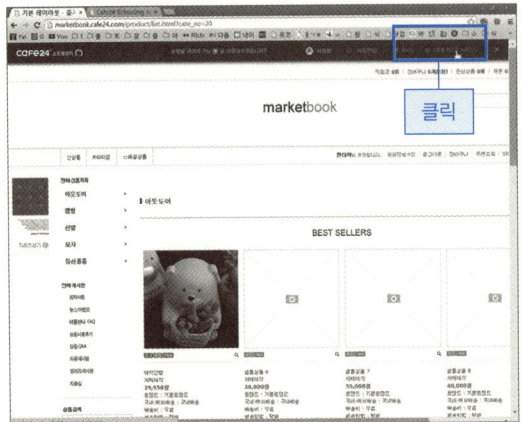

01 자신의 카페24 쇼핑몰에 로그인합니다.
그런 뒤 '쇼핑몰 관리자 바로가기' 메뉴를 클릭합니다.

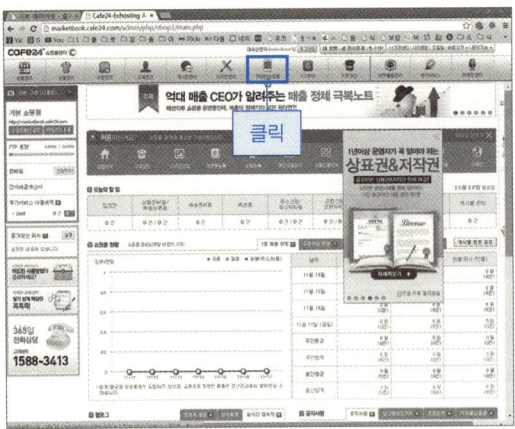

02 자동 생성되어 있을 '모바일 쇼핑몰'을 확인하기 위해 쇼핑몰 관리자 창에서 '모바일 쇼핑몰' 메뉴를 클릭합니다.

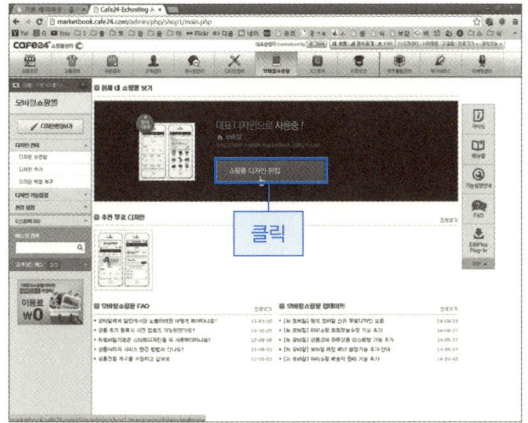

03 모바일 쇼핑몰의 레이아웃을 확인하기 위해 '쇼핑몰 디자인 편집' 버튼을 클릭합니다.

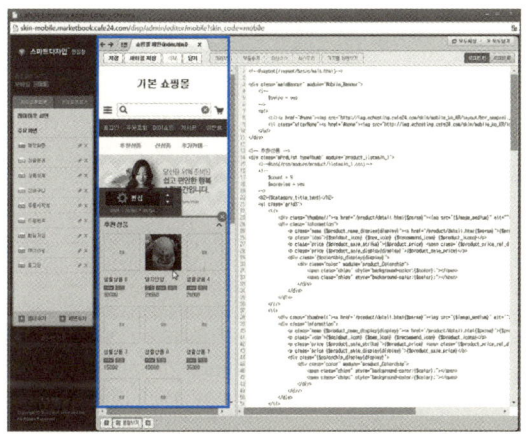

04 현재 화면에서 보이는 것이 스마트폰에서 보이는 모바일 쇼핑몰입니다.
중앙 상품 배열창을 보면 자신의 PC 쇼핑몰에 등록했던 상품이 모바일 쇼핑몰에도 자동 등록된 것을 알 수 있습니다.

카페24는 자신의 PC 쇼핑몰에 상품을 등록하면 자신의 모바일 쇼핑몰에도 연동되어 같이 등록됩니다. 등록할 수 있는 판매상품 개수는 최대 50개입니다. 모바일 쇼핑몰이란 스마트폰에서 상품을 검색하고 구입하려는 사람들에게 노출되는 스마트폰용 쇼핑몰입니다.

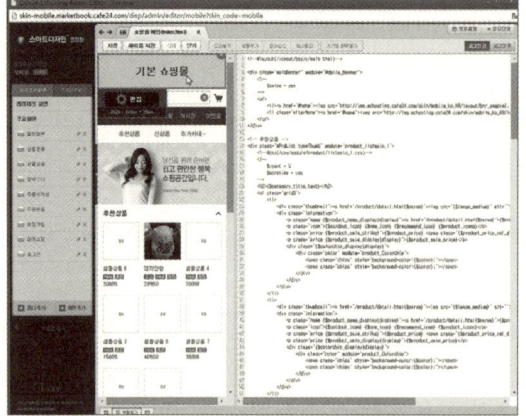

05 카페24의 PC 쇼핑몰과 모바일 쇼핑몰은 상품 등록이 연동되지만 디자인은 연동되지 않습니다. 모바일 쇼핑몰은 PC 쇼핑몰과 달리 화면 크기가 작으므로 작은 화면에 최적화된 디자인으로 다시 꾸며야 합니다. 먼저 모바일 쇼핑몰 이름 부분에 마우스 커서를 대면 이름을 편집할 수 있도록 '편집' 버튼이 나타납니다.

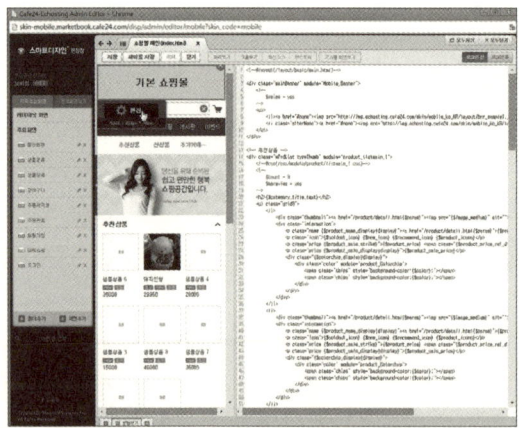

06 '편집' 버튼 바로 밑의 Size는 모바일 쇼핑몰의 이름으로 등록할 수 있는 로고 이미지의 최대 크기로서 313×87픽셀 크기까지 지원합니다. 따라서 위 크기보다 작게 제작한 쇼핑몰 로고 이미지가 있어야 합니다. 이제 '편집' 버튼을 클릭합니다.

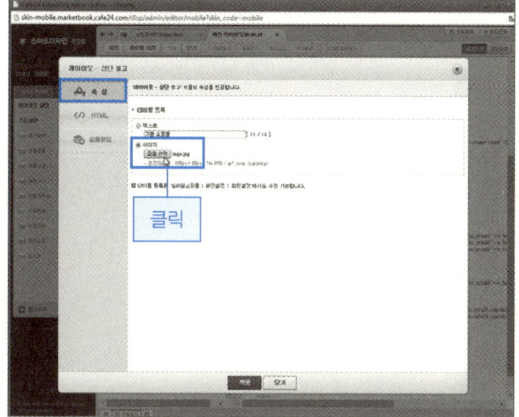

07 쇼핑몰 이름 로고는 PC 쇼핑몰에서 사용했던 로고 이미지를 그대로 사용하겠습니다. PC 쇼핑몰에서 사용한 로고 이미지의 크기는 184×38픽셀이었으므로 313×78픽셀 크기보다 작아서 그대로 사용해도 무방합니다.
'속성' 탭에서 '파일 선택' 버튼을 클릭합니다.

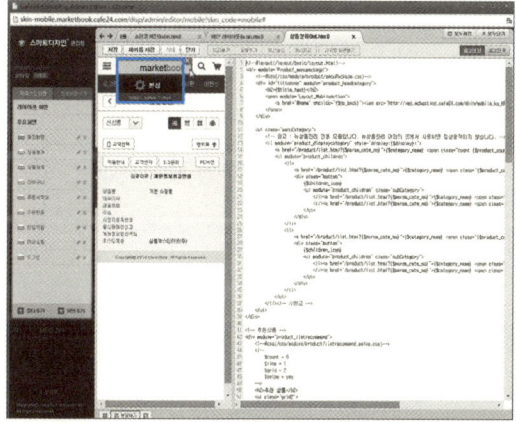

08 하드디스크에 있는 로고 이미지를 불러온 뒤 적용한 모습입니다.
PC 쇼핑몰에서 사용한 로고 이미지를 모바일 쇼핑몰에서도 사용했으므로 통일감이 있을 뿐 아니라, 고객들이 볼 때도 같은 회사임을 알 수 있습니다.

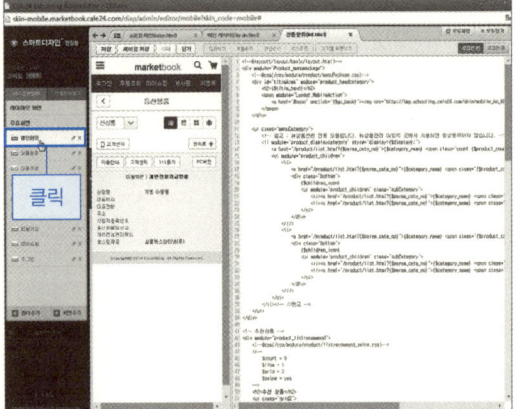

09 이번엔 메인 화면 사진을 교체하겠습니다. 왼쪽 메뉴창에서 '메인 화면' 메뉴를 클릭합니다.

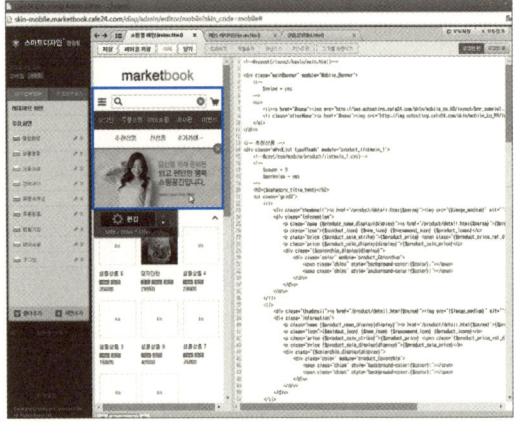

10 메인 화면 사진에 마우스 커서를 대면 '편집' 버튼이 나타나고 버튼 밑에 권장하는 최대 사진 크기가 표시됩니다.
권장 최대 크기는 313×137픽셀이므로 그 크기와 같거나 조금 작은 사진을 준비하기 바랍니다. '편집' 버튼을 클릭해 메인 화면에 표시될 사진의 교체를 시작합니다.

사진 크기 변경 방법은 이 책 권말부록의 '포토스케이프'를 참고하세요.

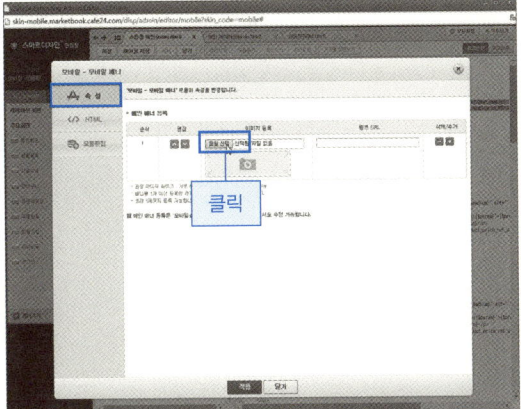

11 '속성' 탭에서 '파일 선택' 버튼을 클릭합니다.

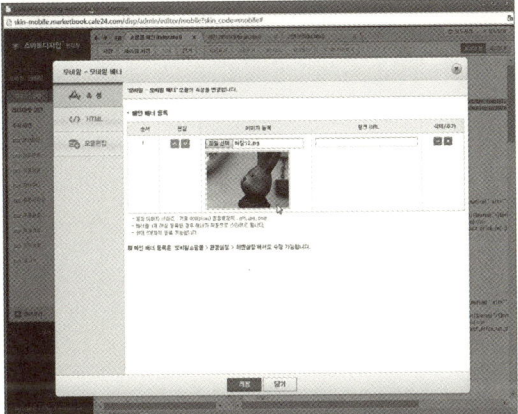

12 하드디스크에서 메인 화면으로 사용할 이미지를 선택해 적용한 모습입니다.

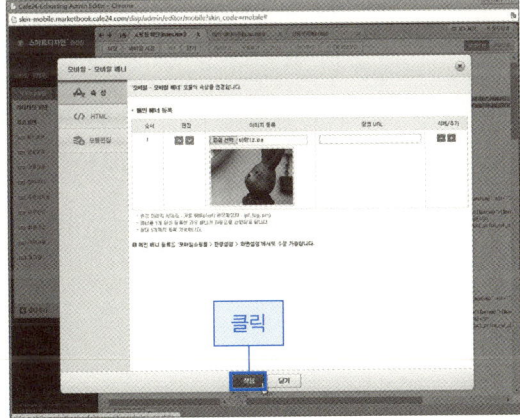

13 '적용' 버튼을 클릭해 사진 교체 작업을 마무리합니다.

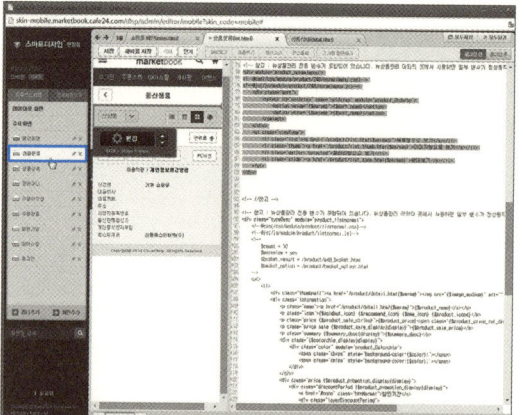

14 '상품분류' 메뉴를 클릭하면 모바일 상에서 상품의 배열 상태를 변경할 수 있도록 '편집' 버튼이 나타납니다.

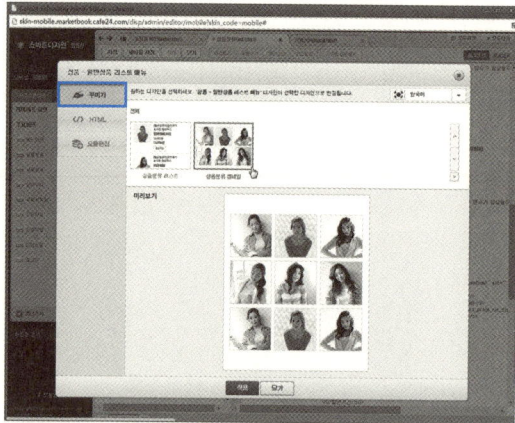

15 그림처럼 '리스트형' 배열과 '썸네일형' 배열 중 원하는 배열을 선택하고 적용하기 바랍니다.

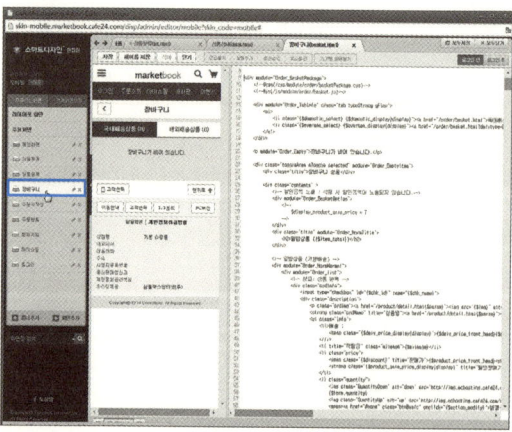

16 '장바구니' 메뉴를 클릭하면 장바구니 화면에 표시되는 텍스트를 변경할 수 있지만 기본값을 사용해도 무방합니다. 단, 이 화면 하단에 노출되는 이용약관 항목은 여러분에 맞게 수정하기 바랍니다.

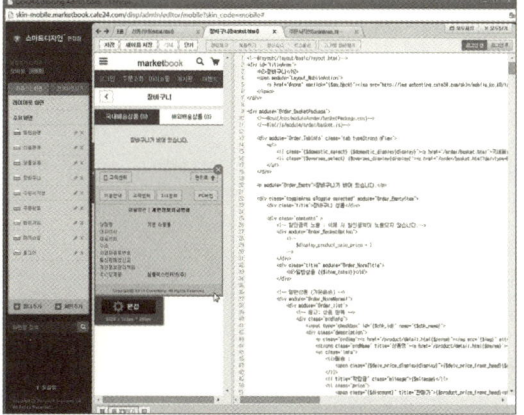

17 이용약관에는 쇼핑몰 사장 성함, 전화번호 등이 텍스트로 표시되어야 합니다. 별도의 입력 도구를 제공하지 않으므로 '편집' 버튼을 클릭한 뒤 HTML 창에서 수정하기 바랍니다.

이때 수정 위치는 각 항목의 대괄호 부분입니다. 대괄호를 포함해 삭제한 뒤 그곳에 해당 사항을 입력합니다.

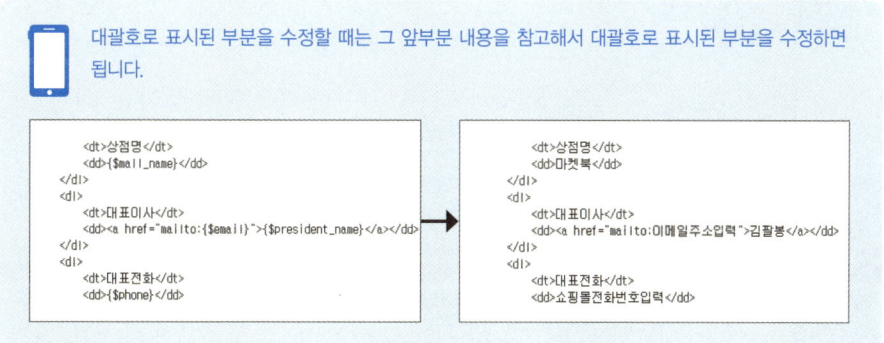

대괄호로 표시된 부분을 수정할 때는 그 앞부분 내용을 참고해서 대괄호로 표시된 부분을 수정하면 됩니다.

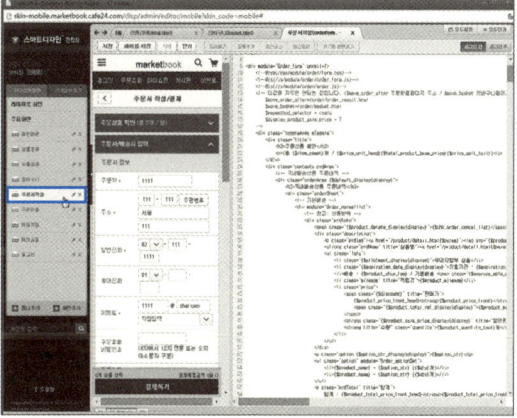

18 '주문서작성' 메뉴를 클릭하면 주문서작성 페이지의 레이아웃을 확인할 수 있습니다. 고객들이 주문서를 작성하는 창입니다.

별다른 변경 없이 기본값을 사용해도 무방합니다.

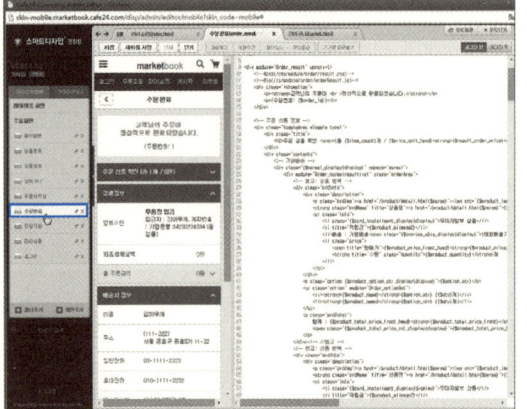

19 '주문완료' 메뉴를 클릭하면 주문완료 페이지의 레이아웃을 확인할 수 있습니다. 고객들이 주문을 완료한 뒤 볼 수 있는 창입니다.
별다른 변경 없이 기본값을 사용해도 무방합니다.

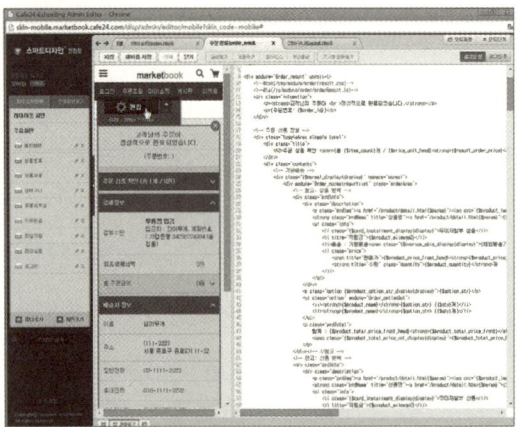

20 시험 삼아 '주문완료' 화면의 모양이나 텍스트를 수정해 보겠습니다.
마우스를 '주문완료' 화면으로 이동하면 '편집' 버튼이 나타나므로 '편집' 버튼을 클릭합니다.

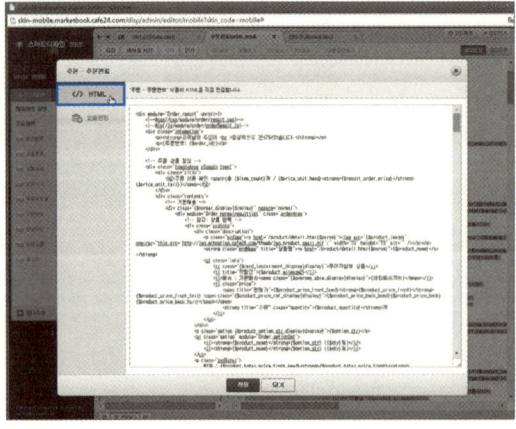

21 HTML 메뉴를 클릭합니다. HTML 문서 편집은 웹디자이너 중에서 코딩을 배운 사람만이 할 수 있고, 코딩을 배우지 않은 일반인은 '주문완료' 화면에 표시되는 글자 정도만 수정할 수 있습니다.

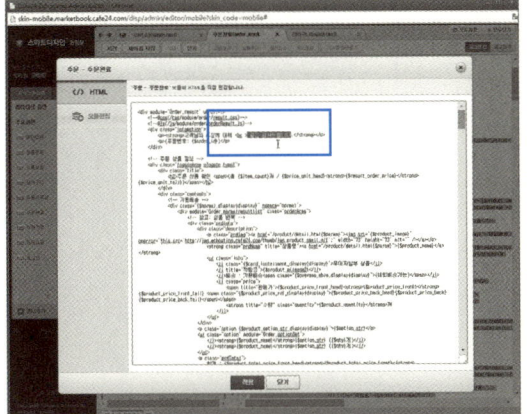

22 예를 들어 '고객님의 주문이' '정상대로 완료되었습니다'라는 텍스트를 수정해보겠습니다.
여기서는 '고객님의 주문에 대해' '깊은 감사를 드립니다'로 수정했습니다.

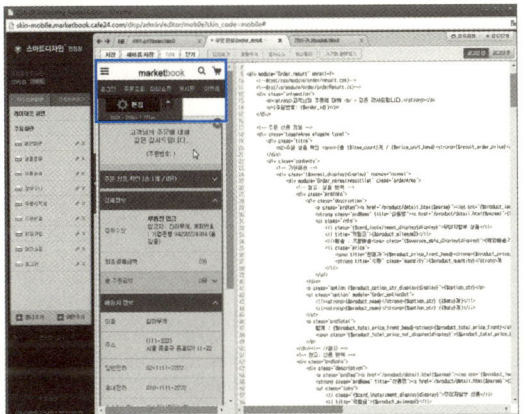

23 수정 후에는 '적용' 버튼을 클릭해 적용합니다. HTML 편집창을 닫고 이전 창으로 돌아가면 '주문완료' 화면에 표시된 '고객님의 주문이' '정상대로 완료되었습니다'라는 글자가 '고객님의 주문에 대해' '깊은 감사를 드립니다'로 수정된 것을 알 수 있습니다.

 HTML 문서를 수정할 때는 육안으로 봐서 수정이 가능한 부분만 수정하고 나머지는 수정을 피하기 바랍니다. 멋모르고 모르는 부분을 삭제하거나 잘못 수정하면 HTML로 만들어진 '주문완료' 창이 정상으로 작동하지 않기 때문입니다.

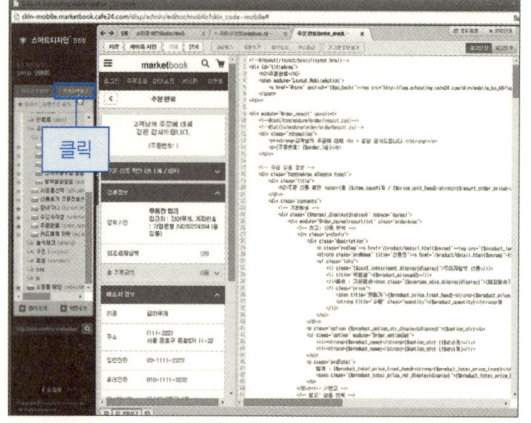

24 작업하다 보면 모바일 창에 표시되어야 할 어떤 화면 하나를 실수로 날리거나 삭제하는 경우가 있습니다.
이것을 다시 되살리려면 '전체화면 보기' 탭을 클릭합니다.

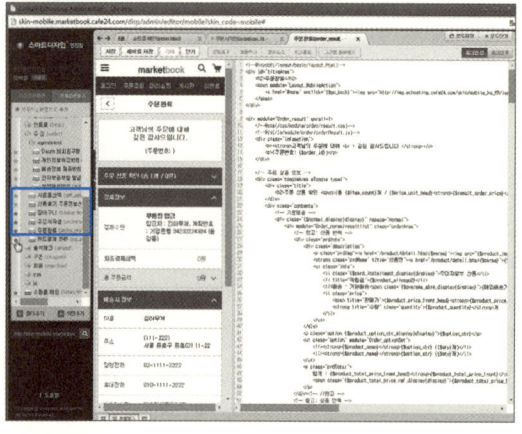

25 목록창에서 사용하고 싶은 화면을 검토한 뒤 화면 앞에 있는 '별표' 표시를 클릭합니다. 자신의 모바일 쇼핑몰에 별표 표시를 한 화면이 삽입됩니다.
이 기능은 편집 작업을 하다가 실수한 화면이 있을 때 유용합니다. 편집을 잘못한 화면이 있다면 통째로 삭제한 뒤 이곳 '전체화면 보기' 탭으로 이동한 뒤 삭제한 화면과 같은 화면을 찾아내 '별표' 표시를 하면, 해당 화면의 원본이 다시 삽입되기 때문입니다.

지금까지 카페24의 모바일 쇼핑몰 수정 방법을 간략하게 알아보았습니다.
카페24로 만든 자신의 PC 쇼핑몰에 여러분이 올린 상품이 모바일 쇼핑몰에도 연동된다는 것을 확인했습니다. 단, 모바일 쇼핑몰 디자인만큼은 PC 쇼핑몰과 연동되지 않으므로 별도로 수정해야 한다는 것을 알 수 있습니다.
참고로, 결제 시스템 등은 관리자 메뉴에서 설정한 내용이 모바일 쇼핑몰에도 자동 연동됩니다.

02 SECTION 카페24 쇼핑몰에서 국내 오픈마켓 총관리하기
– 11번가, G마켓 등과 연동 판매하기

카페24시로 만든 무료 쇼핑몰은 국내 오픈마켓과 연동되므로 오픈마켓에서 발생한 고객주문, 관리, 판매 등을 통합 관리할 수 있는데, 연동 비용은 모두 무료입니다.

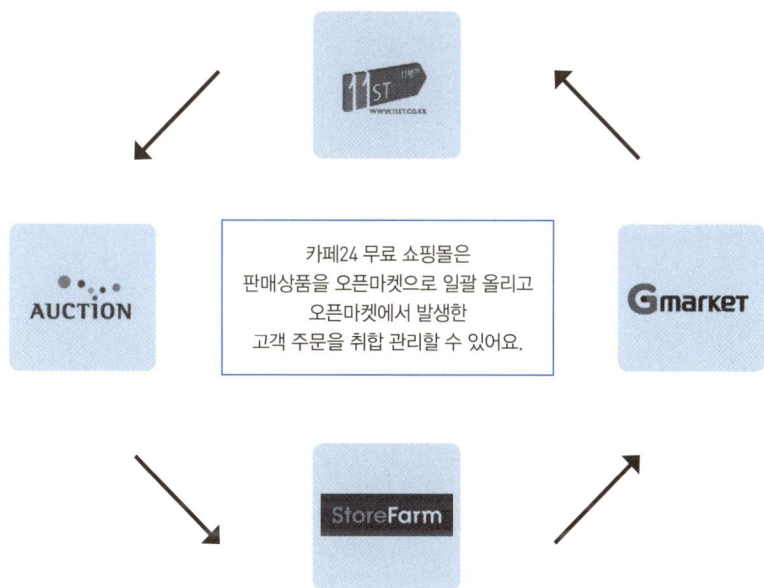

카페24 무료 쇼핑몰은 판매상품을 오픈마켓으로 일괄 올리고 오픈마켓에서 발생한 고객 주문을 취합 관리할 수 있어요.

1 : 카페24에서 통합 관리할 수 있는 국내 오픈마켓들

카페24에서 통합 관리할 수 있는 국내 오픈마켓은 다음과 같이 일곱 개입니다. 일단 일곱 군데 중 원하는 오픈마켓의 판매자로 가입해 계정을 생성합니다. 그 후 카페24 자신의 쇼핑몰에 로그인한 뒤 오픈마켓 계정을 등록하면 통합 관리를 할 수 있습니다.

카페24에서 취합 관리할 수 있는 국내 오픈마켓들

옥션	연동가능(상품등록 및 구매주문 수집 등)
옥션 소호샵	연동가능(상품등록 및 구매주문 수집 등)
G마켓	연동가능(상품등록 및 구매주문 수집 등)
G마켓 소호샵	연동가능(상품등록 및 구매주문 수집 등)
11번가	연동가능(상품등록 및 구매주문 수집 등)
11번가 소호샵	연동가능(상품등록 및 구매주문 수집 등)
네이버 스토어팜	연동가능(상품등록 및 구매주문 수집 등)

2 : 카페24의 마켓통합 관리 서비스 신청 및 사용방법

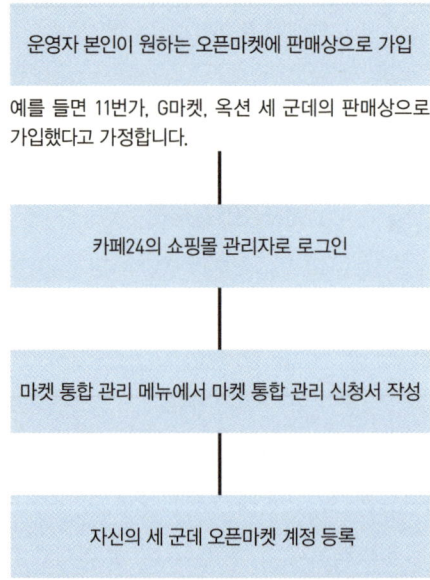

판매자 기초정보 및 취급 카테고리 설정

오픈마켓에 상품 등록 시 노출되는 판매자 정보, 판매품목 설정입니다.

오픈마켓에서 판매할 상품 리스팅

판매상품은 위 세 군데 마켓에 동시에 등록됩니다.
단, 상품 사진은 별도 업로드해야 할 부분도 있습니다.

각 마켓에서 고객 주문 발생

각 마켓에서 발생한 주문이 실시간 취합되므로 판매관리와 배송에 유리합니다.

자신의 쇼핑몰을 통해 판매한 제품은 별도의 수수료가 없지만 오픈마켓을 통해 판매한 제품은 오픈마켓 측에 평균 10% 내외의 판매 수수료를 지불해야 합니다.

03 SECTION

카페24 무료 쇼핑몰에서 해외 오픈마켓 연동하기
– 아마존, 일본 라쿠텐, 홍콩 티몰에서 판매하기

기존에는 해외 은행계좌 개설 문제로 해외 판매가 용이치 않았지만 카페24가 해외 판매를 대행함으로써 내국인도 해외판매를 할 수 있습니다.

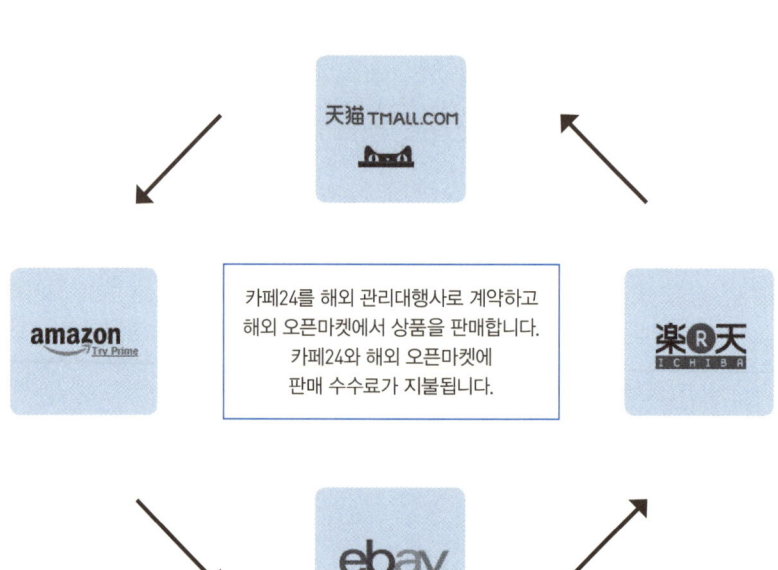

1 : 카페24에서 대행 관리할 수 있는 해외 오픈마켓들

카페24에서 대행 관리할 수 있는 해외 오픈마켓은 다음과 같이 여섯 개입니다. 개인 사업자는 판매대금을 회수할 수 있는 해외 은행계좌 개설이 어려우므로 카페24의 판매창구를 통해 해외판매를 하는 것입니다. 쉽게 이야기하면 카페24가 해외 오픈마켓 운영을 대행하는 것입니다.

카페24에서 취합 관리할 수 있는 해외 오픈마켓들

일본 라쿠텐	카페24에서 대행 중(상품등록 및 구매주문 수집)
아마존	카페24에서 대행 중(상품등록 및 구매주문 수집)
이베이	대행 준비 중
홍콩 티몰	카페24에서 대행 중(상품등록 및 구매주문 수집)
중국 타오바오	대행 준비 중
일본 야후재팬	대행 준비 중

2 : 카페24 해외마켓 대행 서비스 신청 및 사용방법

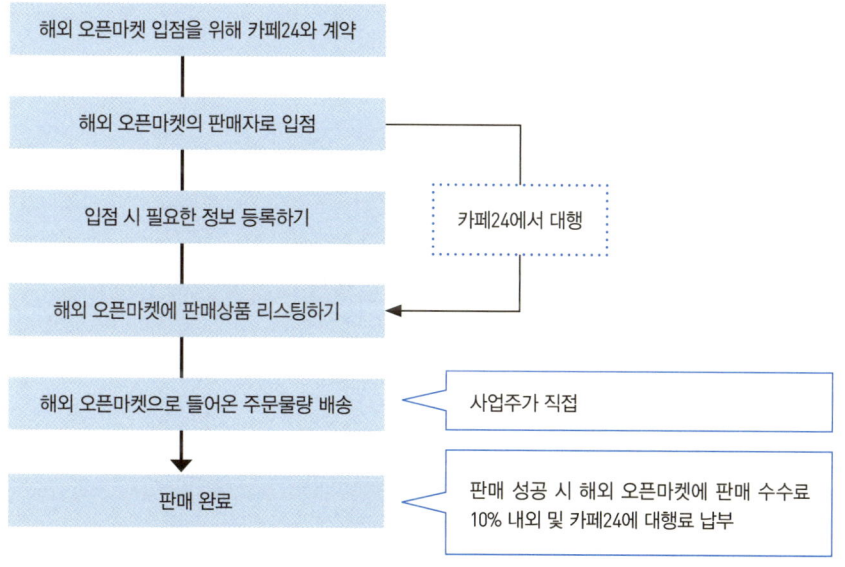

 해외 오픈마켓의 판매 수수료율은 품목마다 다릅니다. 평균 10% 내외의 건당 판매 수수료를 받는 업체(아마존, 이베이)와 상점 입점비 혹은 월 임대료를 받는 업체(라쿠텐, 타오바오)가 있습니다.

CHAPTER 6

고도몰&가비아 쇼핑몰 따라잡기

SECTION 01

고도몰(www.godo.co.kr)
– 고도몰 무료 쇼핑몰의 특징

고도몰은 평생 무료 쇼핑몰, 저가 임대형 쇼핑몰, 독립형 쇼핑몰, 고급 프리미엄 쇼핑몰 네 가지 서비스를 제공합니다.

고도몰 무료 쇼핑몰은 90일 이내 전자결제(PG) 시스템을 연결하면 평생 무료 사용이 가능한 쇼핑몰로서 창업 초보자들에게 좋은 옵션입니다. 다른 업체의 무료 쇼핑몰처럼 판매, 상품관리, 고객관리, 모바일쇼핑몰 등 쇼핑몰 운영에 필요한 기능들을 평생 무료로 사용할 수 있습니다.

고도몰 무료 쇼핑몰의 특징

설치비	무료	월 사용료	무료
전자결제 가입비	무료(이벤트 중)	상품 등록 수	무제한
트래픽	무제한	디스크 용량	200MB 무료 제공
웹호스팅	무료	웹 FTP 기능	지원
쇼핑몰 디자인	자유수정 가능, 디자인 소스 5만 점 무료 제공		
입점대행 서비스	네이버 지식쇼핑, 다음 쇼핑하우 입점을 무료로 대행		

고도몰 무료 쇼핑몰 주요 기능

SECTION 02

고도몰 무료 쇼핑몰의 주요 기능은 다음과 같습니다.

고도몰 무료 쇼핑몰은 고도몰 회원가입 시 자동으로 생성됩니다. 그 후에는 다른 무료 쇼핑몰처럼 본인이 자유롭게 쇼핑몰 디자인을 꾸밀 수 있습니다. 고도몰 무료 모바일 쇼핑몰 역시 함께 생성할 수 있습니다.

판매상품 등록	판매상품 사진을 대량으로 무제한 등록 가능. 단, 쇼핑몰에 무료 제공되는 공간이 200MB이므로 무료용량을 초과한 경우 상품 사진을 올릴 수 있는 이미지호스팅 상품을 구입하거나 유료 쇼핑몰로 업그레이드해야 함.
디자인 꾸미기	직접 쇼핑몰 디자인 꾸미기 가능 쇼핑몰 디자인을 한번에 교체하는 무료 디자인스킨 제공
주문 및 회원관리	고객 주문 통합 관리 기능 기본 회원관리 및 등급별 차등관리, 그룹별 관리 기능 제공
로고/배너 편집기	쇼핑몰 내에서 간단하게 배너나 로고 이미지를 제작하는 편집기가 제공
코디(세트) 진열 기능	관련 있는 상품들을 세트로 코디해서 진열하는 기능. 예를 들면 여성의류상품 사진에 핸드백이나 하이힐 상품 사진을 코디로 같이 진열하는 기능
돋보기 기능	상품을 돋보기로 확대하는 기능 제공
다양한 상품 검색기능	상품을 이름 뿐 아니라 색상으로 검색하는 기능 제공
오픈마켓 연동 통합 관리	부분 무료, 그 외 유료
모바일 쇼핑몰	무료 제공
디도스 방어 시스템	해커들의 공격을 방어할 수 있는 시스템 제공
통계관리	쇼핑몰 운영현황을 통계로 확인 가능

이미지호스팅이란 인터넷 쇼핑몰이나 오픈마켓에 노출할 상품 사진을 전문적으로 올리는 저장공간입니다. 무료 쇼핑몰과 오픈마켓은 기본 제공하는 저장공간이 적으므로 공간을 다 채운 경우에는 이미지호스팅 업체에 상품 사진을 올리고 그 상품 사진을 쇼핑몰이나 오픈마켓에 링크시켜 사용합니다.

03 고도몰 쇼핑몰 관리자 기능
– 관리자 메뉴의 주요 기능

고도몰 쇼핑몰 관리자는 '쇼핑몰 관리자'에 로그인하면 사용할 수 있습니다.

고도몰의 쇼핑몰 관리자 메뉴는 쇼핑몰 관리에 필요한 다음 기능들을 제공합니다.

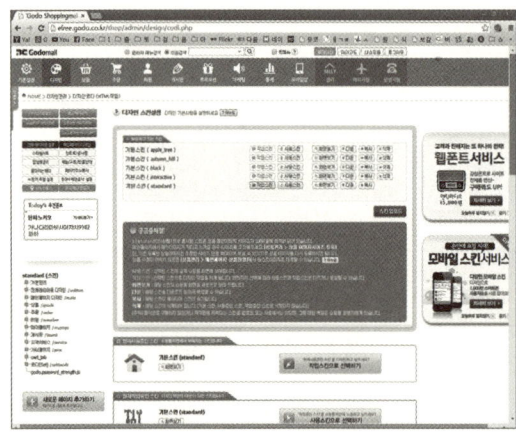

기본설정 메뉴	쇼핑몰 기본 설정 기능 쇼핑몰 결제 시스템 관리 쇼핑몰 회원정보 관리 외
디자인 메뉴	직접 꾸미기 기능 로고, 배너 편집기 디자인스킨 교체 기능 외
상품 메뉴	상품 등록 코디상품등록 카테고리 관리 외
주문 메뉴	주문관리, 검색, 주문분석 등 택배연동 관리 현금영수증 관리 외
회원 메뉴	회원 관리 본인확인인증 서비스 메일 관리, 자동 메일 관리 외
게시판 메뉴	쇼핑몰 게시판 관리 게시판 추가, 삭제 관리, 상품문의, 상품후기 관리 외

프로모션 메뉴	이벤트 만들기 쿠폰 관리 외
마케팅 메뉴	쇼핑몰 유료광고 상식 쇼핑몰 유료광고상품 종류 유료광고상품 구매기능
통계 메뉴	에이스카운터로 방문자 분석 등의 각종 통계정보입수(유료)
모바일숍 메뉴	모바일 쇼핑몰 생성 및 관리 PC 쇼핑몰과 상품 연동 가능
셀리 메뉴	오픈마켓 연동 통합 관리 (부분 무료, 부분 유료)
해외지원 메뉴	고도몰의 해외 구매대행 서비스
운영지원 메뉴	쇼핑몰 운영에 필요한 각종 지원 서비스

가비아(www.gabia.com)
– 가비아의 무료 쇼핑몰인 무료몰Plus+

웹호스팅 업체인 가비아의 쇼핑몰 브랜드는 퍼스트몰입니다. 퍼트스몰에 무료 쇼핑몰인 '무료몰plus+'가 있습니다.

가비아의 무료 쇼핑몰인 '무료몰Plus+'의 특징은 전자결제(PG) 서비스를 사용하지 않아도 작동한다는 것입니다. 또한 신용카드 결제수수료가 업계 최저인 3.4%라는 것이 특징입니다.

가비아 '무료몰Plus+'의 특징

설치비	무료	월 사용료	무료
전자결제 가입비	무료(이벤트 중)	상품 등록 수	무제한
트래픽	무제한(10Mbps)	디스크 용량	200MB 무료 제공
웹하드	100MB 무료 제공	웹 FTP 기능	지원
쇼핑몰 디자인	자유수정 가능. 디자인스킨 10종 무료 제공		
업그레이드	상위 유료 쇼핑몰로 업그레이드할 때 현재 쇼핑몰 상태 그대로 업그레이드 가능		

05 SECTION 가비아 '무료몰Plus+' 주요 기능

가비아의 무료 쇼핑몰인 '무료몰Plus+'의 주요 기능에 대해 정리해봅니다.

'무료몰Plus+' 쇼핑몰은 가비아 회원으로 가입하면서 신청하면 생성됩니다. 그 후에는 다른 무료 쇼핑몰처럼 자유롭게 쇼핑몰 디자인을 꾸밀 수 있습니다. '무료몰Plus+'에는 국내 오픈마켓뿐 아니라 100여 개가 넘는 국내 유명 쇼핑몰을 모두 연동하고 통합 관리할 수 있는 기능을 추가할 수 있습니다. 단, 통합관리 기능을 추가하려면 초기에 연동개발비가 필요하고 그 후에는 연간 이용료가 필요합니다.

판매상품 등록	판매상품 사진 무제한 등록 가능. 무료 제공되는 공간 200MB를 초과한 경우 이미지호스팅을 미허용하므로 유료 쇼핑몰로 업그레이드해야 함. 프리미엄몰로 업그레이드할 경우 저장공간 1GB를 제공하며 이용료는 월 3만 3,000원
디자인 꾸미기	EYE-Design 기능으로 쇼핑몰 화면에서 바로 디자인을 꾸미는 기능. 쇼핑몰 디자인을 한번에 교체하는 무료 디자인스킨 10종 제공
주문 및 회원관리	고객 주문 통합 관리 기능 쇼핑몰 자체 회원 관리 시스템
SNS 설정	상품별 좋아요(Like) 기능으로 페이스북에 쇼핑몰 홍보 가능. 고객이 SNS 아이디로 쇼핑몰 회원으로 가입 가능
주문경로 확인 기능	완벽하게 설계된 주문 처리 시스템으로 모바일 쇼핑몰의 경우 주문 유입 경로 확인 가능
돋보기 기능	상품을 돋보기로 확대하는 기능 제공
오픈마켓 연동 통합 관리	국내 오픈마켓뿐 아니라 국내 100여 개가 넘는 쇼핑몰 통합 관리 가능. 단, 연동 개발비 및 연간 이용료 필요
모바일 쇼핑몰	무료 제공
통계관리	쇼핑몰 운영현황을 통계로 확인 가능

SECTION 06 가비아 '무료몰Plus+'의 관리자 기능

관리자 화면은 쇼핑몰에서 관리자 창으로 이동하면 사용할 수 있습니다.

가비아 '무료몰Plus+'의 관리자 메뉴는 다음과 같습니다.

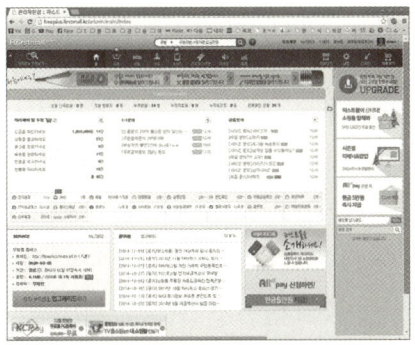

회원 메뉴	회원 리스트 관리 탈퇴 리스트 관리 E-메일 발송 관리 E-메일 대량 발송 SMS 발송 관리 고객 리마인드 서비스 外
게시판 메뉴	게시판 리스트 관리 게시판 추가 관리 外
프로모션 메뉴	할인쿠폰 사은품 이벤트 外
마케팅 메뉴	쇼핑몰 유료광고 상식 쇼핑몰 유료광고상품 종류 유료광고상품 구매기능
통계 메뉴	방문, 가입, 구매, 상품 통계 등
판매마켓 메뉴	국내 오픈마켓 및 유명쇼핑몰 100여 개 연동 설정 메뉴(유료)
설정 메뉴	PC/모바일쇼핑몰 활성화 기능 쇼핑몰 정보 입력 적립금 설정 결제 시스템 설정 택배/배송비 설정 外
디자인 메뉴	쇼핑몰 화면에서 바로 수정 글꼴 설정 스킨 교체 메뉴 外

주문 메뉴	주문 리스트 관리 자동입금확인 리스트 관리 출고 리스트 관리 반품 리스트 관리 환불 리스트 관리 매출증빙 리스트 관리 外
상품 메뉴	상품 리스트 관리 사은품 리스트 관리 재입고 알림 관리 카테고리 관리 브랜드 관리 지역 관리 外

가비아의 오픈마켓 연동 기능은 가비아 쇼핑몰에 상품 사진과 정보를 올렸을 때 연동시켜놓은 100여 개 쇼핑몰에도 상품 사진과 정보가 동시에 전송되는 기능입니다.

CHAPTER 7

고객이 예약할 수 있는
예약 홈페이지 만들기

무료 모바일 쇼핑몰 ①
– 마이소호(www.mysoho.com)

마이소호는 스마트폰 앱은 물론 PC에서도 생성할 수 있는 무료 모바일 쇼핑몰입니다. 카페24, 고도몰, 가비아와 달리 모바일 쇼핑몰만 생성됩니다.

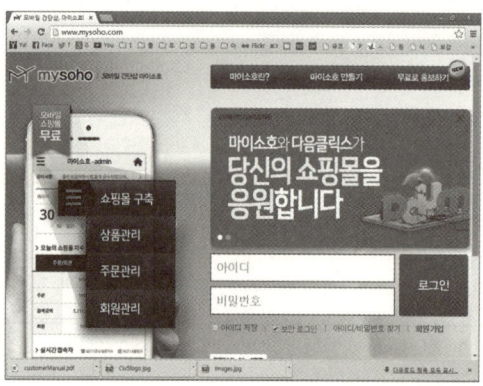

PC 혹은 스마트폰을 이용해 마이소호 홈페이지인 www.mysoho.com 에 접속합니다.

무료 모바일 쇼핑몰을 생성하려면 먼저 회원으로 가입해야 합니다. 회원으로 가입하면 바로 무료 모바일 쇼핑몰이 자동 생성됩니다.

마이소호에서 생성한 무료 모바일 쇼핑몰은 다음과 같은 특징이 있습니다.

항목	내용	기타
월 이용료	평생 무료	가입 즉시 쇼핑몰 생성, 디자인 꾸미기와 상품 리스팅은 본인이 직접 함.
초기 세팅비	무료	
월 트래픽	무제한	고객들의 무제한 접속 가능
임시 도메인	무료	정식 오픈 전에만 사용
정식 도메인	별도 구매	쇼핑몰의 정식 인터넷 주소를 말함.
상품 등록	최대 50개	상품, 페이지별 등록 가능
디자인	무료	다양한 디자인 템플릿 지원
보안 시스템	무료	Ddos 방어 시스템 탑재
결제 시스템	PG 가입비 무료(2015년 봄 기준) 안전결제, 신용카드 결제, 계좌이체, 가상계좌 결제 가능	
홍보방법	다음 클릭스의 광고상품을 구입. 다음, 네이트에서 검색광고로 쇼핑몰 홍보 가능	
카카오 연계	카카오스타일 쇼핑몰에 입점 가능, 카카오스타일 입점비는 카카오톡 홈페이지 참고	
페이스북 연계	페이스북으로 상품 사진 퍼가기 가능, 페이스북에서 게릴라 홍보용으로 사용	

02 SECTION

무료 모바일 쇼핑몰 ② – '마이소호'의 기능 알아보기

다음은 모바일 쇼핑몰 '마이소호'의 신규 가입 후 화면입니다. 주요 기능에 대해 간략히 알아보겠습니다.

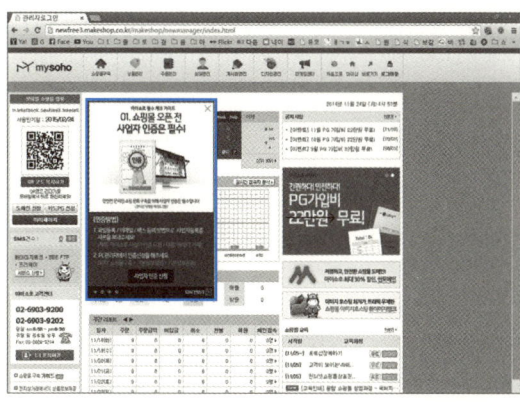

01 가입 후의 첫 화면에서 사업자등록증의 인증을 요구합니다. 사업자등록증이 있는 가입자는 사업자등록 인증을 하기 바랍니다.

사업자등록증을 인증하지 않으면 쇼핑몰이 정상 동작하지 않습니다. 그러나 생성할 모바일 쇼핑몰의 디자인 꾸미기 작업은 할 수 있습니다.

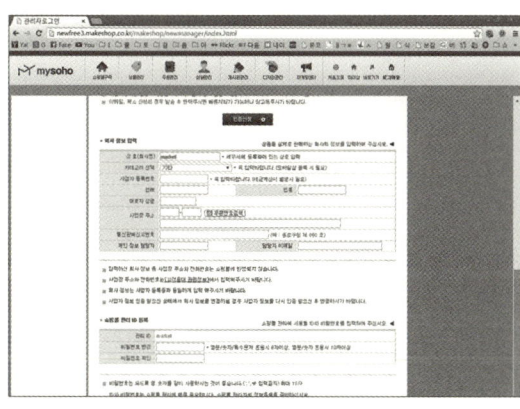

02 사업자등록증 인증 화면입니다. 자신의 사업장 정보와 사업자등록증 내용을 입력한 뒤 사업자등록증 사본을 사진 파일로 첨부합니다.

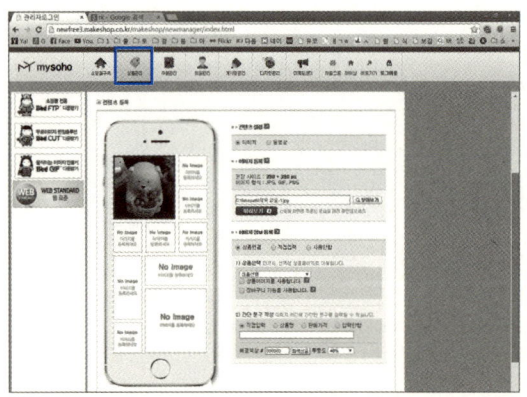

03 '상품관리' 메뉴입니다. 최대 50개의 판매상품을 등록할 수 있고 페이지 설정을 할 수 있습니다.

신규 등록, 가격 설정, 진열 여부 설정, 최대 주문 한도 설정, 상품 사진 업로드 기능을 제공합니다. 상품 사진은 권장 사이즈 크기로 준비하되 대표 이미지, 추가 이미지 1·2·3, 진열 이미지 등을 준비한 뒤 해당 항목에 업로드합니다. 상품을 클릭했을때 상품설명창으로 갈지 다른 웹사이트로 갈지 설정할 수 있습니다.

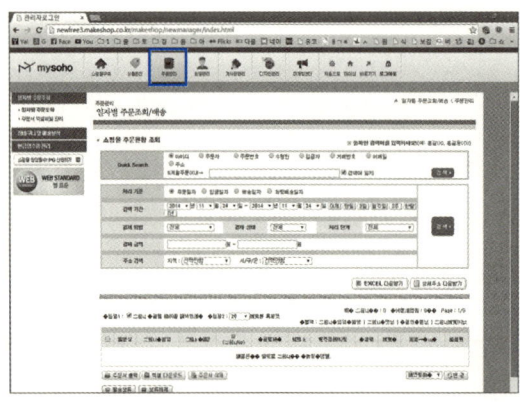

04 '주문관리' 메뉴입니다. 고객의 주문 내용, 결제 방법, 주소 등을 확인할 수 있습니다. 그 외 주문서 인쇄 기능과 엑셀 파일로의 다운로드 기능을 제공합니다.

 '페이스북으로 퍼가기 기능'을 삽입할 수 있으므로 페이스북에서 게릴라 마케팅을 할 수 있습니다. 퍼가기 기능 설정은 '상품관리' 메뉴창 왼쪽에 있습니다.

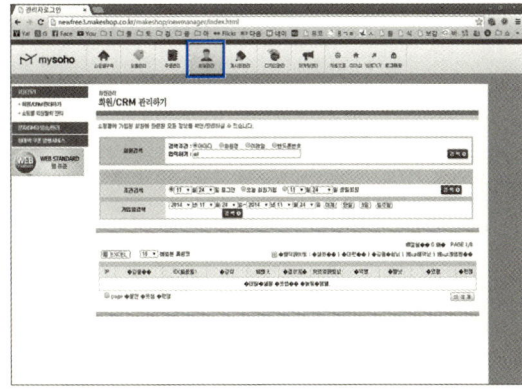

05 '회원관리' 메뉴입니다. 말 그대로 자신의 모바일 쇼핑몰 고객들을 관리하고 검색하는 기능입니다.
회원 ID, 이름, 전화번호를 기준으로 등록회원을 검색할 수 있습니다.

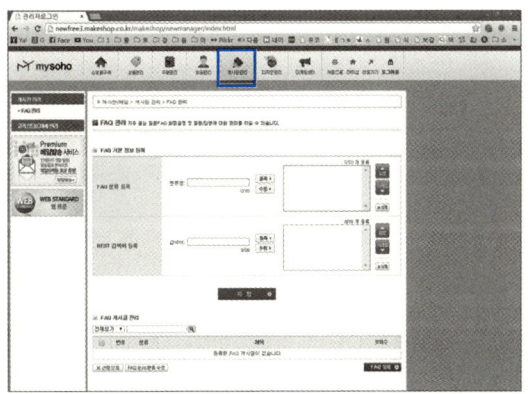

06 '게시판관리' 메뉴입니다. 고객들이 자주 묻는 질문(FAQ)을 관리할 수 있습니다.

 쇼핑몰 약관은 기본 양식이 제공되지만 업자 임의대로 약관을 수정할 수도 있습니다. 약관 수정은 '쇼핑몰 구축' 메뉴의 왼쪽 '쇼핑몰 기본정보설정' 메뉴에 있습니다. 하단의 '쇼핑몰 관리 기능설정' 메뉴는 장바구니 관련 설정을 할 때 사용합니다.

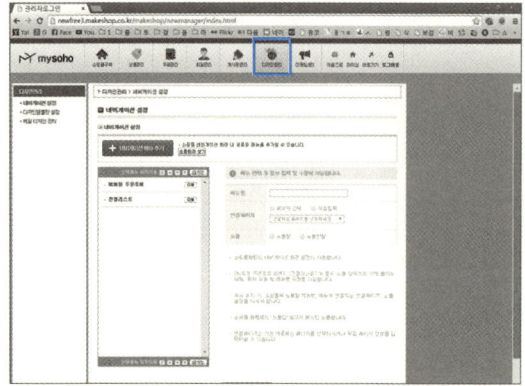

07 '디자인 관리' 메뉴입니다. 모바일 쇼핑몰에 네비게이션 메뉴를 추가할 수 있고, 모바일 쇼핑몰 디자인을 수정할 수 있습니다.

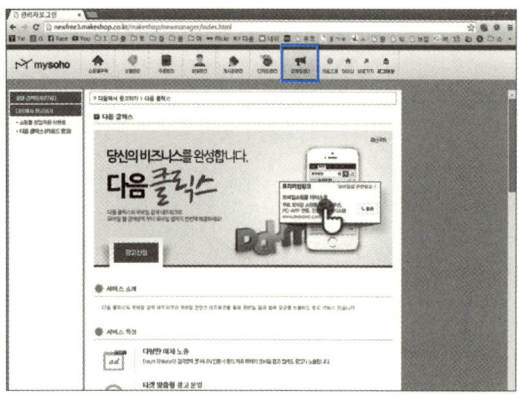

08 '마케팅센터' 메뉴입니다. 다음클릭스를 통해 검색광고상품을 구입할 수 있습니다. 일단 모바일 쇼핑몰을 만든 뒤에는 검색광고를 통해 자신의 쇼핑몰이 검색되도록 해야 합니다. 기본적으로 다음, 네이트, 그리고 최대 8,000여 제휴 앱에서 쇼핑몰이 검색되고, 광고요금은 CPC 과금제입니다.

 메뉴 구성은 간단하지만 상품 이미지를 사진으로 준비하는 시간과 디자인 변경 작업, 네이게이션 메뉴 변경 작업, 장바구니 설정 등을 자신에게 맞게 해야 하므로 모바일 홈페이지가 정상 작동되려면 대략 5일 정도 작업해야 합니다.

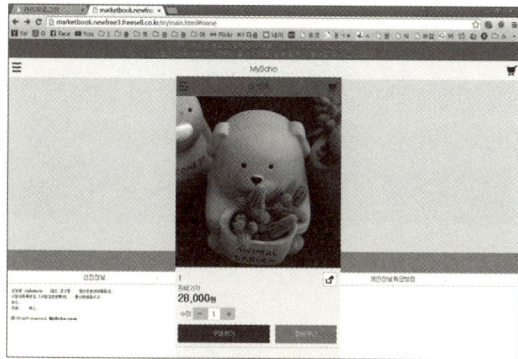

09 '마이숍' 메뉴는 현재 디자인 작업 중인 모바일 쇼핑몰을 미리 보는 기능입니다.

10 그 외 사용할 수 있는 기능으로는 고객들이 결제할 수 있도록 PG 서비스 가입 기능, 모바일 쇼핑몰의 인터넷 주소인 도메인 구입 기능 등이 있습니다.

이들 기능들은 '쇼핑몰 구축' 메뉴창의 왼쪽 메뉴에서 선택할 수 있습니다.

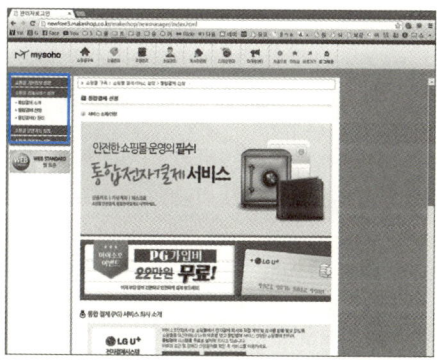

PG 통합전자결제 서비스 가입 기능(LG U플러스)

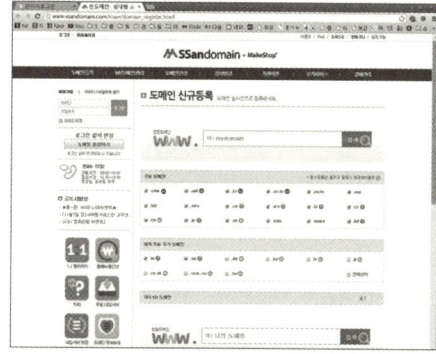

신규 도메인 주소 검색 및 구입 기능

03 SECTION 음식점, 펜션, 미용실 무료 모바일 예약 기능 만들기
– 샵노트(www.shopnote.kr)

샵노트는 모바일 쇼핑몰이 아니라 모바일 전용 홈페이지입니다. 상품 판매 대신 업체 홍보나 음식점, 미용실, 펜션 예약 등의 업무를 모바일을 통해 서비스할 때 만듭니다.

샵노트는 쇼핑몰이 아니므로 상품 판매보다는 여행사, 펜션, 음식점, 헤어숍 등의 홍보와 예약 고객을 잡을 목적으로 제작합니다. 언뜻 보면 블로그와 비슷하지만 스마트폰으로 접속하는 업체 전용 모바일 홈페이지라고 할 수 있습니다.

PC 혹은 스마트폰을 사용해 인터넷 www.shopnote.kr로 접속합니다. 네이버, 다음 등에서 '샵노트'로 검색한 뒤 접속할 수도 있습니다.

무료 모바일 홈페이지를 제작하려면 먼저 회원으로 가입하여 새 ID를 생성합니다.

회원 가입과 동시에 샵노트의 무료 모바일 홈페이지가 자동으로 생성됩니다.

무료 모바일 홈페이지인 샵노트의 장점은 다음과 같습니다.

항목	샵노트 지원항목	기타
회원 가입	가입 즉시 모바일 예약용 홈페이지 생성 (PC 홈페이지 겸용)	본인이 직접 디자인 꾸미기 진행
초기 세팅비	무료	평생 무료
월 트래픽	무제한	이용자 무제한 접속 가능
도메인	임시 도메인 사용료 무료	정식 인터넷 주소 없이도 운영 가능
페이스북 연계	페이스북으로 퍼가기 지원	페이스북에서 게릴라 광고 가능
디자인	디자인 수정 기능 내장	모바일 홈페이지의 모양을 전단지, 홍보지 형태로 디자인 가능
예약 시스템	고객이 직접 예약할 수 있는 시스템 ※ 유료. 1년에 7만 원 상당	달력 형태로 예약 테이블 출력 가능
홍보방법	다음 클릭스의 광고주로 등록한 뒤 검색광고로 쇼핑몰 홍보	
실시간 연동	Push 알림 기능을 사용하면 고객의 예약을 실시간 확인 가능	

펜션, 음식점 사업자를 위한 예약 홈페이지
– '샵노트'로 모바일 예약 홈페이지 만들기

'샵노트'로 모바일 홈페이지를 만든 뒤 예약 시스템을 연결하는 방법은 매우 간단합니다.

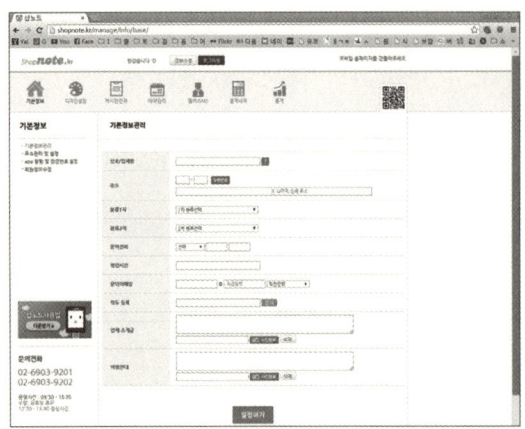

01 샵노트(www.shopnote.kr) 회원가입을 한 뒤 첫 화면에서 사업자의 기본정보를 입력하기 바랍니다.

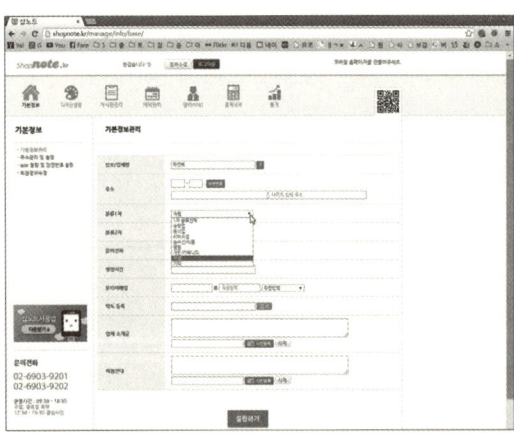

02 기본적으로 입력하는 정보는 상호, 주소입니다. 또한 분류 1차 항목에서 업종을, 분류 2차 항목에서 영업지역을 선택합니다. 약도 등록(다음지도)을 마친 뒤 업체 소개글을 작성합니다.
입력한 정보 중 상호, 약도 등은 자신의 모바일 홈페이지에서 노출됩니다.

 화면에서는 모바일 홈페이지에 대한 설정을 하고 있지만 자동으로 생성된 PC용 미니 홈페이지에도 똑같은 설정이 실시간 적용됩니다.

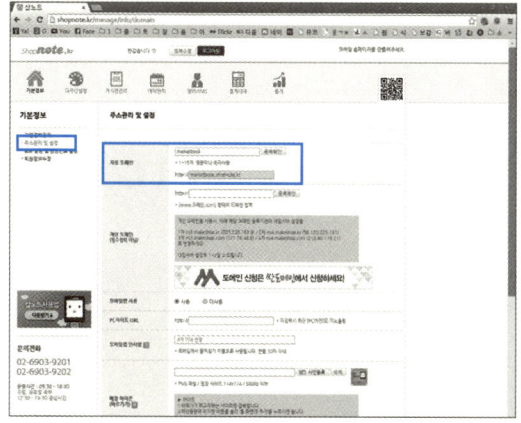

03 왼쪽의 '주소관리 및 설정' 메뉴를 클릭합니다.
본문의 '자동 도메인' 항목에서 생성될 모바일 홈페이지의 인터넷 주소를 설정합니다. '자동 도메인 항목'에 입력한 주소는 무료로 사용 가능한 자신의 인터넷 주소이며 모바일홈페이지 및 PC 미니홈페이지 겸용입니다.

 '자동 도메인' 항목 아래의 '개인 도메인' 항목은 인터넷 도메인 주소를 이미 소유한 경우 입력합니다. 그럴 경우 입력한 주소가 모바일 홈페이지 주소가 됩니다.

04 '배경 아이콘(바로가기)' 항목의 버튼을 클릭해 자신의 모바일 홈페이지 바로가기 버튼으로 사용할 이미지를 업로드합니다.
바로가기 아이콘(버튼 이미지)이 준비되지 않은 경우 나중에 업로드합니다.

화면 하단의 'SNS 사용' 옵션은 모바일 홈페이지 화면에서 'SNS로 퍼가기' 버튼을 활성화하는 기능이므로 반드시 '사용'으로 설정하기 바랍니다.

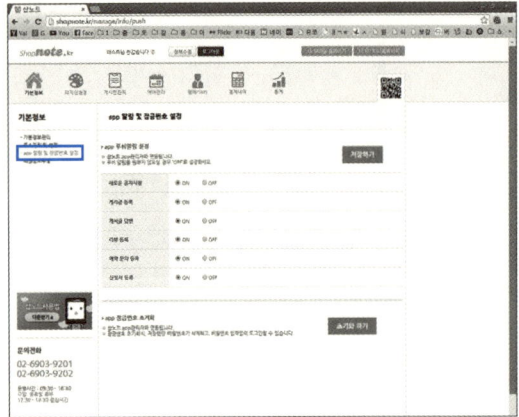

05 'app 알림 및 잠금번호 설정' 메뉴에서는 '앱 푸쉬 알림'을 받을 것인지 설정합니다.

푸쉬 알림을 받기 싫으면 Off로 설정합니다.

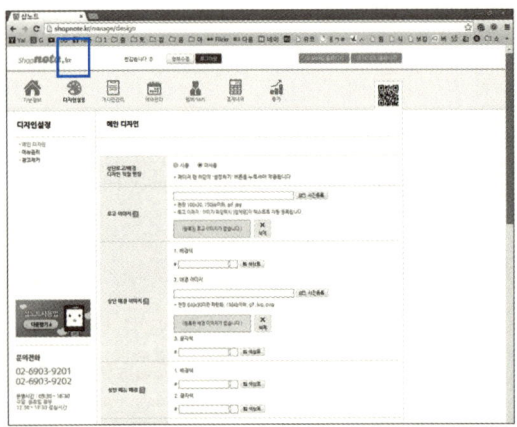

06 '디자인 편집'→'메뉴 디자인' 메뉴는 모바일 홈페이지의 메인 디자인을 꾸미는 기능입니다.

상점의 로고 이미지를 업로드하는 기능, 모바일 홈페이지 배경으로 사용할 이미지 업로드 기능, 배경색 변경 기능 등이 있습니다. 자신의 구미에 맞는 디자인으로 꾸미기 바랍니다.

 샵노트로 만든 모바일 홈페이지와 PC용 미니 홈페이지는 같은 인터넷 주소를 사용합니다. 접속하는 기기가 스마트폰이면 모바일 홈페이지가 표시되고, 접속하는 기기가 컴퓨터이면 PC용 미니 홈페이지가 표시됩니다.

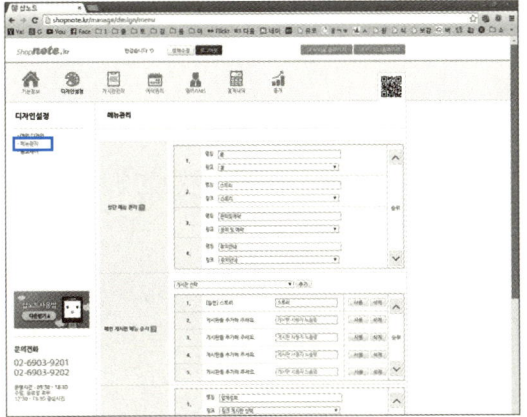

07 '디자인 편집'→'메뉴관리' 메뉴는 모바일 홈페이지의 메뉴 구성을 수정하는 기능입니다.
메뉴 구성을 자신이 원하는 대로 수정하면 됩니다.

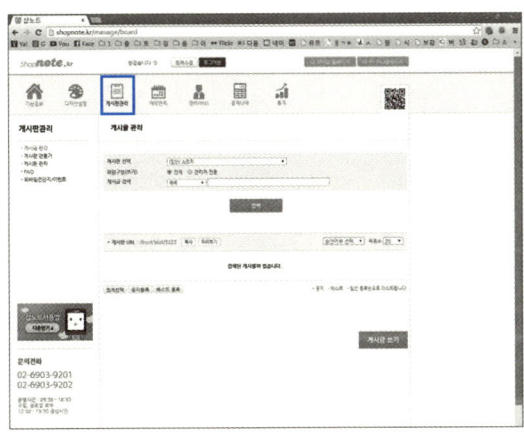

08 '게시판관리' 메뉴는 모바일 홈페이지의 게시판에 올라온 글을 관리하거나, 새 게시판을 추가하는 기능을 제공합니다.
현재 보이는 게시판을 용도에 맞게 게시판 이름을 수정하기 바랍니다.

09 '예약관리'→'예약/문의' 메뉴는 고객들이 예약문의를 할 수 있는 기능과 예약 시스템 화면을 생성하는 기능입니다.

10 일단 '예약/문의' 메뉴는 모두 '사용'으로 설정합니다. 그럴 경우 모바일 홈페이지에 접속한 고객들이 예약문의할 수 있는 글쓰기 기능이 활성화됩니다.
'신청서' 메뉴 역시 모두 '사용'으로 설정합니다. 그럴 경우 모바일 홈페이지에 접속한 고객들이 예약 신청서를 작성하는 기능이 활성화됩니다.

 샵노트로 만들고 있는 모바일 홈페이지는 같이 생성되는 PC용 미니 홈페이지를 포함해 무료로 사용하는 기능입니다. 단, 홈페이지에 예약 시스템 기능을 삽입하려면 사용료가 필요합니다. 예약 시스템의 연간 사용료는 7만 7,000원, 6개월 사용료는 4만 6,200원, 1개월 사용료는 7,700원입니다. 예약 시스템 삽입 첫 1개월은 무료입니다.

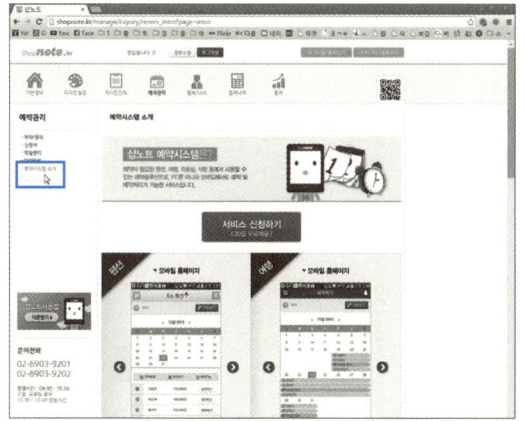

11 '예약 시스템 소개' 메뉴에서 모바일 홈페이지에 예약 시스템을 추가할 수 있습니다.

예약 시스템을 생성하면 달력 모양의 테이블이 생성되어, 고객들이 예약 날짜를 직접 설정할 수 있습니다.

여행사 홈페이지라면 기간형 예약 시스템을, 펜션이나 음식점 홈페이지라면 날짜형 시스템을 추천합니다.

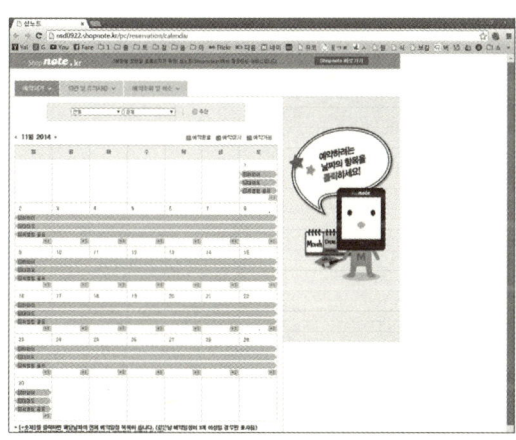

12 옆 그림은 자동 생성된 예약 시스템의 모양입니다.

홈페이지에 방문한 고객들이 예약일자 지정, 예약조회, 예약취소 등을 할 수 있습니다.

사업주는 '예약관리' 메뉴에서 예약상품 등록, 예약상품 가격 설정, 담당자 연락처 설정, 예약금 입금계좌 설정을 할 수 있고 예약한 고객의 정보를 확인할 수 있습니다.

 샵노트의 예약 시스템은 모바일 홈페이지와 PC용 미니 홈페이지 양쪽에서 연동되므로 모바일로 접속한 고객은 물론 PC로 접속한 고객도 예약을 할 수 있습니다.

13 '멤버/SMS' 메뉴는 SMS 기능으로 홍보를 하거나 회원들에게 정보를 전송할 때 사용합니다.
SMS 문자 전송은 한 통 당 22원의 비용이 필요합니다.

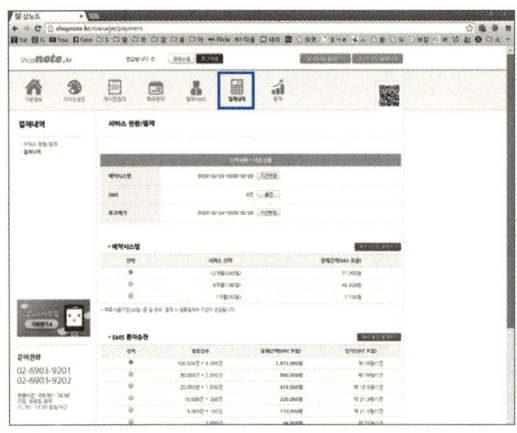

14 '결제내역' 메뉴는 샵노트의 예약 시스템 사용료와 SMS 문자 홍보를 했을 때 필요한 금액과 결제내용이 표시됩니다.

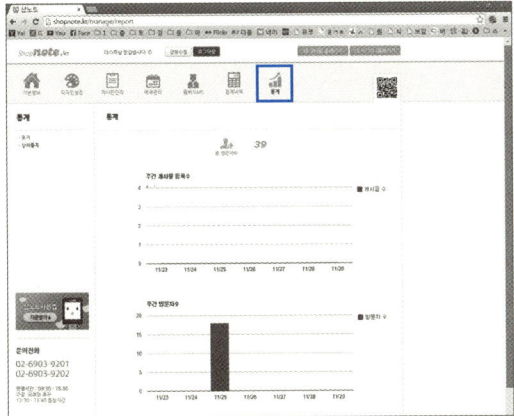

15 '통계' 메뉴는 자신의 모바일 홈페이지에 방문한 사람 수와 게시글 통계를 확인하는 기능입니다.

16 설정을 완료하면 아래 그림처럼 모바일 홈페이지와 PC용 미니 홈페이지를 확인할 수 있습니다. 이렇게 만든 모바일 홈페이지와 PC용 미니 홈페이지는 언제든지 재수정할 수 있습니다.

생성된 모바일 홈페이지

생성된 PC용 미니 홈페이지

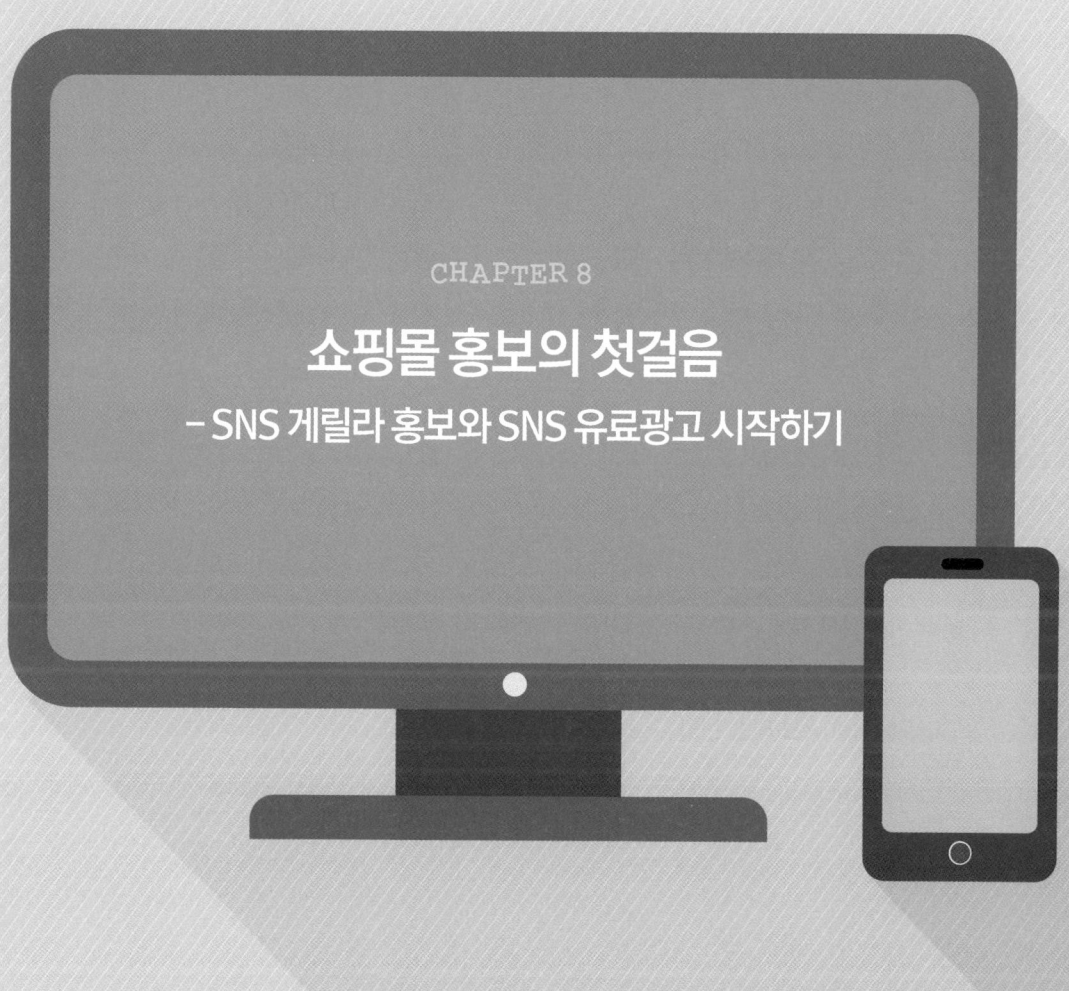

CHAPTER 8

쇼핑몰 홍보의 첫걸음
- SNS 게릴라 홍보와 SNS 유료광고 시작하기

쇼핑몰은 광고가 생명일까? ①
– 인터넷 자체가 이미 거대한 광고시장

인터넷 사업을 처음 시작하는 사람들은 인터넷 광고의 효율성을 의심합니다. 게다가 소자본 창업자라면 광고예산도 없습니다. 맨몸으로 시작하는 방법을 알아봅니다.

요즘 미국에서 인기 있는 직종은 인터넷 사용자들의 검색 취향을 분석한 뒤 빅데이터로 만드는 직종입니다. 연봉을 1~2억이나 받는 이 고소득 직종은 물리학, 통계학 전공자들이 인터넷 분석가 노릇을 하면서 인터넷 이용자들의 접속위치, 관심 분야, 사이트 체류 시간 등을 통계학적으로 분석한 뒤 유명 기업체의 인터넷 광고에 적용하는 역할을 합니다. 인터넷 이용자들의 습성을 통계로 낸 뒤 기업체의 상품 판매에 사용하는 것입니다.

제니스옵티미디어(ZenithOptimedia) 자료를 보면 미국에서의 인터넷 광고는 2010년에 이미 신문광고시장을 뛰어넘었고 그 후 단 4년 만에 신문광고시장을 절반 이상 몰락시켰습니다. 지금의 인터넷 광고시장은 신문광고시장의 두 배를 넘어선 거대한 시장이고 조만간 TV 광고시장도 추월할 태세입니다.

미국에서의 광고 비중 변화

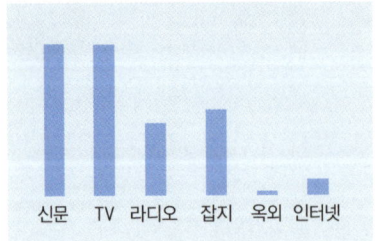

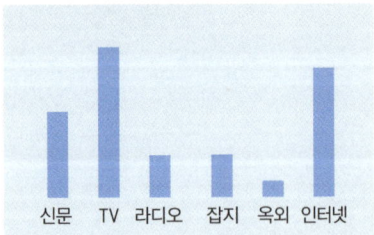

쇼핑몰은 광고가 생명일까? ②
– 인터넷 광고시장의 분류

인터넷 광고시장이 커진 만큼 인터넷 내에서도 광고하는 위치가 다변화하고 있습니다.

인터넷에서도 광고하는 위치가 다변화한다는 것은 인터넷 광고시장도 세부 카테고리 상품이 있다는 뜻입니다. 2014년 미국 기업들의 인터넷 광고 위치를 보면 아래처럼 여러 카테고리에 광고비를 지출하고 있음을 알 수 있습니다. 이 중 SNS 망에 투입하는 광고비는 2010년을 기점으로 폭발적으로 증가하는 추세입니다.

미국기업들이 선호하는 인터넷 광고상품(2014년)

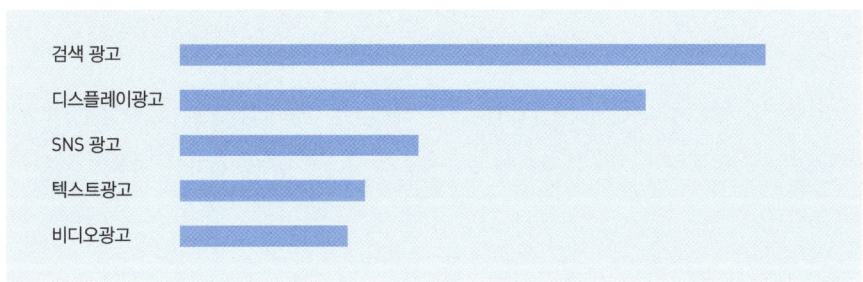

인터넷 광고 상품 설명

검색광고	검색 사이트나 인터넷 쇼핑몰에서 상품 이름을 검색했을 때 경쟁업체 상품보다 상위에 검색되도록 노출하는 광고상품
디스플레이광고	인기 사이트의 메인 화면이나 서브 페이지에 있는 큰 광고창에 노출하는 광고상품
SNS 광고	페이스북, 트위터 등의 SNS에서 SNS 회원들에게 노출하는 광고상품
텍스트광고	텍스트(글자)형 광고상품
비디오광고	유튜브 동영상 같은 비디오 영상에 노출하는 광고상품

03 SECTION 광고예산이 없는 사업자는 게릴라 홍보를 시작하자 – 콘텐츠 큐레이터적인 접근

광고예산 없이 자신의 쇼핑몰을 입으로 홍보하는 방법이 게릴라 홍보입니다. 게릴라 홍보는 무턱대고 자신의 쇼핑몰이 좋다고 말한다고 해결되지 않습니다.

1 : 콘텐츠 큐레이션, 소셜 미디어 큐레이션

인터넷에서 수많은 정보를 검색한 뒤 사람들의 니즈에 맞지 않은 정보는 버리고 사람들에게 도움이 되는 정보를 취합합니다. 그런 뒤 그러한 콘텐츠를 자신의 쇼핑몰, SNS, 블로그에 공유하는 작업이 소셜 미디어 큐레이션(Social Media Curation), 콘텐츠 큐레이션(Content Curation)이라고 불리는 것들입니다. 쉽게 말하면 사람들이 읽어볼 만한 가치 있는 정보를 자신의 블로그나 SNS에 계속 게시하면서 이용자들의 방문을 유도하는 것이 사회관계망 보육, 즉 자신의 블로그나 SNS가 인기 있도록 보육하는 것입니다.

이때 콘텐츠 큐레이션과 소셜 미디어 큐레이션은 자신의 블로그, 브랜드, 쇼핑몰, 업체를 보육하고 활성화할 목적으로 하는 거지 시간이 남아서 하는 일은 아닙니다.

2 : 고객이 잠재 욕구를 먼저 찾아 움직인다

블로그를 보육하는 것은 노력만 하면 할 수 있지만 쇼핑몰을 보육하는 것은 아주 어렵습니다. 보육해서 고객을 모은 뒤 물건을 팔겠다는 전략이므로 어려울 수밖에 없습니다.

쇼핑몰을 보육하려면 일단 블로그나 SNS를 가지고 있어야 합니다. 블로그나 SNS를 보육하면서 그곳에서 물건도 팔겠다는 전략입니다.

그렇게 하려면 고객이 원하는 잠재적 요구나 욕망을 먼저 찾아내는 자세가 필요합니다. 고객의 욕구나 감성을 동요하는 콘텐츠를 찾아낸 뒤 SNS와 블로그를 통해 업로드합니다. 정보가 좋으면 고객들은 '좋아요', '리트윗', '공유' 버튼을 클릭할 것입니다. 이런 버튼을 누른 사람들은 언젠가는 당신의 상품을 구입할 잠재 고객이 됩니다.

3 : 어떤 식으로 고객의 니즈에 부합하는 콘텐츠를 확보하고 쇼핑몰과 연계할까?

인터넷에서 정보를 찾아낸 뒤 자신의 판매상품, 혹은 잠재고객들과 가장 관련 있는 기사를 선택한 뒤 자신의 SNS나 쇼핑몰에 올립니다. 화장품 판매업자라면 피부관리에 좋은 정보를 블로그나 SNS에 올리면서 팬을 모을 수 있을 겁니다.

어느 제품이 피부에 좋다는 글을 올릴 때, 강요가 아니라 에둘러 상품의 장점을 표현해야 합니다. 쉽게 말하면 "아기 엄마들에게 좋은 상품이 나와서 소개드릴까 해요"라고 글을 올리면 저절로 자신의 쇼핑몰과 연계할 수 있게 됩니다.

4 : 국내에도 콘텐츠 큐레이션 사례가 있을까?

국내에도 콘텐츠 큐레이션 사례는 얼마든지 있습니다. 멀리 볼 필요 없이 국내의 유명 블로거들이 바로 콘텐츠 큐레이션을 하는 사람들입니다.

어느 마을에서 포도농장을 운영하는 귀농사업가가 농사가 뜻대로 되지 않자 휴식도 취할 겸 블로그를 운영하기 시작합니다. 처음에는 포도가 자라는 모습이 신기해서 1년 동안 그 모습을 사진으로 찍은 뒤 블로그에 올렸습니다. 그러다 보니 재미를 붙여서 수확한 포도를 포도즙으로 가공하는 과정을 사진으로 찍어 블로그에 올렸습니다.

블로그 단골들이 댓글을 남기기 시작합니다.

"포도의 성장 모습이 재미있네요. 도시 사람인 저는 정말 몰랐던 내용이네요."
"포도 농사 참 어려워 보입니다."
"포도가 참 예쁘네요. 혹시 택배로 판매할 생각 없나요?"

귀농자가 블로그를 열더니 블로그에 올리는 콘텐츠를 스스로 생산하고 그것이 인기를 얻자 팬들이 모이고 제품을 구입하기 시작합니다. 자신의 블로그 보육에 성공한 것입니다. 어느새 팬들은 그의 포도 이야기를 신뢰하기 시작합니다.

5 : 저는 블로그가 없어요. 어떻게 해야 하죠?

RC 상품 판매업자라면 유튜브에서 RC 비행기 관련 동영상을 선별한 뒤 새로운 가치를 부여해 자신의 쇼핑몰과 블로그, SNS에 링크하는 방법이 있습니다. 생각해보면 간단하게 시작할 수 있는 일입니다.

RC 상품 판매업자가 재미를 붙여서 이제는 유명 자동차 경기대회 동영상을 유튜브에서 찾아내 자신의 쇼핑몰과 블로그, SNS에 링크합니다.

RC 상품 판매업자가 더 재미를 붙여서 이제는 교통사고에서 기사회생한 사람들 동영상을 찾아내어 자신의 쇼핑몰, 블로그, SNS에 링크합니다.

마침내 자신이 전문가임을 보여주고 싶어서 영암 K1 경기장까지 내려가서 직접 동영상을 찍은 뒤 내레이션을 삽입하고 자신의 쇼핑몰, 블로그, SNS에 올립니다.

그 쇼핑몰을 처음 방문한 RC 애호가는 그 쇼핑몰 사장을 전문가로 인식하는 상황이 되었습니다. 그리고 바로 '구매' 버튼을 클릭하기 시작합니다.

만일 기계류 전문의 B2B 쇼핑몰이라면, 산업체를 선도하는 리더들의 생각이나 뉴스를 선별하여 게시하는 전략이 자신의 쇼핑몰, 블로그, SNS를 보육하는 훌륭한 전략입니다.

6 : 쇼핑몰 게릴라 홍보의 시작 – SNS와 블로그

광고예산이 없는 소자본 창업자라면 쇼핑몰과 함께 블로그, 페이스북을 같이 만드는 전략이 좋습니다. 쇼핑몰 하나로는 도저히 홍보할 방법이 없기 때문입니다. 블로그와 페이스북이 있으면 쇼핑몰에서만 노출할 수 있는 상품을 블로그와 페이스북에 확대 노출할 수 있으므로 노출 효과가 두세 배 늘어납니다.

예를 들면 쇼핑몰에 진열한 상품을 자신의 SNS에 1회 스크랩한 뒤, 그것을 블로그로 다시 1회 스크랩하면, 단순 계산해도 노출 효과가 세 배가 됩니다.

자신의 SNS로 스크랩한 상품 사진을 친구가 1회 스크랩하면 노출 효과가 네 배가

되고, 친구가 스크랩한 상품 사진을 또 다른 사람이 1회 스크랩하면 노출 효과가 다섯 배가 됩니다.

광고예산이 없는 쇼핑몰 업자가 자신의 쇼핑몰을 홍보하기 좋은 수단

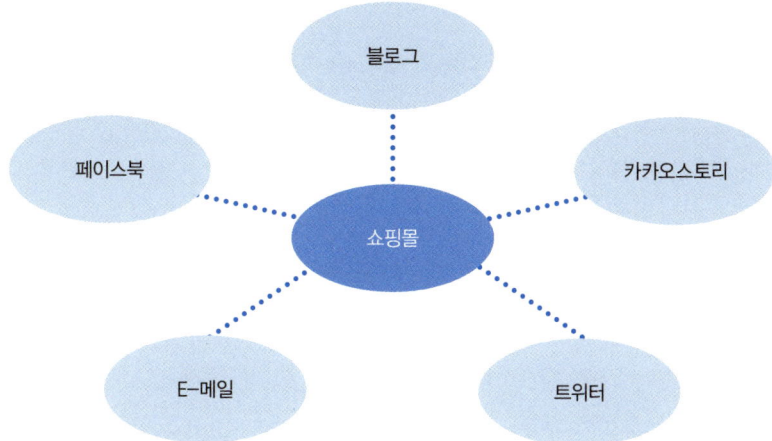

SNS에서 게릴라 홍보하는 방법
– 좋은 글이나 상품소개로 공유를 유도하기

돈 없이 잇몸으로 시작하는 SNS 마케팅을 시작하기 전에 SNS 마케팅의 기술을 알아봅니다.

1 : 게시글을 빨리 전파하려면 공유, 좋아요, 댓글 같은 포지티브 참여도를 높여라

페이스북이나 트위터는 업체를 팔로우하는 사람들이 댓글, 좋아요, 공유 버튼을 클릭하면 팔로우 하는 사람의 친구들에게도 업체가 올린 게시글이 노출되는 구조입니다. 마치 피라미드처럼 친구의 친구로 게시글이 전달되는 구조이므로 매력 있는 콘텐츠를 올려 게시글의 공유를 유도해야 합니다.

상품을 소개하는 글을 게시하더라도 딱딱하지 않고 감성적이고 호기심을 자극하는 내용으로 올릴 필요가 있습니다. 그럴 경우 공유, 댓글, 좋아요 버튼을 누르는 사람이 생기므로 그만큼 많은 사람들에게 게시글이 전파됩니다.

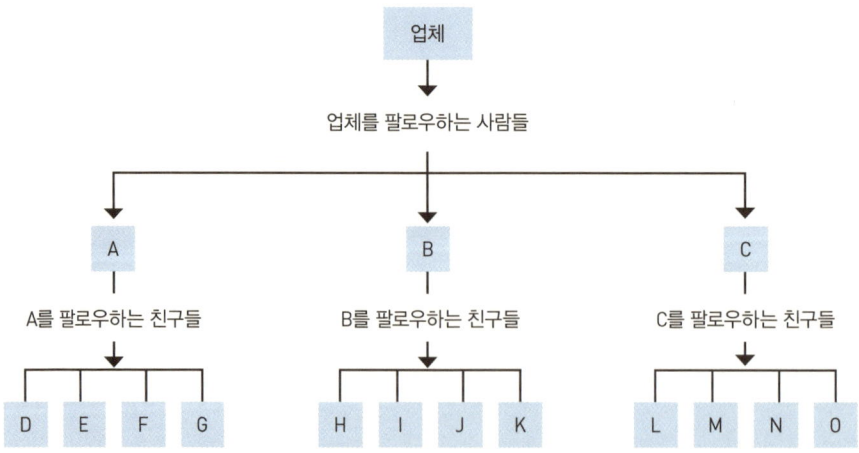

페이스북&트위터의 게시글 전달 순서

※ 업체가 올린 글을 B가 공유하면 H, I, J, K에게도 업체가 올린 글이 보입니다. 매력적인 글을 올리면 공유하는 사람들이 많으므로 그만큼 많은 사람들에게 업체가 올린 글이 노출됩니다.

2 : SNS 게시글은 1일 1회 정도가 적당하다

오전 시간대는 관공서나 대기업도 페이스북으로 홍보글을 쏟아내는 시간이므로 자신의 글을 올려도 다른 게시글들 사이에 묻혀서 팔로우하는 사람들에게 잘 도달되지 않습니다. 그러므로 페이스북 같은 SNS에 글을 올릴 때는 시간대와 올리는 횟수 등을 유념해야 합니다.

게시글 올리는 횟수는 1일 평균 1회가 적당하며, 아무리 못해도 3~4일 간격으로 양질의 콘텐츠를 올리는 것이 좋습니다.

게시글을 올릴 때 한번에 여러 개의 글로 도배를 하면 '좋아요' 같은 포지티브 참여율을 높일 수 없습니다. 그 이유는 사용자들 대부분이 당신의 게시글 외 다른 사람의 게시글도 읽고 있기 때문입니다.

3 : SNS 게시글은 시간대별로 골라서 올리자

게시글은 근무시간의 지루함을 덜어주는 시간대를 골라서 올리는 것이 좋습니다. 또한 밤 시간 대에는 취침에 방해되므로 게시글을 올리지 않는 것이 좋습니다.

접속 시간대	주 접속도구	어떤 내용의 게시글이 좋을까?
7~9시 출근시간	스마트폰	활기찬 하루를 시작할 수 있는 희망적인 콘텐츠
9~11시 오전 근무시간	PC	기업, 관공서, 신문사의 신문기사가 쏟아지는 시간대는 게시글이 묻히므로 올리지 않는 것이 좋음.
11~12, 13~14시 점심시간 전후	PC	할인정보, 쿠폰정보 등의 금전적으로 솔깃한 정보를 올리는 것이 좋음. 점심시간대를 노려 댓글, 좋아요, 공유를 하게 할 수 있음.
14~17시 오후 근무시간	PC	업체의 전문성, 신뢰성을 확보할 목적으로 업체 관련 전문 정보, 고급정보를 올림.
18~19시 퇴근시간	스마트폰	웃기거나 감동 위주의 콘텐츠, 때에 따라 지름신을 부르는 상품 정보
19~6시 휴식, 취침시간	스마트폰	취침 전에는 페이스북 친구들과 사적으로 교류하는 시간대이므로 업체 홍보글을 올리면 불쾌감을 유발할 수 있음.

05 '좋아요'를 불러일으키는 SNS 콘텐츠 작성법
– 공감을 불러일으키는 글이 가장 좋다

쇼핑몰 업자가 페이스북 같은 SNS에 글을 올리면서 공감을 받을 수 있는 방법에는 어떤 것이 있을까요?

SNS에서는 글만 있는 게시글보다는 사진과 영상이 첨부된 글이 인기를 얻습니다. 그리고 여기까지는 누구나 이해하는 내용입니다.

1 : 제품 홍보는 친절하고 재미있게 작성하라

상품 홍보를 위한 글을 작성할 때는 마트 전단지에서 흔히 볼 수 있듯 과장되고 딱딱한 설명이 아니라 친절하고 재미있게 설명하는 것이 좋습니다. 상품 소개글을 작성한 뒤 읽는 재미가 없다면 SNS에 적당하지 않은 글이므로 새로 작성하기 바랍니다. 재미있고, 공감이 가는 내용이어야 읽는 사람들이 '좋아요' 버튼을 누르거나 '공유' 버튼을 누르기 때문입니다.

2 : 서간문체를 유지하되 현대감각으로 작성하라

서간문체의 공통점은 할 말이 없을 때, 편지의 서두를 날씨 이야기로 시작하는 것에 있습니다. 상품을 홍보하는 글이지만 SNS에서 보여주는 글이므로 서간문 스타일로 써도 무방합니다. 예를 들어 일주일동안 폭설이 그치지 않고 내리고 있다고 가정하겠습니다.

[폭설 때문에 반쯤 축 처진 눈사람 사진과 함께]
"눈사람도, 자동차도 폭설이 내리는 것을 싫어하나 봐요."

이런 글을 올리면 폭설이 내리는 상황에 맞는 시기적절한 글이므로 '좋아요' 버튼을 누르는 사람이 생깁니다. 만일 눈사람 모습이 코믹하게 생겼으면 '공유' 버튼을 누르는 사람도 있을 겁니다.

[열대야 때문에 고생하는 사람들이 많은 무더운 여름철에는]
"열대야는 물러가라! ○○○ 에어컨"

이것은 누가 봐도 전단지에서 흔히 볼 수 있는 홍보문이므로 SNS에서는 통하지 않습니다. SNS에서는 "열대야로 고생하는 분들에게 좋은 상품이 있어 소개를 올립니다"가 정답일 수 있습니다. 가급적 친구나 가까운 사람에게 보내는 서간문처럼 작성하되, 읽는 재미를 느낄 수 있도록 재미있는 글발을 뽐내 홍보글을 작성하기 바랍니다. 그럴 경우 상품 홍보글이라고 해도 SNS 세계에서는 통할 확률이 높습니다.

06 SECTION 3대 SNS 중에서 어디가 좋을까?
– 국내 3대 SNS 특징과 장단점 비교하기

SNS에서의 게릴라 홍보 방법을 배우기 전 페이스북, 트위터, 카카오스토리의 장단점을 알아봅니다.

	페이스북, 카카오스토리 facebook KakaoStory	트위터
주 이용층	상대적으로 직장인층이 주류	상대적으로 마니아층이 주류
유저 성향	가족여행 등의 일상적인 정담을 친구들과 공유하기 위해 사용	친구들과 잡담을 하거나 공통 관심사를 교환하기 위해 사용
메시지 전파 기능	공유 기능으로 게시글을 팬이 아닌 다른 유저들에게 전파	리트윗(공유) 기능으로 게시글을 다른 유저들에게 전파
특징	장문 입력 가능. 사진, 동영상 업로드 가능. 동영상 퍼오기 가능	게시글 글자 수가 제한되어 짧은 단문만 가능. 사진 업로드는 가능하나 동영상 업로드는 불가한 대신 퍼오기는 가능
사생활 보호	장문 입력이 가능하므로 일기장 형태의 사적인 글을 작성하는 사람이 많음. 자신의 사생활이 노출되지 않도록 사생활 공개 범위를 조절할 수 있음. 공개범위 밖 이용자는 게시글을 볼 수 없음.	단문 위주의 메신저 성격이므로 사적인 이야기보다는 현재 유행하는 최신 트렌드나 공동 관심사, 핫한 소식을 주고받을 목적으로 사용
검색기능	해시태그(#) 검색으로 해당 SNS 망에 오른 게시글을 검색할 수 있음. ※ 페이스북은 해시태그 검색기능이 매우 약함.	
장점	소비능력이 있는 직장인층이 주이용자이므로 직장인을 대상으로 한 유료광고를 하면 소기의 목적을 달성할 수 있음. 해외 이용자와도 연결된 상태이므로 해외 팬 확보에 유리	메시지 전파 속도가 빠르므로 업체의 신제품 정보와 각종 쿠폰 정보를 빠르게 전파할 때 유용. 예컨대, 각종 할인 쿠폰 소식을 빨리 전파할 때 유리

국내 SNS 이용자 파악하기
– 최적의 SNS 게릴라 홍보 도구는 무엇일까?

SNS가 넘치다 보니 어느 것을 주력으로 할지 만만치가 않습니다. 가장 좋은 방법은 같은 상품 홍보글을 올린 뒤 반응이 가장 좋은 쪽에 주력하는 방법입니다.

1 : 국내 이용자들 즐겨 사용하는 SNS

	1위	공동 2위		4위
서비스 명칭 및 주접속기기	페이스북(모바일)	블로그(PC)	카카오스토리(모바일)	트위터(모바일)

2 : 전 연령층에 효과적인 게릴라 홍보 도구(추정)

페이스북, 블로그+카카오스토리

3 : 10대 대상에 효과적인 게릴라 홍보 도구(추정)

페이스북+카카오스토리, 블로그

4 : 20~30대 대상에 효과적인 게릴라 홍보 도구(추정)

페이스북+블로그, 카카오스토리

5 : 40대 이상에게 효과적인 게릴라 홍보 도구(추정)

페이스북+카카오스토리, 블로그

기본적으로 페이스북을 이용한 마케팅을 주력으로 하되 20~30대 대상 쇼핑몰이라면 블로그를, 40대 이상 대상 쇼핑몰이라면 카카오스토리, 네이버 밴드를 이용한 마케팅에도 신경쓰는 것이 좋습니다.

3대 SNS 게릴라 광고의 기본 원리
– 해시태그(#) 검색 시 검색이 되도록 하라

해시태그 검색이란 SNS 내에서 검색어 앞에 #를 붙여 검색하는 것을 말합니다. 해시태그로 검색할 때 상품 홍보글이 검색되도록 하는 것이 게릴라 홍보 방법입니다.

페이스북 안에서 해시태그를 넣어 '#더블코트'라는 상품을 검색한 모습입니다.

옆 그림처럼 '#더블코트'라는 단어가 있는 게시물이 검색됩니다. 검색된 글은 대부분 더블코트를 판매하는 쇼핑몰 업자들의 홍보글입니다.

페이스북의 약점은 모든 게시물이 검색되는 게 아니라 며칠 이내 글만 검색된다는 점입니다.

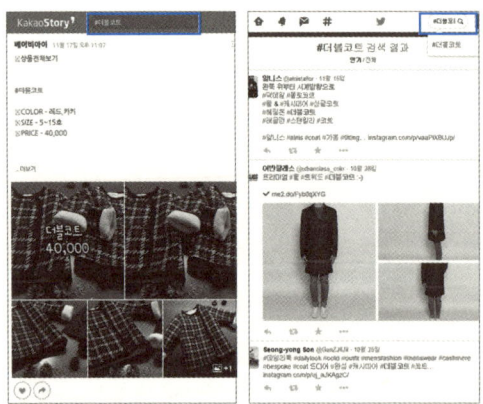

카카오스토리에서의 해시태그 검색   트위터에서의 해시태그 검색

이번에는 카카오스토리와 트위터에 해시태그를 넣어 '#더블코트'로 검색했습니다. 역시 '#더블코트' 단어가 있는 게시물이 검색됩니다. 만일 샴푸 판매글을 올릴 때 게시글에 '#샴푸'라는 단어를 넣으면, '#샴푸'로 검색한 사람들에게 노출되므로 광고 효과가 발생합니다.

09 SECTION
트위터에서 게릴라 홍보 시작하기
– 해시태그로 홍보글 작성하기

트위터에 가입한 뒤 해시태그를 삽입해 홍보글을 작성하는 방법을 알아봅니다.

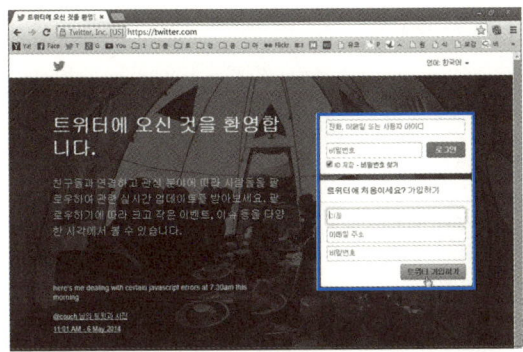

01 트위터(www.twitter.com)에 접속합니다. 처음 사용자는 트위터에서 사용할 이름(ID, 회사명도 괜찮음), E-메일 주소, 사용할 비밀번호를 설정합니다. 후에 트위터에 로그인할 때는 여기서 입력한 이름(ID)과 비밀번호를 입력하면 됩니다.

각종 옵션 설정은 기본값으로 하고, 다른 사람들이 내 E-메일 주소로 나를 찾을 수 있게 하는 것이 좋습니다. 이렇게 하면 내 E-메일 주소에 등록된 주소록을 기준으로 트위터가 친구를 찾아줍니다. 친구 관계를 수락하면 서로의 게시글을 팔로우하며 읽을 수 있게 됩니다.

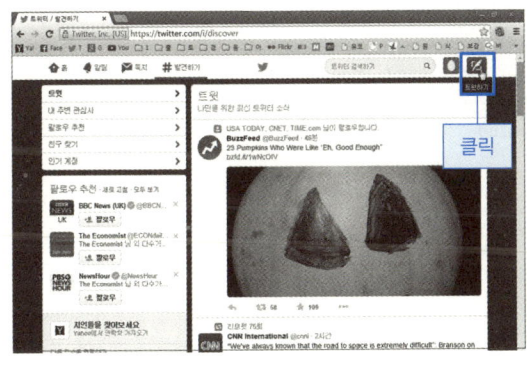

02 일단 첫 게시글을 올려보겠습니다. '트윗하기' 버튼을 클릭합니다.

03 테스트 삼아 해시태그 # 을 붙여서 '#비빔밥'이라고 입력했습니다.

해시태그 # 다음에 띄어쓰기를 하면 검색어에서 누락되므로 반드시 붙여서 입력해야 합니다.

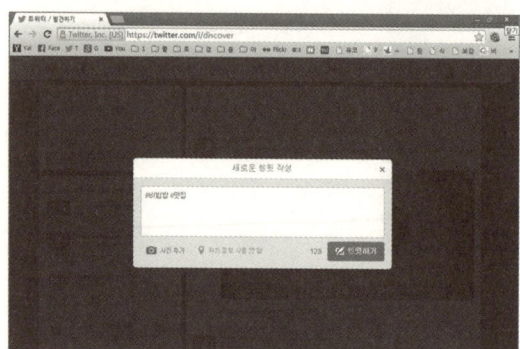

04 '#비빔밥' 글자 다음에 한 칸 띄어서 '#맛집'이라고 입력합니다.

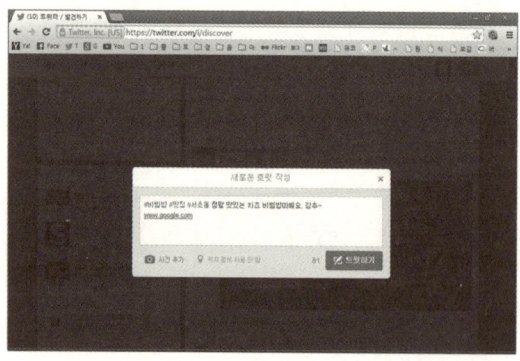

05 여기서는 아래와 같이 입력했습니다.

#비빔밥 #맛집 #서초동 정말 맛있는 치즈비빔밥이에요. 강추~

서초동에 위치한 비빔밥 잘하는 맛집을 추천하는 홍보글입니다.

한 줄 아래에 음식점 연락처나 홈페이지 주소를 입력합니다.

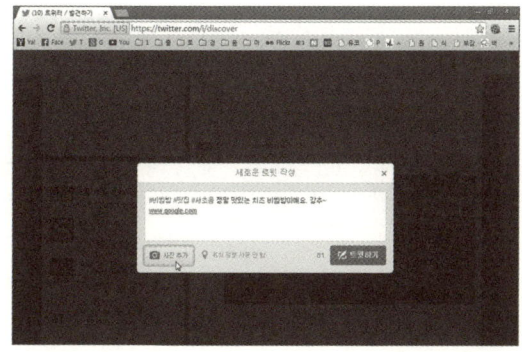

06 텍스트만 올리면 관심을 얻을 수 없으므로 사진도 함께 올리는 것이 좋습니다. '사진추가' 버튼을 클릭해 관련 사진인 비빔밥 사진을 업로드합니다. 그런 뒤 오른쪽의 '트윗하기' 버튼을 클릭하면 이 게시글이 트위터에 게시됩니다.

이렇게 하면 이 글을 올린 사람과 친구 관계인 사람들은 모두 위 게시물을 자신의 타임라인을 통해 읽게 됩니다. 또한 트위터 이용자 중 누군가가 #서초동, #맛집, #비빔밥 등으로 검색하면 위 게시물이 검색한 사람의 타임라인에 표시되어 광고 효과가 발생합니다. 만일 누군가가 위 글을 리트윗하면 리트윗한 사람의 친구들 타임라인에 위 게시물이 노출됩니다. 따라서 게시물 내용이 공감가거나 '반값 할인' 같은 매력적인 정보이면 리트윗하는 사람들이 많으므로 순식간에 수천 명에게 전파될 수 있습니다.

SECTION 10
트위터에서의 게릴라 홍보전 ①
– 업자라고 밝히고 홍보하기

이번에는 트위터에서 업자라는 것을 정식으로 밝히고 게릴라 홍보를 하는 방법입니다.

1 : 컴퓨터 쇼핑몰 홍보 트윗 예제 1

#서울 #무교동 샘표컴퓨터 매장입니다. #사무용컴퓨터 구입 시 프린터를 공짜로 증정하는 행사를 하고 있습니다(자신의 홈페이지 주소 입력, 예를 들면 www.google.com).

위와 같은 게시글을 올리면(트윗하면), 트위터 이용자 중에서 #서울, #무교동, #사무용컴퓨터로 검색한 사람들은 모두 위의 메시지를 자신의 타임라인에서 볼 수 있습니다. 물론 위 업자를 팔로우하는 사람들(팬이나 친구들)의 타임라인에도 위의 게시글이 표시됩니다.

또한, 윗글을 읽은 사람이 윗글을 마음에 들어 하면서 리트윗(공유) 버튼을 누르면 그 사람을 팔로우하는 친구들의 타임라인에도 위 게시글이 노출됩니다.

2 : 컴퓨터 쇼핑몰 홍보 트윗 예제 2

왕대박~ #서울 #무교동 샘표컴퓨터 매장에서 50% 할인 대박 행사를 해요~ #사무용컴퓨터 구입 시 무조건 50% 할인쿠폰 발행~ 프린터를 쿠폰으로 구입하세요~ 무한 RT 해주세요(자신의 홈페이지 주소 입력, 예를 들면 #샘표컴퓨터 www.google.com).

위와 같은 글을 게시하면 서울 무교동 샘표컴퓨터에서 사무용 컴퓨터를 50% 세일하고 있음을 알 수 있습니다. 트위터에서 #서울, #무교동, #샘표컴퓨터 등으로 검색한 유저들은 위의 게시글을 볼 수 있게 됩니다.

마침 무교동 근처의 회사에서 사무용 컴퓨터를 구입하려고 계획했다면 #무교동으로 검색하여 위 게시글을 읽은 뒤 샘표컴퓨터에서 구매할 수도 있습니다. RT란 리트윗, 즉 리트윗 버튼을 눌러 위의 게시글을 여러 사람이 읽을 수 있도록 공유해달라는 뜻입니다.

트위터에서 '컴퓨터판매'로 검색한 모습
- 컴퓨터판매업체들이 검색된 모습

트위터에서 '쿠폰'으로 검색한 모습
- 쿠폰을 제공하는 음식점이 검색된 모습

SECTION 11
트위터에서의 게릴라 홍보전 ②
– 업자라는 것을 감추고 홍보하기(스텔스마케팅)

트위터에서 스텔스마케팅 기법으로 홍보하는 방법을 알아봅니다.

1 : 컴퓨터 상점 홍보 트윗 예제

#서울 #무교동 샘표컴퓨터 매장에서 산 #사무용컴퓨터 1년 만에 고장 나 AS 신청했는데 AS 기사님이 정말 친절해요~ AS 꿀재미~

트위터에서 #서울, #무교동, #사무용컴퓨터라는 글자로 검색한 사람들은 모두 위의 트윗을 보게 됩니다. 그런데 위 게시글은 광고글이긴 한데 업자가 광고한 것이 아니라, AS를 받은 사람이 칭찬하기 위해 올린 글로 보입니다. 이처럼 업자라는 것을 감추고 고객이 칭찬하듯 광고하는 것이 스텔스 마케팅입니다.

2 : 레스토랑 트윗 예제

#서울 #신사동 #스파게티맛집 #오솔레미오 에서 찍은 #스파게티 입니다. 요리사가 센스 있고 분위기도 좋더라고요. 맛있어요~ #데이트코스 로도 최고~ 11월 11일 #빼빼로데이 에는 30% 할인까지~ 어머, 이건 꼭 먹어봐야 해~ 무한 RT 해주세요~ (스파게티 사진 첨부)

트위터에서 #서울, #신사동, #스파게티맛집, #스파게티, #데이트코스, #빼빼로데이라는 단어로 검색한 사람들은 모두 위 게시글을 보게 됩니다. 물론 위 게시글을 리트윗(RT)하면 리트윗한 사람을 팔로우하는 친구들의 타임라인에도 위 트윗이 표시되면서 홍보 효과가 커집니다.

위의 예제는 자신이 업자임을 감추는 스텔스마케팅이므로 본인 ID가 아닌 친구나 가족 ID로 게시해야 합니다. 친구나 가족 ID는 한정되어 있으므로 결국 본인 ID로 똑

같은 홍보글을 기계적으로 올리기도 하는데 이것을 속칭 '노가다 마케팅'이라고도 합니다.

참고로 노가다 마케팅을 할 때는 반드시 업자임을 밝히고 하는 것이 좋습니다. 업자인데도 고객인 척하면서 자신의 쇼핑몰을 칭찬하는 글을 계속 올리면 결국 고객이 눈치를 채고 안좋은 소리가 돌아오니 주의하기 바랍니다.

트위터에서 '#신사동'으로 검색한 모습

게릴라·노가다·바이럴 마케팅 사례

1 : 박선자 김치&간장게장

박선자 김치&간장게장 쇼핑몰은 2014년 봄 한동안 포털 사이트마다 '무료김치 배송'이라는 공격적 마케팅을 인터넷 곳곳에 댓글로 올리면서 노가다 마케팅을 했던 업체입니다. 현재는 무료김치를 요구하는 사람들이 하도 많아 무료김치 이벤트를 종료한 뒤 1+1 이벤트를 하고 있습니다.
어쨌든 그 당시의 노가다 마케팅 덕분에 지금은 네이버, 다음, 구글에서 검색하면 수많은 관련 글이 검색될 정도로 유명한 김치 쇼핑몰이 되었습니다.

박선자 김치&간장게장 홈페이지(www.paksunja.com)

2 : 공동구매 이벤트

페이스북이나 블로그를 운영하면서 팬이 적정 수준 있다고 가정하겠습니다. 이런 경우 공동구매 이벤트로 판매하는 전략을 써볼 만합니다. 공동구매 사이트나 반값 할인 사이트나 다 같은 내용입니다. 반값 할인 판매를 하려면 쿠팡 같은 소셜커머스를 끼어야 하므로 매출의 일정 금액을 떼어주어야 합니다. 그러나 페이스북, 블로그에서의 공동구매 이벤트는 자신의 쇼핑몰을 끼고 하는 것이므로 판매비를 떼어줄 필요가 없습니다.

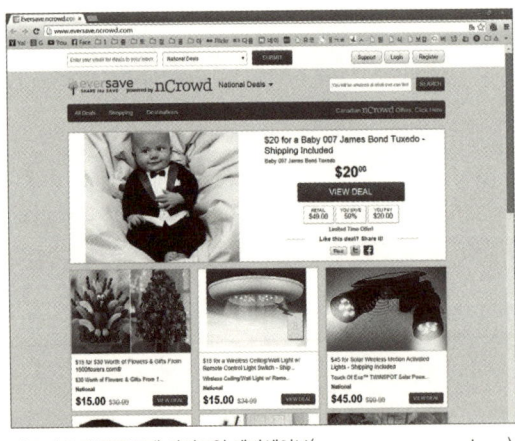
미국의 유명 공동구매 사이트인 에버세이브(www.eversave.ncrowd.com)

중요한 것은 공동구매로 100건이나 1,000건을 완판할 팬의 숫자가 있느냐 하는 것입니다.
일반적으로 팬의 숫자가 적정 수준 확보되어 있으면 팬들이 싼값에 나온 공동구매 이벤트를 공유하여 다른 친구들에게 알려주므로 공동구매 이벤트를 밀어붙일 수 있습니다.

스텔스&바이럴&게릴라 마케팅

1. 스텔스/바이럴/게릴라 마케팅의 사례
2002년 소니 에릭슨은 T68i이라는 휴대전화를 개발한 뒤 기존의 잡지광고와 TV 광고가 아닌 다른 방법으로 소비자의 호기심을 유도하려는 광고전략을 세웁니다.

2. 방식
비밀리에 60명의 홍보요원을 고용한 소니 에릭슨은 이들에게 휴대전화 카메라의 사용법을 숙지시킨 뒤 소비자와 일대일, 밀착 관계를 맺기 위해 그들을 각기 열 개 대도시로 파견합니다.

3. 방법
60명의 홍보요원은 각기 열 개 대도시에서 관광객, 커플, 일반 사람들에게 T68i 휴대전화를 주면서 이렇게 말했습니다. "실례지만 사진 좀 찍어주시겠습니까? 이 휴대전화 카메라 참 좋더라고요. 보세요, 화상통화 화질도 참 끝내주죠?"

4. 결과
이 결과 T68i 휴대전화의 성능은 일반 사람들 사이에서 입소문으로 퍼집니다. 그리고 T68i 휴대전화는 그해 베스트셀러 상품이 됩니다.

5. 결론
그 후 스텔스 마케팅은 전통적인 광고방식인 잡지, TV 광고에 비해 광고비가 저렴하므로 광고예산이 부족한 소기업에서 흔히 시도하는 마케팅으로 정착합니다. 위 사례는 오늘날 인터넷에서 접하는 바이럴 마케팅(입소문 마케팅)의 최초이자 최고 성공사례이고, 최근에는 중국의 샤오미 스마트폰이 바이럴 마케팅으로 크게 성공했습니다. 샤오미 스마트폰은 애초부터 TV와 잡지가 아닌 인터넷 SNS를 통한 바이럴 마케팅을 주력으로 한 제품입니다.

6. 단점
스텔스/바이럴 마케팅은 소비자가 스텔스 마케팅임을 눈치챌 경우 광고효과가 반감되고 적대적으로 변할 수 있다는 것이 단점입니다. 그러므로 업체 입장에서는 제품의 정직성, 완전성, 신뢰성을 구축한 뒤 자연스럽게 스텔스/바이럴 마케팅을 시도하는 것이 좋습니다. 만일 싸구려 제품을 바이럴 마케팅으로 알리려고 시도하면 그 기업체는 저렴한 회사로 낙인찍힐 것입니다.

7. 스텔스 마케팅의 진화 – 자발화

스텔스/게릴라/바이럴 마케팅의 약점을 보완할 방법으로는 풀뿌리 팬을 만드는 전략이 있습니다. 제품을 구매한 고객에게 소박하지만 여러 가지 지원을 아끼지 않는 전략입니다. 화장품 판매업자라면 5만 원어치를 구입한 고객에게 2,000원짜리 립스틱을 덤으로 주는 방법이 있을 겁니다. 기대하지 않은 사은품을 안겨주는 것은 예나 지금이나 소비자들에게 점수를 많이 따는 방법이므로, 사은품을 받은 고객들은 자발적으로 귀사의 제품을 홍보할 확률이 높습니다. 고객들이 자발적으로 홍보해주는 것이 바로 풀뿌리의, 자발적인 스텔스 마케팅이라고 정의할 수 있을 겁니다.

요즘은 우호적인 댓글을 단 뒤 쪽지로 알려주면 1,000~2,000원에 해당하는 포인트를 적립해주겠다고 유인하는 쇼핑몰도 있습니다.

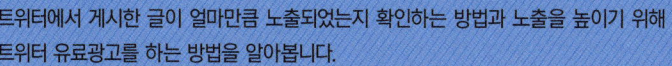

12 SECTION 트위터의 유료광고주로 등록하기
– 트위터 유료광고 비용과 게시글 전파 상태 확인

트위터에서 게시한 글이 얼마만큼 노출되었는지 확인하는 방법과 노출을 높이기 위해 트위터 유료광고를 하는 방법을 알아봅니다.

1 : 게시글의 전파 현황을 확인할 수 있는 트윗 액티비티 대시보드

트윗 액티비티 대시보드는 트위터 사용자의 게시글 노출 현황을 일목요연한 데이터로 표시하는 기능입니다. 먼저 트위터에 접속한 상태에서 인터넷 analytics.twitter.com 주소로 이동하면(웹브라우저 이용) 자신의 콘텐츠 노출 현황을 데이터로 확인할 수 있습니다.

참고로 게시글 노출 수와 참여도 수치는 '트위터 광고'에 가입한 이후부터 측정되며 그 이전 기록은 공개되지 않습니다.

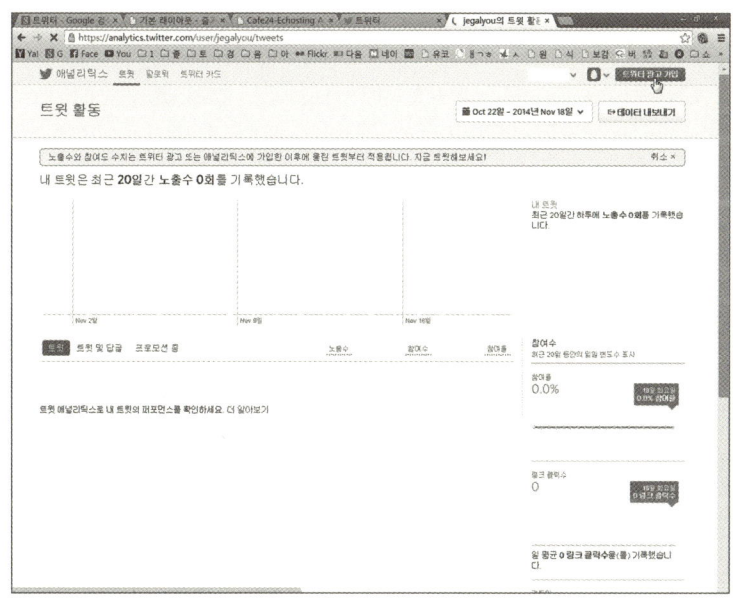

트위터 광고 가입창

2 : 트위터 유료광고에 가입하기

트위터에서 유료광고를 시작하려면 인터넷 analytics.twitter.com에서 '트위터 광고가입' 버튼을 누르면 됩니다. 단, 2014년 겨울 현재는 우리나라와 아시아권은 트위터에서 셀프 유료광고 기능을 지원하지 않습니다. 트위터 유료광고를 셀프로 하는 국가는 미국, 중남미, 서유럽 등의 20여 국가입니다. 국내의 경우 셀프 설정은 불가하지만 추가 입력창에서 요구하는 내용을 입력하면 트위터에서 검토 후 광고주로 등록할 수 있습니다.

광고주로 등록할 때는 국가 항목에 '대한민국'이 없으므로 다른 국가를 선택하고 등록하기도 하는데, 이 경우 허위가 되므로 그 이후 그 ID로는 광고주로 등록할 수 없다는 점을 유념하기 바랍니다.

트위터 내에서의 광고비용은 사용자가 등록한 신용카드에서 자동으로 빠져나갑니다. 자신의 신용카드 정보는 광고주로 등록할 때 함께 등록할 수 있습니다.

3 : 트위터 유료광고의 종류

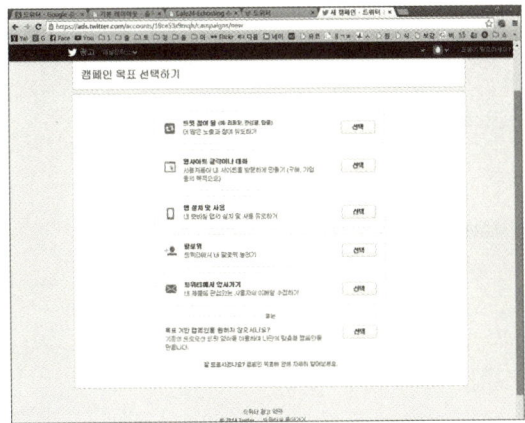

트위터 유료광고는 크게 다섯 가지 방식으로 할 수 있습니다.

캠페인(광고) 목적	광고 내용	광고 노출 위치&광고비용(추정)
트윗 참여율 높이기	댓글, 리트윗, 관심글을 올리는 목적으로 하는 광고. 자신의 게시글이나 사진을 사용해 광고 이미지를 만듭니다.	광고는 타기팅 대상 사용자의 타임라인과 검색 결과에 표시. 트윗 참여 수치인 리트윗, 답글, 관심글, 기타 클릭 수당 미국 현지 기업 기준 1.5~2.5$에 입찰할 수 있고 입찰가가 높으면 그만큼 광고가 많이 노출됩니다.
웹사이트 클릭	구매, 가입 등의 목적으로 트위터 사용자들을 내 사이트로 방문하게 유도합니다.	타기팅 대상 사용자의 타임라인과 검색 결과에 내 광고가 표시. 미국 현지 기업 기준 웹사이트 1회 클릭당 1.68~10$에 입찰할 수 있고 입찰가가 높으면 그만큼 광고가 많이 노출됩니다.
앱 설치 및 사용	사용자들에게 내가 개발한 모바일 앱의 설치를 유도합니다.	모바일 사용자의 타임라인과 검색 결과에 내 광고가 표시. 광고비용은 클릭 수 입찰가와 앱 설치 수에 따라 다름. 미국 현지 기업 기준 1클릭 당 평균 2.6$에 입찰 가능합니다.
내 팔로우 늘리기	내 팔로우를 늘리는 광고. '매일 특별 상품 정보를 얻으려면 팔로우해보세요' 등으로 광고 문안을 작성합니다.	타기팅된 사용자는 자신의 타임라인과 '팔로우 추천' 목록에서 내 광고가 노출. 광고를 보고 새 팔로워가 한 사람당 2.5~3.5$에 입찰할 수 있고 입찰가가 높으면 그만큼 광고가 많이 노출됩니다.
내 제품에 관심 있는 E-메일 주소 얻기	'반값 할인 상품 정보가 매일 쏟아지니 뉴스레터를 구독해보세요' 등으로 광고 문안을 작성합니다.	타기팅 대상 사용자의 타임라인과 검색 결과에 내 광고 표시. E-메일 하나 리드당 4.47~23$에 입찰할 수 있고 입찰가가 높으면 그만큼 광고가 많이 노출됩니다.

4 : 트위터 유료광고 시작하기

트위터 내의 광고주로 등록하면 자신이 직접 광고 문안을 작성한 뒤 광고를 게시할 수 있습니다. 1일 사용 예산을 설정하고 입찰가를 지정하면 광고가 게시되고, 광고 비용은 등록한 신용카드를 통해 자동으로 지출됩니다.

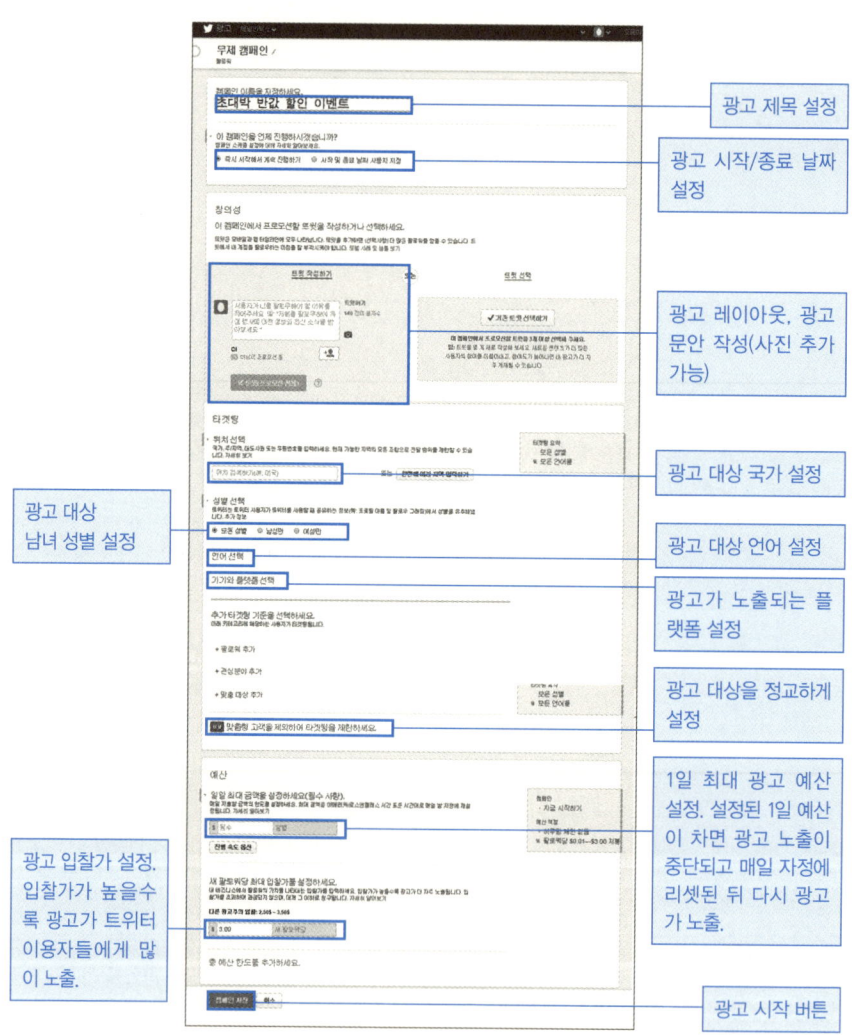

SECTION 13
페이스북에서 게릴라 홍보 시작하기
– 국내 페이스북 현황 미리 알기

SNS 사용자를 대상으로 한 복수응답결과 국내의 페이스북 이용자는 60%에 달하며 이는 블로그 이용자의 두 배, 트위터 이용자의 네다섯 배 많은 수치라고 합니다.

1 : 페이스북 국내 이용자 분포도

국내 페이스북의 주이용자층은 18~24세이지만 40%에 불과하고 25세 이상 구매력 있는 이용자는 전체 이용자의 60%에 해당합니다. 전체 800만 명의 이용자 중 약 500만 명이 구매력 있는 직장인이거나 가정주부라는 뜻입니다.

2 : 남성 비율이 높다가 지금은 여성 비율이 더 높다

국내 페이스북의 경우 남성의 비율은 55%, 여성의 비율은 45%였으나 18~24세 층에서 대학생이 페이스북 유저로 급격히 유입되면서 여성의 비율이 조금 높아졌습니다.

3 : 페이스북 유저는 꾸준히 증가하고 있다

세계적으로 1위 SNS는 페이스북입니다. 국내에서도 꾸준히 신규 유저가 유입되고 있고 이 때문에 페이스북이 개인 블로그화 되는 경향이 많아지고 있습니다.

4 : 직장인 분포도는 사무직, 문화 관련직, 디자인 직종이 많다

페이스북은 농어촌인보다는 도시인, 화이트칼라의 사무직, 문화 관련 직종, 프리랜서, 대학생층의 비율이 높습니다.

5 : 국제적으로 홍보할 수 있다

페이스북, 구글+, 트위터는 전 지구인이 연결된 SNS 망이므로 국제적으로 홍보하고 팬을 확보할 수 있다는 장점이 있습니다. 국내 자생 SNS로는 외국 팬을 확보하는 데 솔직히 한계가 있습니다.

페이스북 가입과 업체용 페이지

명실공히 세계 1위 SNS인 페이스북에 쇼핑몰용 페이지를 만든 뒤 게릴라 마케팅을 하는 방법과 페이스북의 유료광고에 대해 알아봅니다.

페이스북 아이디가 없는 사람이라면 먼저 페이스북(www.facebook.com)에 접속한 뒤 회원으로 가입하기 바랍니다.

개인 페이지 만들기	페이스북에 가입하면 자신의 개인 페이지가 자동으로 만들어집니다.
친구들과 교류하기	회원으로 가입할 때 등록한 E-메일 주소록에 있는 사람들을 자동으로 초대하여 친구로 만들 수 있습니다. 친구가 되면 서로 상대방이 올린 게시글(소식)을 전달받아 볼 수 있습니다.
공감 가는 콘텐츠로 새로운 친구 만들기	사진이나 동영상과 함께 공감이 가는 글을 올려 '좋아요' 버튼을 누르게 합니다. '좋아요' 버튼을 누른 사람들은 여러분의 팬이 되고, 그 후부터 여러분이 올린 글을 전달받아 읽는 사람이 됩니다.
업체용 페이지 만들기	처음 페이스북에 가입하면 그 페이지는 개인용 페이지입니다. 자신의 개인 페이지에서 '페이지 만들기' 메뉴를 사용하면 업체나 동호회 등 단체가 사용하는 페이지를 만들 수 있습니다. 자신의 개인 페이지는 친구나 가족들과 소식을 주고받을 때 사용하고, 업체용 페이지는 고객들을 친구(팬)로 만들 때 사용합니다.
업체용 페이지로 쇼핑몰 홍보하기	업체용 페이지에 자신의 쇼핑몰 주소를 등록합니다. 그런 뒤 자신의 쇼핑몰 상품 정보를 업체용 페이지로 퍼가면 팬들이 그 상품소식을 전달받아 읽습니다. 이것이 페이스북을 이용한 게릴라 홍보입니다.

SECTION 15

페이스북에서의 게릴라 홍보 준비 – 쇼핑몰용 업체 페이지 만들기

페이스북에서의 게릴라 홍보도 트위터와 마찬가지로 해시태그 #을 사용합니다. 그런데 일단은 페이스북에 가입한 뒤 업체용 페이지를 만들어야 합니다.

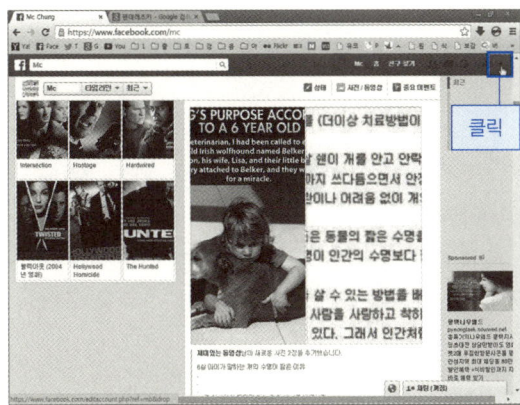

01 페이스북에 가입하면 자동으로 자신의 개인 페이지가 만들어집니다. 개인 페이지 화면에서 '홈' 버튼을 클릭한 뒤 역삼각형 모양의 버튼을 클릭합니다.

02 '페이지 만들기' 메뉴를 실행합니다. 페이지는 페이스북 회원들이 업체용 혹은 동호회용으로 만드는 페이지입니다.

CHAPTER 8 쇼핑몰 홍보의 첫걸음 – SNS 게릴라 홍보와 SNS 유료광고 시작하기 **223**

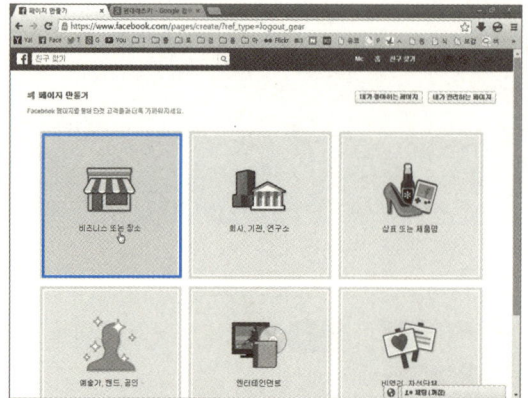

03 업체용 페이지를 만들고 있으므로 '비즈니스 또는 장소' 메뉴를 클릭합니다.

04 업체의 카테고리(업종)는 '쇼핑/유통'으로 선택합니다.

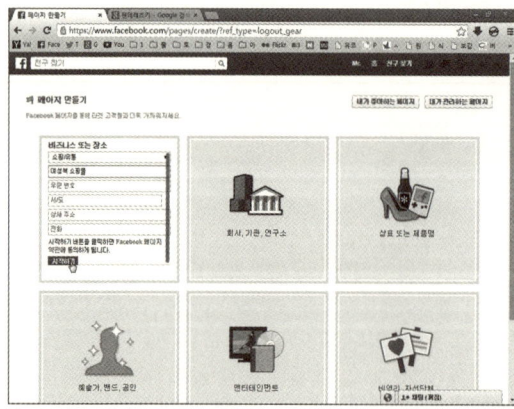

05 업체 주소 등을 입력합니다. 그런 뒤 '시작하기' 버튼을 클릭하기 전 페이지 생성을 중단하고, 이번에는 다른 방법으로 업체용 페이지를 만들어보겠습니다.

06 업체용 페이스북은 '상표 또는 제품명'으로도 만들 수 있으므로 '상표 또는 제품명'을 클릭합니다.

 업체용 페이스북은 업체의 활동이나 소식을 업체의 팬들에게 전달하기 위해 만듭니다. 최근 페이스북 본사는 업체가 올린 게시글을 필터링하여 팬들에게 도달하는 비율을 대폭 하락시키는 알고리즘을 채택했습니다. 페이스북을 이용해 예전처럼 게릴라 홍보를 하기에는 어려운 점이 많다는 뜻입니다. 그러므로 페이스북의 유료광고 상품을 구입해 홍보하는 것도 생각해봐야 할 듯합니다.

07 카테고리 옵션에서 쇼핑몰 업종에 맞는 카테고리를 선택한 뒤 '쇼핑몰 상호'를 입력하고 '시작하기' 버튼을 클릭합니다.

08 페이지의 인터넷 주소를 설정합니다. 만일 페이지의 인터넷 주소 설정이 안 되는 경우에는 페이지 '좋아요' 수가 30개 이상일 때 설정을 재시도하기 바랍니다.

09 페이지의 로고로 사용할 이미지를 컴퓨터에서 불러옵니다.

10 로고 이미지를 만들어놓지 않았다면 '건너뛰기' 버튼을 클릭해 다음 단계로 넘어갑니다. 페이지 로고 이미지는 나중에 얼마든지 삽입할 수 있습니다.

11 '즐겨찾기에 추가' 버튼을 클릭한 뒤 '건너뛰기' 버튼을 클릭해 다음 단계로 넘어갑니다.

12 '결제수단 추가' 버튼을 클릭합니다. 결제수단이란 페이스북 내에서 유료광고를 할 때 광고비를 지불하는 자신의 계좌를 말합니다.

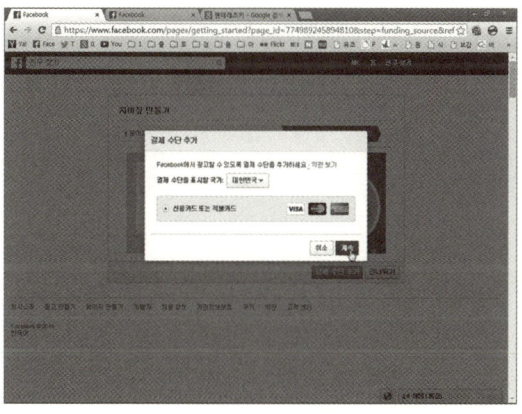

13 국가명을 현재 사는 국가로 설정하고 '계속' 버튼을 클릭해 다음 단계로 넘어갑니다.

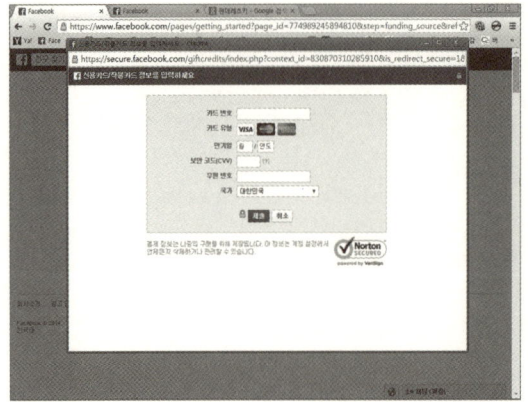

14 카드번호, 만기일, 보안코드, 우편번호, 국가 등을 설정합니다.
등록할 수 있는 카드는 해외 결제가 가능한 신용/직불카드입니다.

15 결제설정은 나중에 추가할 수 있으므로 건너뛰기 버튼을 클릭해 다음 단계로 넘어갈 수도 있습니다.

16 업체용 페이지가 만들어졌습니다.
기왕이면 업체용 페이지 이름을 쇼핑몰과 같은 이름으로 사용하는 것이 좋으므로 '정보탭'에서 페이지 이름을 쇼핑몰과 같은 이름으로 변경하기 바랍니다.

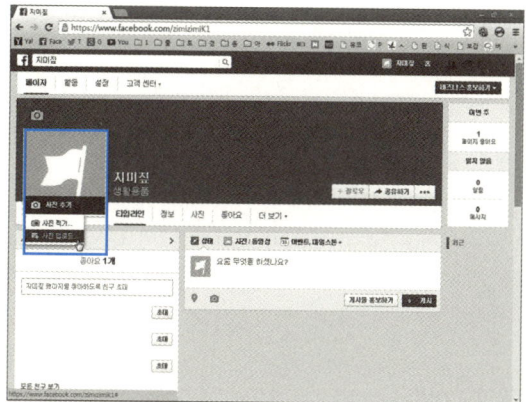

17 로고 이미지는 앞에서 말했듯 '사진 추가' 버튼을 클릭하면 언제든지 업로드할 수 있습니다.
로고 이미지의 크기는 180×180 픽셀을 권장합니다.

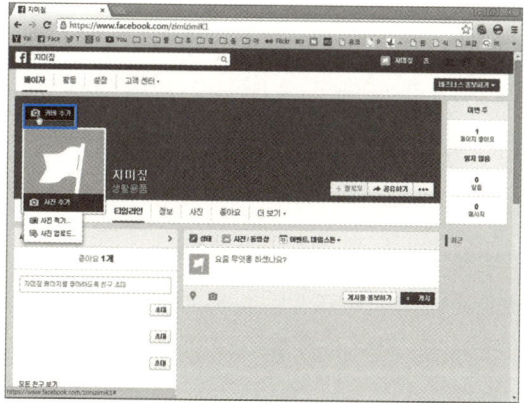

18 상단 커버 부분으로 마우스를 이동하면 '커버 추가' 버튼이 나타납니다.
상단 커버 이미지의 크기는 860×250픽셀을 권장합니다.

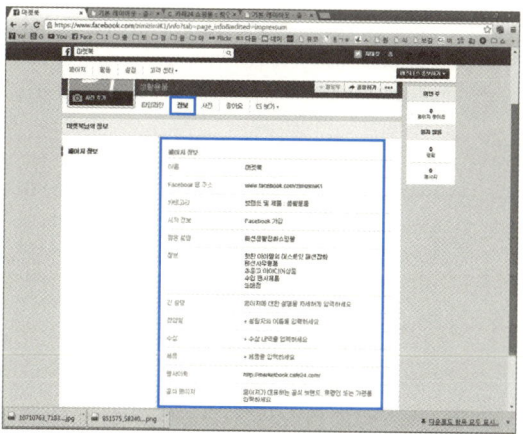

19 '정보탭'에서 업체 페이지에 대한 기본 정보를 입력합니다. 이때 '웹사이트' 항목에서 자신의 쇼핑몰 주소를 입력합니다.

페이스북 업체 페이지의 팬 수는 몇 명까지 확보하는 것이 좋을까?

1 : 팬 수를 늘리는 가장 빠른 방법은?
친구나 가족들을 업체 페이지로 초대해 '좋아요' 버튼을 눌러달라고 부탁하는 방법이 있습니다.

2 : 팬 수를 늘리는 또 다른 방법은 있을까?
페이스북 내의 유료광고상품을 구입하면 팬 수를 늘릴 수 있습니다. 또한 쇼핑몰에서 제품을 판매할 때마다 감사 E-메일을 보내는 전략도 있습니다. 감사 E-메일에는 페이스북의 업체 페이지 주소를 링크한 뒤 '좋아요' 버튼을 눌러달라고 부탁하기 바랍니다.

3 : 업체 페이지의 팬은 몇 명이 적절할까?
게시글 도달률 등을 분석해볼 때 페이스북 업체 페이지의 팬 수는 최소한 1만 명 이상 확보하는 것이 좋습니다. 페이스북의 새 필터링 정책으로 홍보글의 경우 무인탑승한 광고업자로 낙인찍히면서 필터링 대상이 됩니다. 따라서 게시글 도달률이 20~30% 이하로 떨어졌고 미국의 블로거들이 테스트한 결과로는 2%도 안 된다는 소문도 있습니다.
만일 팬 수가 1만 명이면, 게시글을 올렸을 때 팬들에게 도달하는 도달률을 20%라고 가정할 때 2,000명에게 게시글이 도달합니다. 10만 원짜리 상품을 페이스북 안에서 공동구매 등의 마케팅으로 판매할 때 2,000명 중 100명이 구매하면 1,000만 원의 매출이 발생하므로 소기의 목적을 달성할 수 있습니다. 따라서 이벤트, 반값 할인, 공감 가는 게시글 등을 올려 팬들의 충성심을 높이고 팬의 숫자를 항시 늘리려는 전략이 필요합니다.
참고로 팬 수를 늘리려고 머리를 짜다 보면 스트레스를 많이 받으므로 팬 수를 확장하려는 욕심을 아예 포기하는 것도 좋은 생각입니다. SNS에서 팬 수를 의식하면 스트레스가 굉장히 심하므로 무관심한 자세로 운영하는 자세가 필요합니다. 팬 수를 의식하지 않고 그냥 상품을 홍보하는 채널이 하나 더 있는 셈 치는 것이 가장 스트레스를 안 받는 길입니다.

4 : 짜증 나는 페이스북 마케팅 계속해, 말아?
무임승차한 홍보글이 페이스북에 의해 필터링되어 도달률이 낮아지면서 소자본 사업자 입장에서는 짜증 나는 상황이 되었습니다. 그럼에도 페이스북에서의 홍보를 포기하지 않는 것에는 이유가 있습니다. 페이스북에서도 쇼핑몰을 생성할 수 있는 기능이 조만간 만들어지기 때문입니다.
페이스북 내에 쇼핑몰 기능이 정식 탑재되면 페이스북 안에서 영어 버전 쇼핑몰을 만든 뒤 바로 해외 유저들을 대상으로 상품 판매를 시도할 수 있습니다.

5 : 명함에도 SNS 주소, 쇼핑몰 주소를 넣자

페이스북이나 블로그의 팬을 확보하려면 온라인 광고는 물론 오프라인에서도 홍보를 해야 합니다. 가장 쉬운 방법은 자신의 명함에 페이스북 주소나 블로그 주소를 넣는 방법입니다. 물론 SNS 주소 대신에 쇼핑몰 주소를 넣는 것도 좋은 생각입니다. 이때 자신의 쇼핑몰에는 페이스북 주소나 블로그 주소가 노출된 상태여야 합니다.
이렇게 하면 명함을 읽은 사람이 쇼핑몰에 접속할 수 있습니다. 그리고 쇼핑몰에서 노출시킨 페이스북 주소나 블로그 주소를 보고 페이스북과 블로그에도 접속해올 수 있습니다.

페이스북 게릴라 홍보
– 쇼핑몰 상품을 페이스북에서 광고하기

페이스북에서도 해시태그(#) 검색이 작동하므로 어떤 상품 홍보 글을 작성할 때는 #을 붙여서 글자를 입력합니다.

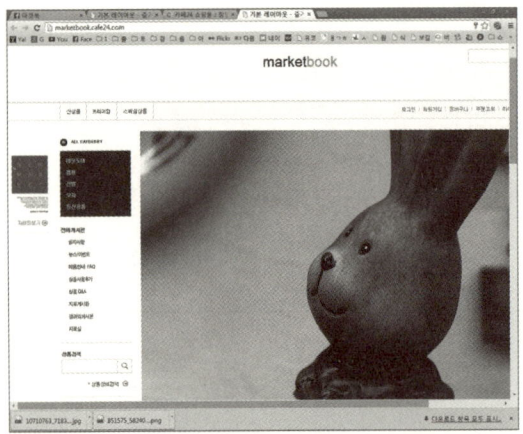

01 자신의 페이스북 업체 페이지에 로그인한 상태에서 다시 자신의 인터넷 쇼핑몰로 접속합니다.

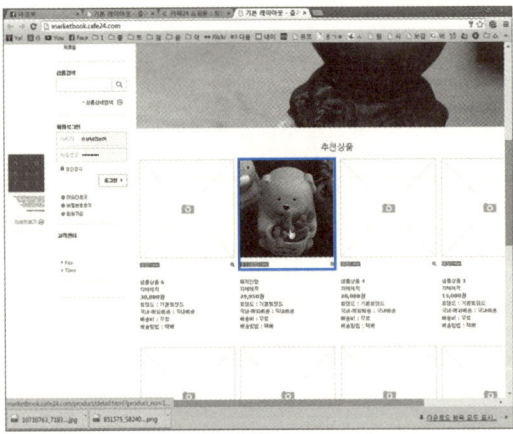

02 페이스북에서 홍보하고 싶은 상품을 클릭해 '상품세부설명창'으로 이동합니다.

03 상품세부설명창에서 '페이스북으로 공유' 버튼을 클릭합니다.

04 공유창이 나타나면 홍보내용을 입력합니다. 여기서는 홍보내용을

#마켓북 #초특가상품 마켓북 50% 세일상품~

이라고 입력한 뒤 '링크 공유' 버튼을 클릭해 적용했습니다.

페이스북이나 카카오스토리에서 게릴라성 홍보글을 작성할 때는 딱딱한 표현보다는 친절하고 재미있는 표현으로 작성하기 바랍니다. 그런 것들이 쌓이면 친절한 페이지라는 인상을 주므로 점점 '좋아요'를 받을 확률이 높아집니다.

05 자신의 업체 페이스북으로 돌아오면 쇼핑몰에 있는 상품이 업체 페이지에서 공유된 것을 알 수 있습니다.

공유한 상품 이미지는 업체 페이지를 좋아하는 팬의 개인 페이지에도 자동으로 노출되므로 광고 효과가 발생합니다.

현재는 팬이 한 명이지만 만일 팬의 숫자가 1만 명이고, 도달률이 10~20%라고 가정하면, 1만 명 중 1,000~2,000명이 지금 공유한 상품소식을 받아보게 됩니다.

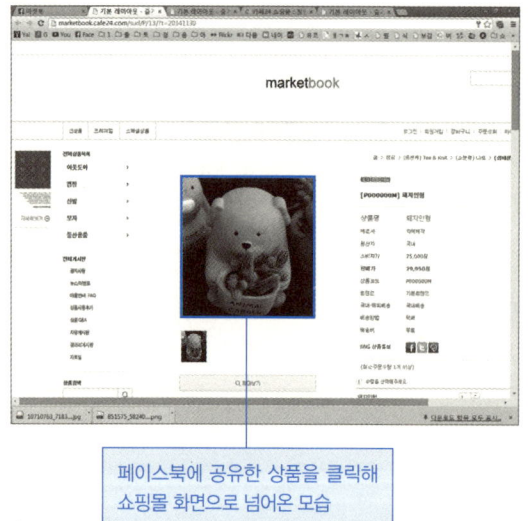

페이스북에 공유한 상품을 클릭해 쇼핑몰 화면으로 넘어온 모습

06 페이지로 공유한 상품을 본 팬이 상품 이미지를 클릭하면 자동으로 업체의 쇼핑몰로 연결됩니다.

페이스북에서 마케팅을 잘해 자신의 쇼핑몰로 유입되도록 하는 것이 페이스북 마케팅의 핵심이므로 페이스북으로 상품을 퍼갈 때는 항상 공감 가는 내용으로 상품설명을 하는 것이 중요합니다.

페이스북 페이지의 반응 확인하기
- 좋아요, 도달, 이야기하는 사람 숫자란?

페이스북에서 팬의 반응을 확인하는 방법을 알아봅니다.

1 : 페이스북의 '좋아요'란?

'좋아요'는 여러분이 만든 페이스북의 페이지에 '좋아요' 버튼을 누르면 나타납니다. 페이스북은 '좋아요' 버튼을 누른 사람들의 페이스북 홈페이지에 여러분이 게시한 글이 나타나므로 '좋아요' 개수가 많을수록 여러분의 페이스북에 관심을 갖는 사람이 많다는 뜻입니다.

2 : 페이스북의 '도달'이란?

여러분이 올린 게시글이 '좋아요' 버튼을 누른 사람들의 페이스북 홈페이지에 노출된 것을 말합니다. 페이스북에 가입해도 매일 보지 않는 사람이 있고, 또한 매일 페이스북을 하더라도 여러 군데서 정보를 받는 사람일 경우에는 여러분이 올린 글을 못읽을 수도 있습니다. 일반적인 업체 페이지의 도달 개수는 '좋아요' 개수의 10~50% 수준입니다. 인기 있는 페이지는 팔로우하는 사람들이 업체 페이지를 찾아와 글을 읽으려고 하므로 그만큼 도달 개수도 높기 마련입니다.

페이스북 안에서 자신의 업체 홍보용 페이지를 만들면 '좋아요' 팬 숫자와 도달 수를 확인할 수 있는 '인사이트 요약본'이 제공됩니다. '좋아요' 팬이 30명 이하인 경우에는 '인사이트 요약본'만 제공되므로 좋아하는 팬을 심층적으로 분석할 수 없습니다.

만일 페이지를 좋아하는 팬이 30명 이상이면 '인사이트 요약'이 아닌 '인사이트' 기능이 제공되므로 좋아하는 팬들이 읽은 게시물, 좋아하는 팬의 국적 분포도, 나이 분포도, 팬들이 호감을 가진 게시물, 팬들이 공유한 게시물 등의 데이터를 얻을 수 있습니다.

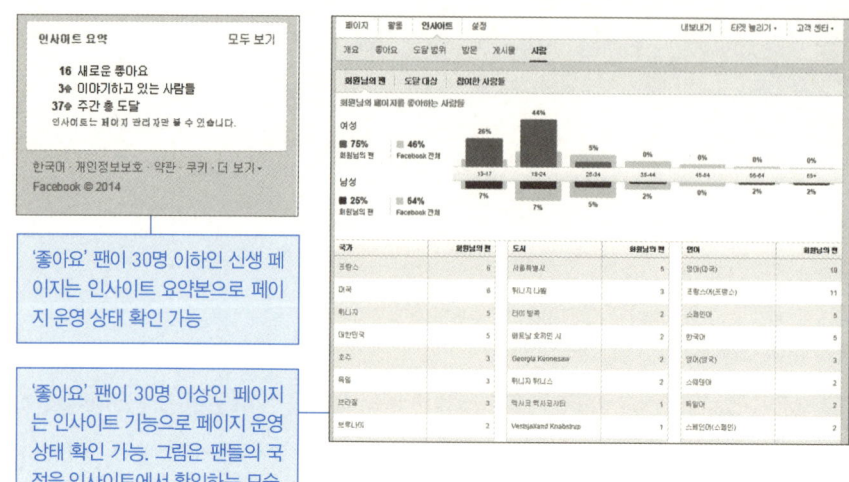

'좋아요' 팬이 30명 이하인 신생 페이지는 인사이트 요약본으로 페이지 운영 상태 확인 가능

'좋아요' 팬이 30명 이상인 페이지는 인사이트 기능으로 페이지 운영 상태 확인 가능. 그림은 팬들의 국적을 인사이트에서 확인하는 모습

3 : 페이스북의 '이야기하는 사람들'이란?

도달한 사람(여러분이 올린 게시글을 본 사람)이 아래 표와 같은 액션을 취했을 경우 '이야기하는 사람'의 숫자가 올라갑니다. '이야기하는 사람'이란 게시글을 읽은 뒤 댓글 등으로 참여한 사람들이므로 그만큼 관심을 갖고 있다는 뜻입니다. 따라서 활발한 페이지라면 '좋아요' 버튼을 누른 팬도 중요하지만 '이야기하는 사람' 숫자가 무엇보다 중요합니다.

'이야기하는 사람'이 많은 페이지는 보통 유머, 정치, 연예인 관련 페이지입니다. 또한 신문사 페이지는 기사를 구독하는 팬이 많으므로 이야기하는 사람이 90%까지 나오는 경우도 있지만 열성 구독자들이 신문기사에 대해 이야기하는 경우이므로 논외로 하겠습니다.

일반적으로 업체나 브랜드 페이지는 팬의 숫자가 많지만 이야기하는 숫자는 적습니다. 브랜드에 관심이 있어 '좋아요'를 누른 것이지 신상품 정보가 올라올 때마다 구입하는 것은 아니기 때문입니다. 따라서 업체 페이스북은 항상 다양한 프로모션을 진행해 참여자 수를 늘리는 정책을 취해야 합니다.

참고로 팬 대비 이야기하는 사람 비율은 일반적인 페이지는 1~3%, 괜찮은 유명인은 3~7%, 좋은 콘텐츠를 많이 올리면서 양질의 이벤트를 병행하는 페이지는

페이스북의 이야기하는 사람들에 기록되는 항목	
페이지 '좋아요'	페이지의 '좋아요' 버튼을 누른 경우
담벼락 포스트	페이지의 담벼락에 글을 올린 경우
게시글 '좋아요'	게시글의 '좋아요' 버튼을 누른 경우
게시글에 대한 댓글	게시글에 댓글을 단 경우
대댓글	댓글에 다시 댓글이 달린 경우
게시글을 공유한 경우	게시글을 공유 버튼을 눌러 공유한 경우
질문 답변하기	질문 답변한 경우
이벤트 초대 및 진행	페이지의 이벤트에 응답한 경우
게시글에 관해 언급하기	게시글에 대해 다른 페이지에서 언급한 경우
사진 태깅	게시글의 사진에 태그한 경우
장소 체크인	게시글의 장소에 체크인한 경우
체크인 공유	체크인을 공유한 경우
체크인 '좋아요'	체크인을 '좋아요' 한 경우

15~30%입니다. 아래 그림의 가운데 예제는 매일 2~3회 순도 있는 콘텐츠를 올리면서 가끔 인기 있는 이벤트를 하는 활발한 페이지입니다.

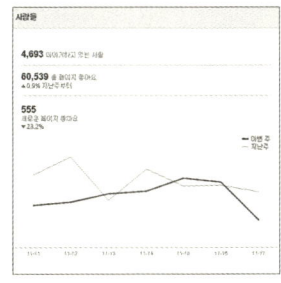
6만 명 중 이야기하는 사람 비율 7%

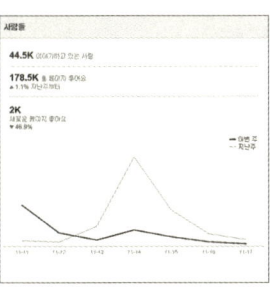
17만 명 중 이야기하는 사람 비율 24%

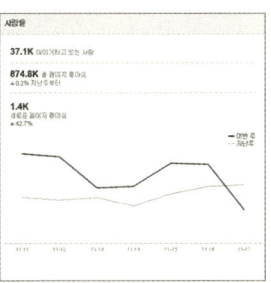
87만 명 중 이야기하는 사람 비율 4.2%

SECTION 18
블로그, 페이스북, 카카오스토리에서 소통하는 마케팅
– 소통하는 홍보글 작성법

트위터는 입력 글자 수가 제한되어 있어 요점 위주로 작성합니다. 블로그, 페이스북, 카카오스토리는 장문 입력이 가능하므로 보다 감성적인 마케팅이 가능합니다.

소통하는 게릴라 마케팅의 일환으로 블로그, 페이스북, 카카오스토리에 올리는 홍보글 예제입니다. 직접적으로 상품을 홍보하기보다는 간접적으로 홍보하는 방법을 사용하기 바랍니다. 특히 블로그에서 홍보할 때는 블로그 유입 인구가 별안간 많아지면 블로그 서비스 업체에서 검색되는 것을 막을 수도 있으므로 은근슬쩍 홍보하는 방식을 취하기 바랍니다.

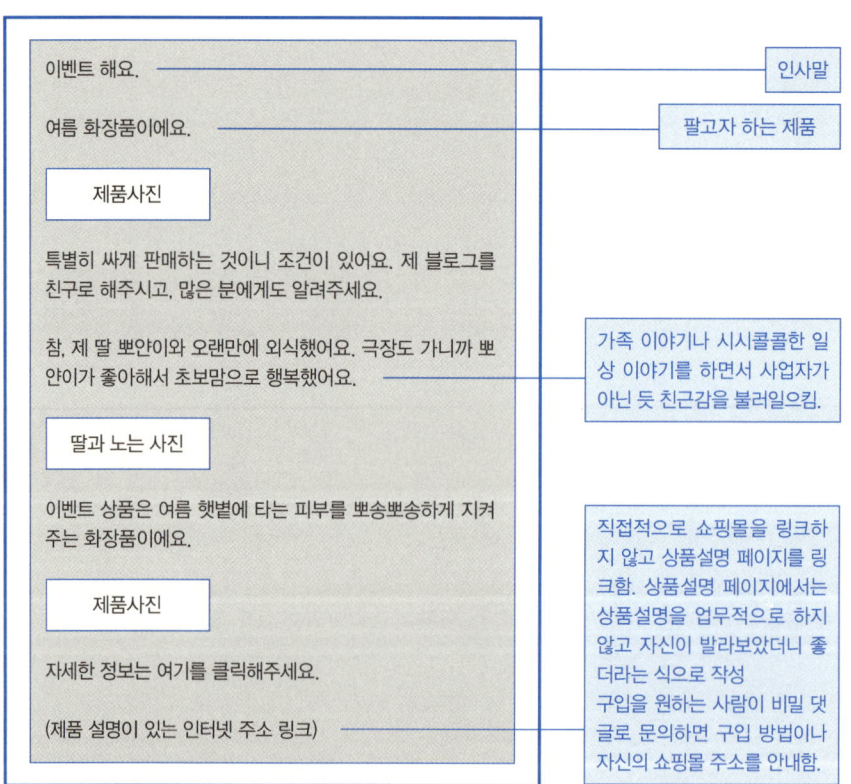

블로그 마케팅의 장점은 글을 게시하면 바로 해당 포털 사이트에서 검색된다는 점에 있습니다. 일반적으로 화장품류가 블로그에서의 게릴라 마케팅이 잘 통하는 편이고 이 때문에 블로그에서 글을 읽고 쇼핑몰로 유입되는 경우가 많습니다.

다음은 카카오스토리, 페이스북에서 게릴라 마케팅 목적으로 작성한 예제입니다. 블로그가 아닌 SNS에 올리는 홍보글이므로 해시태그를 삽입해야 합니다.

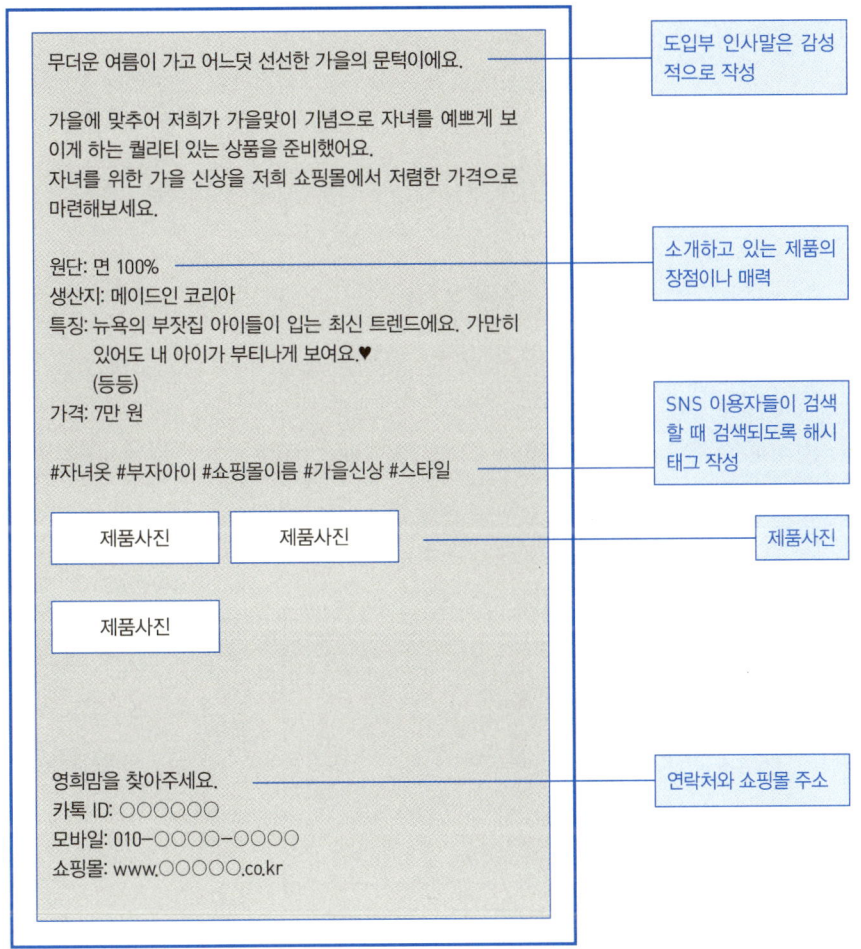

이번 예제도 카카오스토리나 페이스북에서 게릴라 홍보 목적으로 작성한 예제입니다.

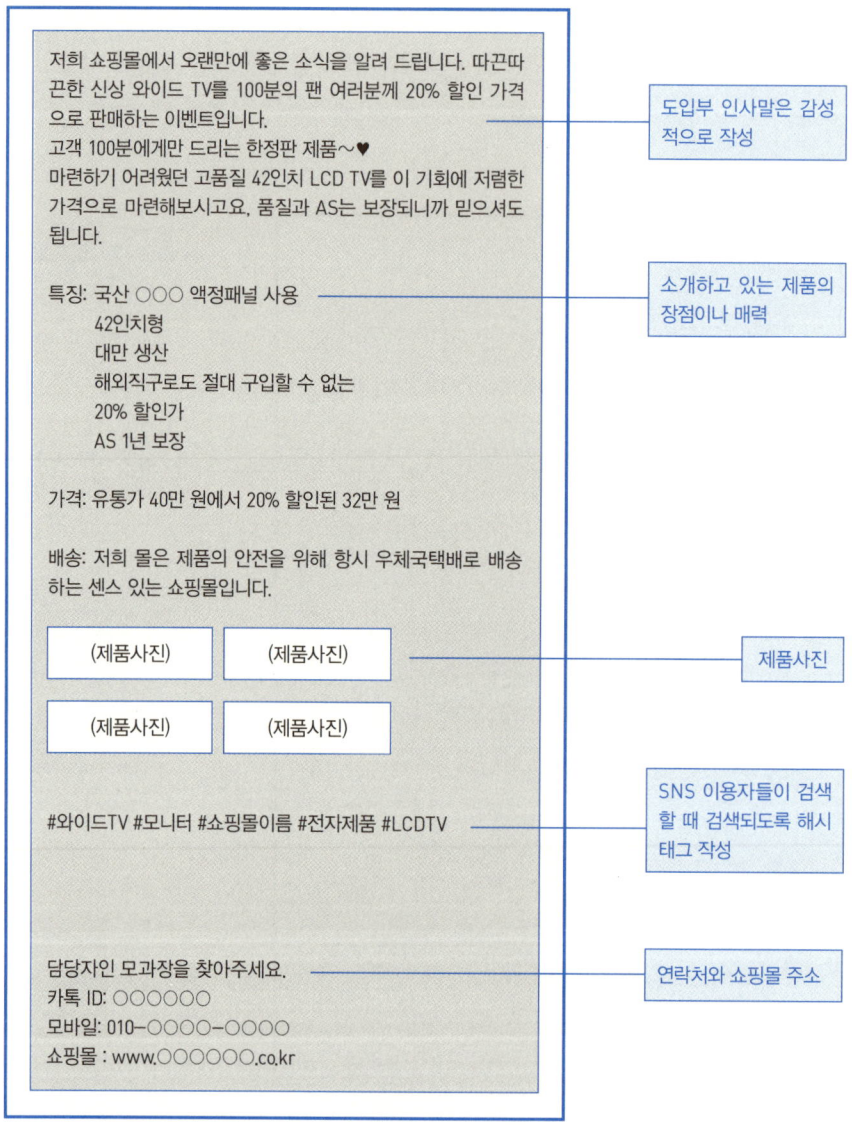

페이스북에서의 유료광고 시작하기
– 페이스북 유료광고의 특징

페이스북 게릴라 마케팅은 광고비를 쓰지 않고 순전히 콘텐츠의 매력이나 품질로 판매를 유도하는 전략입니다. 이것이 어려우면 페이스북 유료광고를 하는 것이 좋습니다.

페이스북 유료광고란 페이스북 안에서 타기팅으로 설정된 이용자들에게 광고 이미지를 노출하는 상품입니다. 포털 사이트의 검색광고보다 광고비가 저렴하고 광고 타기팅이 용이하므로 국내는 물론 해외에서도 페이스북 광고가 인기를 얻고 있습니다.

1 : 광고 대상을 적절하게 타기팅할 수 있는 페이스북 광고

10억 명 이상의 사람들이 페이스북을 통해 서로 교류하고 있습니다. 위치, 연령 등 다양한 타기팅으로 광고주의 상품을 좋아할 만한 지역, 연령대 고객에게만 광고를 노출할 수 있습니다. 타기팅은 광고주 본인이 직접 설정합니다.

2 : PC와 모바일 모두에 노출되는 페이스북 광고

페이스북 유료광고는 PC와 모바일 양쪽에 노출할 수 있을 뿐 아니라 두 기기 중 하나를 선택해 노출할 수 있습니다.

3 : 광고주가 직접 설정하는 페이스북 광고

페이스북은 광고주가 직접 광고예산, 광고기간, 타기팅을 설정합니다. 설정된 예산 범위를 넘으면 광고 노출이 중단되므로 예산 관리에 용이합니다. 광고요금 결제는 광고주가 등록한 계좌를 통해 인출됩니다.

4 : 광고의 효율적인 도달

온라인 광고 대부분은 목표한 대상의 단지 30%에게만 도달합니다. 페이스북 자료에 의하면 페이스북 광고는 평균 90%의 대상에게 도달합니다.

페이스북 광고는 팬이 아닌 사람들에게도 도달하므로 신규 팬을 만드는 수단으로도 좋습니다.

5 : 다국어, 다국가 타기팅 가능

페이스북 광고는 영어, 한국어, 일본어, 중국어(번체), 중국어(간체), 독일어, 프랑스어, 스페인어, 이탈리아어, 포르투갈어 등 다국적 언어로 광고할 수 있고 특정 언어권에만 노출할 수 있는 타기팅 설정이 가능합니다. 브라질에서의 판매 촉진을 원하는 기업이라면 타기팅된 브라질 언어권이나 브라질 국가의 페이스북 이용자들에게만 광고를 노출할 수 있습니다.

20 SECTION

페이스북 유료광고 시작하기
– 페이스북 유료광고상품별 사용해보기

페이스북에서 유료광고를 설정하는 방법을 알아봅니다.

페이스북의 유료광고상품은 아래처럼 아홉 가지 상품이 있습니다. 쇼핑몰 업자라면 자신의 페이지를 광고하여 업체의 팬을 늘리는 상품, 웹사이트를 홍보하여 쇼핑몰로 유입시키는 광고가 좋습니다.

광고상품 종류	내용
페이지 홍보광고	쇼핑몰 업자에게 필요한 광고. 업체의 페이지를 페이스북 이용자들에게 홍보하여 업체의 팬으로 만드는 광고입니다.
게시물 홍보광고	특정 게시물(상품소개나 이벤트 소식)을 페이스북 이용자에게 소개하는 광고입니다.
웹사이트 홍보광고	쇼핑몰 업자에게 필요한 광고. 웹사이트(쇼핑몰)로 유입되는 이용자 수를 늘리는 광고입니다.
웹사이트 전환광고	뉴스레터 등을 받도록 유도하는 광고입니다.
앱 설치 홍보광고	앱의 설치를 유도하는 광고입니다.
앱 참여 홍보광고	앱의 사용을 유도하는 광고입니다.
이벤트 홍보광고	업체가 개인이 개최하는 특정 이벤트나 세미나, 오픈 행사, 모임의 참여를 유도하는 광고입니다.
쿠폰 홍보광고	쿠폰 판매량 등을 높이는 광고입니다.
동영상 홍보광고	동영상 조회 수를 높이는 광고입니다.

1 : 페이스북에서 쇼핑몰로 연결하는 광고상품

01 업체 페이스북을 정상대로 만들었다고 가정하고, 이제 페이스북 내에서 쇼핑몰로 연결하는 광고상품을 사용해보겠습니다.
'정보' 패널에 있는 '홍보하기' 버튼을 클릭합니다.

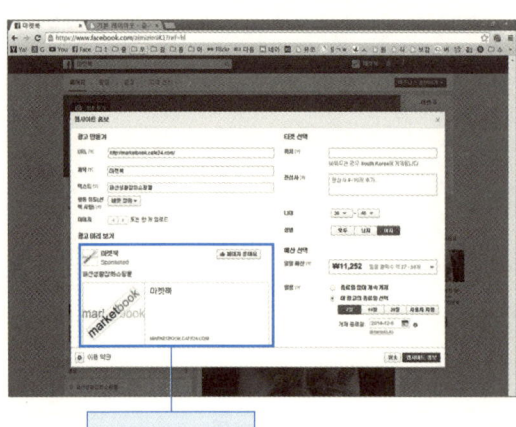

02 그림과 같이 광고 설정창이 실행됩니다.
'광고 미리보기' 창은 페이스북에서 광고가 어떤 모양으로 보일 것인지 미리 확인하는 창입니다.

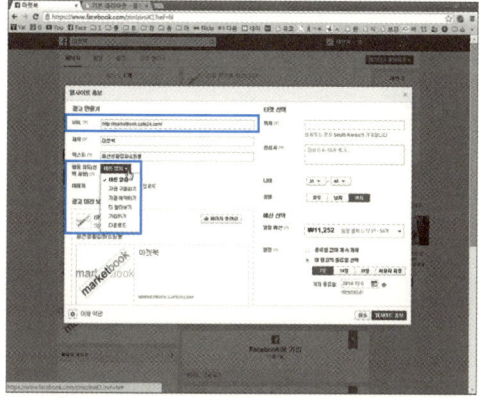

03 'URL' 옵션에서 광고를 본 사람이 클릭했을 때 접속될 자신의 쇼핑몰 주소를 입력합니다.
'행동 유도' 옵션에서 유도하고 싶은 행동을 선택합니다.

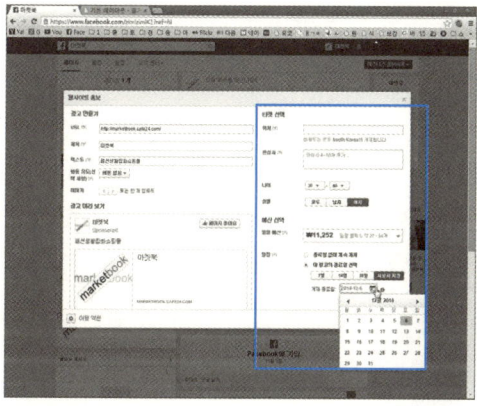

04 타깃 선택에서 타기팅 옵션을 설정할 때 '위치' 타기팅은 대한민국을 선택합니다.
'관심사' 타기팅은 특정 분야에 관심 있는 사람들에게 노출할 때 관심사에 해당하는 단어를 추가하는 기능입니다. 쇼핑몰에서 판매하는 제품이 전자제품이면 '전자제품' 등의 관심사를 추가할 수 있습니다.

그 뒤 타기팅 대상의 나이, 성별을 설정하고 일일 예산을 선택합니다. 1일 예산이 1만 1,252원이면 1일 클릭 수가 27~54회로 추정됩니다.

마지막으로 광고게재 기간을 설정합니다. 1일 예산을 1만 1,252원으로 설정한 뒤 7일간 게재하면 총 7만 8,764원의 광고비가 들어가고, 이 광고비는 업체의 페이스북 페이지를 만들 때 등록했던 자신의 신용카드나 직불카드 계좌를 통해 지불됩니다.

광고 게재 후 쇼핑몰 방문객 수를 확인해본 뒤 비용대비 효과가 없으면 타기팅 설정이 잘못된 것일 수도 있으므로 판매하는 제품 속성에 맞도록 타기팅 전략을 다시 세우기 바랍니다.

2 : 페이스북에서 쇼핑몰 상품의 구매를 유도하기

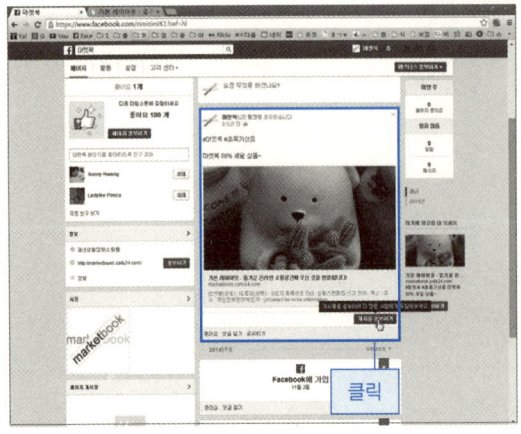

01 앞의 광고는 업체 페이지를 표지로 사용한 광고입니다. 이번에는 업체가 올린 상품 사진을 표지로 해서 해당 상품의 구매를 유도하는 광고를 만들어 봅니다.

먼저 전략적으로 판매하고 싶은 상품을 업체의 페이스북 페이지에 게시물로 올립니다.

해당 게시물에 있는 '게시물 홍보하기' 버튼을 클릭합니다.

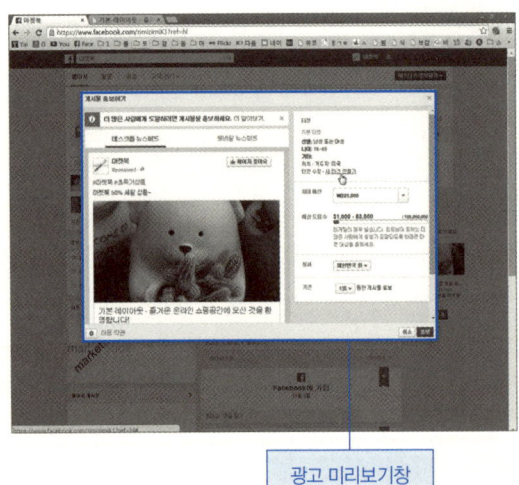

광고 미리보기창

02 그림과 같이 광고 설정창이 실행됩니다.

'광고 미리보기' 창은 페이스북에서 광고가 어떤 모양으로 보일 것인지 미리 확인하는 기능으로 모바일에서 보이는 모양도 확인할 수 있습니다.

먼저 광고 타기팅 설정을 하기 위해 '타기팅 만들기' 버튼을 클릭합니다.

03 광고에 관심 없는 사람들에게 노출되면 효과가 없으므로 판매하려는 상품에 맞는 나이대를 분석해 타기팅 설정을 해야 합니다.
그림과 같이 위치, 나이, 성별, 관심사 옵션에서 타기팅을 설정합니다. 판매하려는 제품의 성향에 맞게 적절히 설정합니다.

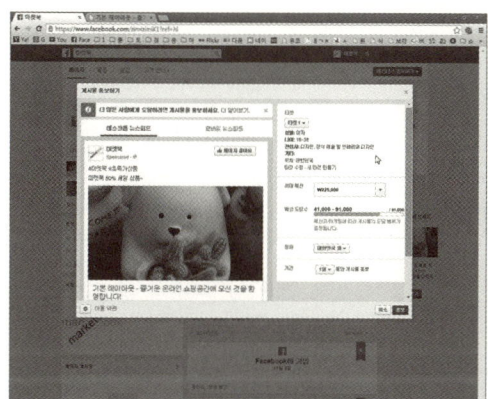

04 여기서 판매하려는 제품은 디자인이 예쁜 도기인형이므로 디자인 제품을 좋아하는 사람들에 맞게 타기팅했습니다.

05 이제 최대 광고예산을 설정합니다. 설정한 예산에 맞게 광고가 페이스북 이용자들에게 노출됩니다. 소자본 창업자라면 어쩔 수 없이 아마 소액 예산으로 광고할 것입니다.

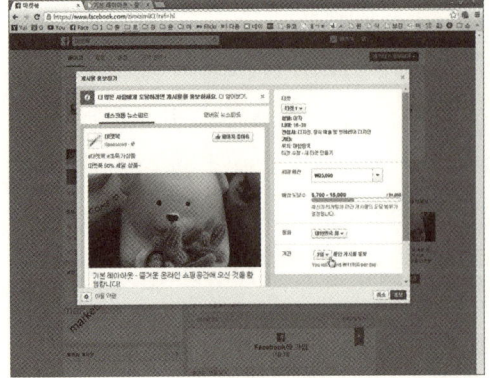

06 광고가 노출될 기간을 설정합니다. 이 광고상품은 총예산을 설정한 뒤 기간을 설정하면 그 기간에 총예산이 맞도록 광고가 분산되어 노출되는 상품입니다. 그래서 노출기간을 늘려도 총예산이 늘어나지는 않습니다.

여기서는 노출기간을 이틀로 설정하고 '홍보' 버튼을 눌러 광고를 시작했습니다.

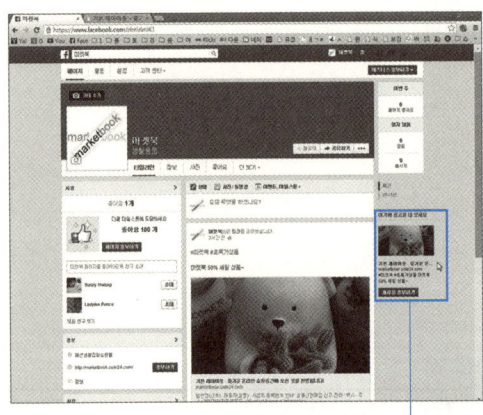

PC로 페이스북에 접속한 이용자들에게 광고가 노출되는 위치

07 페이스북에서 광고설정을 하면 그림처럼 타기팅된 이용자의 페이스북 화면 오른쪽에 광고가 노출됩니다.

이 노출 위치는 PC로 접속한 사람들 기준이며 스마트폰으로 접속한 사람들에겐 광고의 노출 위치가 다릅니다.

21 SECTION
페이스북 유료광고로 팬 늘리기 – 팬 늘리기 광고

페이스북에서 게릴라 홍보가 잘되게 하려면 팬 수를 늘려야 합니다. 그만큼 업체의 신상품 정보나 이벤트 소식을 받아 읽는 사람이 많아지므로 저절로 바이럴 마케팅이 됩니다.

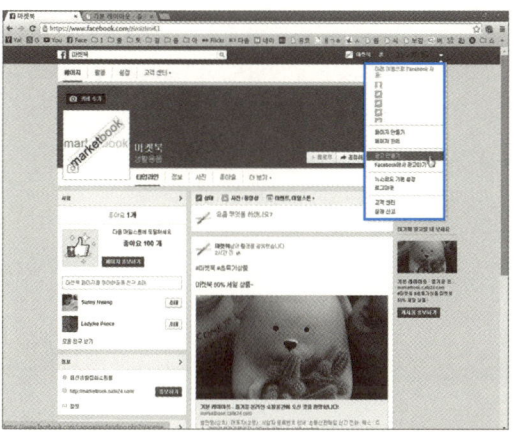

01 페이스북에서 팬이란 '좋아요' 버튼을 누른 사람들입니다. '좋아요' 버튼을 누른 사람들은 업체가 올린 게시글을 받아 읽는 사람들입니다.
자신의 업체 페이스북에서 역삼각형 메뉴 버튼을 클릭한 뒤 '광고 만들기' 메뉴를 실행합니다.

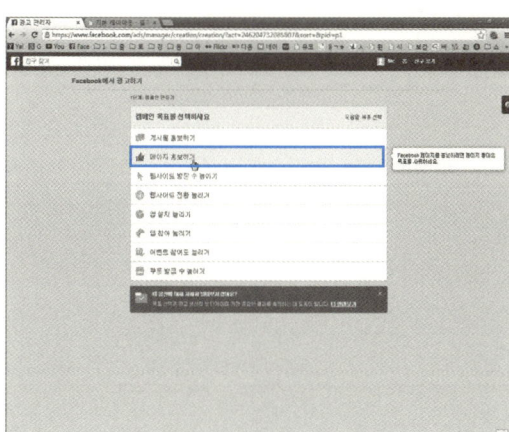

02 '페이지 홍보하기' 메뉴를 선택합니다. 업체 페이지에 있는 '좋아요' 버튼을 클릭하도록 유도하는 광고상품입니다.

그림과 같이 설정하고 광고를 내보내면 광고를 본 페이스북 이용자 중 이 업체에 관심 있는 사람들이 방문하여 '좋아요' 버튼을 누르게 됩니다.

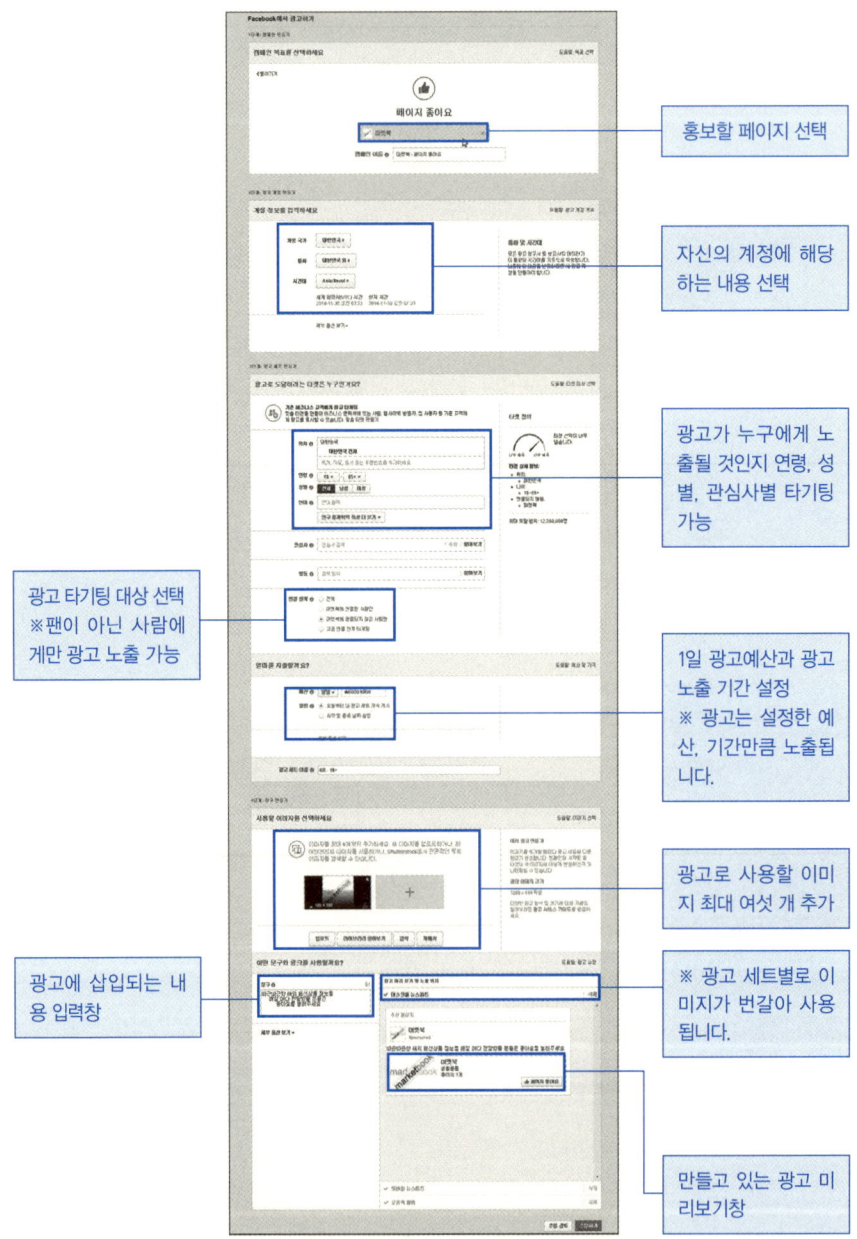

동영상으로 상품 홍보하기
– 동영상 광고물 제작 요령

상품을 동영상으로 홍보하려면 기본적으로 유튜브 계정을 만든 뒤 상품 홍보 동영상을 올리고 페이스북, 트위터, 블로그에 링크하면 동영상 홍보가 가능합니다.

1 : 동영상 광고의 길이는 딱 15초 분량이 좋다

동영상 광고의 길이가 15초 분량이 좋은 이유는 모바일 사용자들을 위한 배려 때문입니다. 아무리 좋은 상품이라 해도 모바일로 접속한 사용자들은 한 시간짜리 홍보 영상을 클릭하지는 않습니다. 모바일 사용자들은 월간 다운로드에 한도가 있기 때문에 동영상 길이가 길면 요금 폭탄을 피하기 위해 클릭하지 않는 것입니다. 그러므로 접속한 사람들이 모두 동영상 광고를 클릭하게 하려면 15초 분량이 좋으며, 이 15초 동안 광고 효과를 배가하려면 배경음악(사운드)을 잘 선택해야 합니다.

2 : 동영상 광고는 유튜브를 본부로 하여 올린다

제작한 15초 분량 동영상을 사람들에게 노출하려면 유튜브 혹은 페이스북에 올리기 바랍니다. 기본적으로 유튜브에 올리는 것이 가장 좋은데 그 이유는 유튜브에서 페이스북이나 트위터로 공유할 수 있는 기능을 제공하기 때문입니다. 페이스북에 공유한 동영상은 블로그에 공유할 수 있으므로 일단 유튜브에 올리면 사용자의 설정에 따라 페이스북, 블로그에도 공유가 가능하고 링크를 따오면 카카오스토리에도 공유할 수 있습니다.

이렇게 올린 동영상은 팬들만 보므로 가급적 모든 SNS에 동영상을 링크시켜 누군가 한 명이라도 더 보도록 하는 것이 좋습니다.

3 : 동영상 제작은 무엇으로 할까?

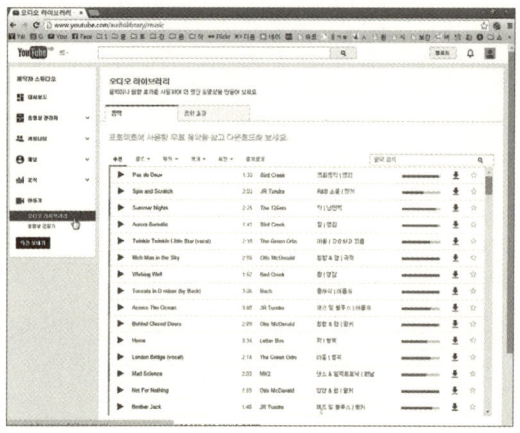

유튜브의 제작자 스튜디오에서 지원하는 동영상 삽입용 무료 음원들

동영상 제작은 베가스, 프리미어 등의 동영상 전문 편집 프로그램으로 제작하는 방법과 유튜브 상에서 제공하는 간단한 편집 기능으로 제작할 수 있습니다.
유튜브 상에서 제공하는 동영상 편집 기능에는 무료로 사용할 수 있는 배경음악이 있으므로 배경음악을 삽입하는 면에서도 용이합니다.

　동영상 홍보광고 제작 시 주의할 점은 저작권 침해 여부입니다. 동영상은 반드시 자신이 촬영한 것이 좋으며, 배경음악 역시 저작권에 문제가 없는 음원을 사용하기 바랍니다.

동영상 광고의 예제

이번 원고를 준비하면서 주의 깊게 본 동영상 광고 예제입니다.

미국 DC 엔터테인먼트라는 만화 관련 회사에서 출시 예정 중인 배트걸 피규어 홍보 영상입니다. 이 피규어 상품은 2015년 가을 출시 예정입니다. 동영상은 1분 20초 분량인데 일단 사운드가 제품의 성격과 잘 맞고 귀에 쏙 들어옵니다.

유튜브로 접속한 뒤 'Black and White Batgirl Statue'로 검색하면 이 동영상을 확인할 수 있습니다.

회전판 위에 배트걸 피규어를 올려놓고 천천히 회전시키면서 찍은 동영상입니다. 일반 개인업자도 디카로 충분히 촬영할 수 있는 영상입니다.

제품 구매 타깃인 젊은층 취향에 맞는 신 나는 배경음악을 사용했습니다.

취급하는 모든 상품을 동영상으로 찍어 홍보하는 것은 솔직히 개인업자가 할 수 없는 작업입니다. 그러므로 대표상품과 특가상품 등의 주력 상품 위주로 이따금 동영상 홍보물을 제작하는 것이 좋은 전략일 것입니다. 제품의 매력을 최대한 부각한 뒤 홈쇼핑이 아니라 유튜브, 페이스북, 쇼핑몰 게시판을 통해 송출(홍보)해보자는 전략입니다. 초기에는 동영상을 보는 사람이 100명이 안 되기 때문에 실망할 수도 있지만 팬이 많아지면 언젠가는 1천 명, 1만 명이 보는 동영상이 될 수도 있습니다.

동영상 촬영 테크닉을 고급으로 높여주는
– 멋진 사진, 멋진 동영상을 위한 액션 모듈

쇼핑몰용 멋진 사진이나 멋진 동영상을 촬영하고 싶다면 '액션 모듈'이라는 제품을 사용해보는 것도 좋은 생각입니다.

액션 모듈(Action Module)은 카메라를 액션 모듈이라는 장치에 부착한 뒤 카메라를 좌우로 천천히 움직이게 하면서 촬영하는 지미짚 비슷한 촬영보조장치입니다. 지미짚은 일반적으로 수작업으로 작동시키지만 액션 모듈은 좌우 구간을 자동으로 움직이게 하는 장치입니다. 카메라가 미세하게 구간을 변경하면서 움직일 때 리모컨을 눌러 사진을 찍을 수 있으므로 미세한 위치 변화를 주면서 피사체를 찍을 때 유용합니다. 이를 연속으로 촬영한 뒤 동영상으로 묶으면 카메라 자신이 조금씩 움직이면서 피사체를 찍고 있는 애니메이션 느낌의 동영상이 만들어집니다.

액션 모듈의 사용 방법과 촬영 결과물은 유튜브에서 'Action Module Introduction Video'로 검색하면 확인할 수 있습니다.

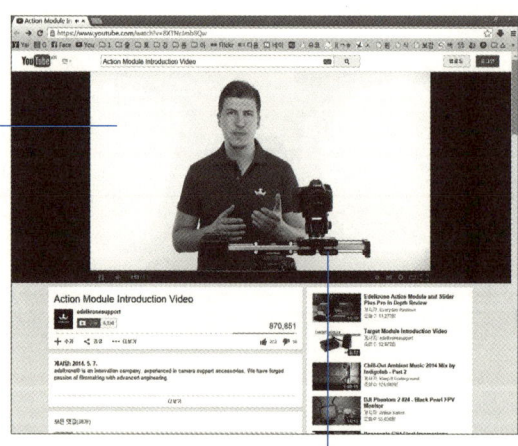

유튜브의 액션 모듈 개발업자의 시연 동영상입니다.

카메라를 설치한 뒤 좌우 움직일 방향을 세팅하면 카메라가 설정한 세팅값으로 무빙합니다.

게릴라 마케팅의 끝판 대장 E-메일 마케팅 시작하기
– 세계 페이스북 사용자의 3배가 E-메일 사용자

E-메일 마케팅은 여전히 효력이 높습니다. SNS 사용인구가 폭발적으로 늘어났지만, SNS에 관심 없는 사용자들은 지금도 E-메일을 인터넷에서의 교류 수단으로 사용합니다.

1 : E-메일 마케팅과 SNS 마케팅 비교

SNS 마케팅	SNS 마케팅의 특징 – 신규 고객을 팬으로 발굴하는 목적으로 진행 – 신규 고객을 자신의 쇼핑몰로 유인할 목적으로 진행 – 신규 및 고정 팬들에게 신제품 소식을 신속하게 내보내는 목적으로 진행 – SNS 내에서 제품을 검색하는 사람들에게 자사 제품을 노출할 목적으로 진행 – E-메일 마케팅으로 할 수 없는 동영상 마케팅을 할 때 유리 – 신상품이나 이벤트에 대한 소문을 빠르게 확산시킬 목적으로 좋음.
	SNS 마케팅의 대상 – 페이스북 이용자(SNS 서비스 세계 1위) – 카카오스토리 이용자(SNS 서비스 국내 1위) – 블로그 이용자 – 트위터 이용자 – 유튜브 이용자
E-메일 마케팅	E-메일 마케팅 장단점 – 광고가 E-메일 명단에 등록된 모든 대상에게 99% 도달 – 홍보 E-메일을 오픈하는 비율이 20~30%일 정도로 효과적 – 개개별 이용자들에게 정확하게 신상품 소식을 도달하게 할 때 유용 – 자신의 쇼핑몰에 가입한 고객에게서 합법적으로 얻은 E-메일에 한해 발송 – 불법적으로 다수의 E-메일 주소를 금품을 주고 확보하면 법적인 문제가 발생할 수 있으므로 주의 요망 – E-메일 홍보 대행업체를 통해 발송 가능 ※ E-메일 리스트가 없는 상태에서 제품의 개당 단가가 10만 원 이상이라면, 대행업체를 통해 E-메일 마케팅을 시도할 만합니다.
	E-메일 마케팅 발송 방법 – 자신의 쇼핑몰 관리자 메뉴에서 대량 메일 발송 기능 사용 – 포털 사이트의 E-메일 메뉴에서 대량 메일 발송 기능 사용 – E-메일 홍보업체에 의뢰해 발송

2 : 쇼핑몰 메뉴에서 E-메일 마케팅 하는 방법

카페24 무료 쇼핑몰을 기준으로 대량 메일 발송 메뉴를 알아봅니다.

자신의 카페24 무료 쇼핑몰로 로그인한 뒤 '쇼핑몰 관리자' 화면으로 이동합니다.

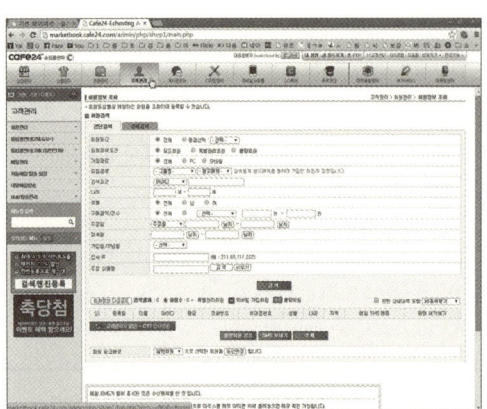

'고객관리'→'회원관리' 메뉴에 자신의 쇼핑몰 회원 정보가 있습니다. E-메일 주소도 함께 있으므로 이들을 대상으로 대량 메일을 보낼 수 있습니다.

대량 메일을 보내려면 '고객관리'→'대량 메일' 메뉴를 선택합니다.
대량 메일 발송 기능은 카페24의 수익원이므로 1통당 1원의 이용료가 붙습니다.
만일 1,000명의 고객회원에게 대량 메일을 발송한다면 1,000원의 이용료가 부가될 것입니다.

카페24 무료 쇼핑몰은 물론 여러 쇼핑몰에 대량 메일 발송 기능이 있습니다. 대량 메일 발송 기능이 없는 쇼핑몰 운영자는 다음, 네이버의 대량 메일 발송 기능을 사용하기 바랍니다. 대량 메일 발송 기능은 일반적으로 유료이므로 발송비 및 지원되는 옵션을 비교한 후 좋은 업체를 선택하기 바랍니다.

24 E-메일 마케팅 효과 미리 알아보기
– 홍보 메일은 누가 읽으며, 메일을 열어볼 확률은?

다음은 E-메일 마케팅으로 주당 1회 대량발송 시의 효과입니다.

필자가 인용한 이 자료는 외국 업체의 자료이므로 국내 통계와 다를 수도 있습니다. E-메일을 받을 사람을 정확하게 타기팅한 경우라면 아래보다 더 좋은 효과를 얻을 수 있을 것입니다. 예를 들어 남성용 홍보광고를 여성 유저에게 발송하면 발송 효과가 없을 것입니다.

홍보 E-메일을 읽을 확률(외국 통계)
20~30%

↓

홍보 E-메일을 읽고 쇼핑몰로 유입되는 비율(외국 통계)
3~5%

E-메일 발송 후 어느 누군가가 1개월 이상 수신하지 않고 있다면 그 사람은 자신의 E-메일 주소를 새로 변경한 사람이므로 발송 목록에서 삭제해도 무방합니다.

이번에는 홍보 E-메일을 받은 유저가 E-메일을 읽는 비율을 업종별로 알아보겠습니다.

업종별 홍보 E-메일을 읽는 비율(외국 통계)		
스포츠 관련 마케팅	25~30%	주로 스포츠 팀 홍보 E-메일
비영리 홍보 자료	25%	주로 자선단체 E-메일
소매업 마케팅	22%	대기업, 중소기업, 쇼핑몰 소매업자 E-메일
레스토랑 마케팅	24%	식당의 이벤트, 홍보 E-메일 등
채용, 여행 관련 마케팅	20%	기업의 채용 소식, 여행업체 E-메일
비타민 영양제 마케팅	18%	의약, 건강식품 판매업 E-메일
부동산, 정치 마케팅	22%	부동산 거래, 정치인 E-메일
사진, 비디오 관련	24%	예술업, 아트 관련 E-메일

※ 같은 소식을 주당 2회 발송할 경우 E-메일을 읽을 확률이 떨어지고 스팸 메일로 오인되니 유념하기 바랍니다. 보통의 E-메일 마케팅은 주 1회, 혹은 2주 1회가 좋습니다. 또한 같은 내용이 아닌 새 내용으로 업데이트하여 보내는 것이 같은 내용을 계속 보내는 것보다 읽어볼 확률이 높습니다.

근착 연구에 의하면 미국의 SNS 마케팅은 아직 E-메일 마케팅에 비해 효율성이 떨어진다는 결과가 있습니다.
국내는 인터넷 사용자가 모바일 SNS 사용자로 크게 재편되는 과정이므로 SNS 마케팅이 E-메일 마케팅 이상의 효과가 있을 것으로 추정됩니다.

E-메일 마케팅의 비밀
– 인터넷 홍보 메일 응답률을 높이는 5가지 팁

홍보 E-메일이 쏟아지면서 메일을 읽지 않고 무시하는 사람이 많아지고 있습니다. 효과적으로 응답률을 높일 수 있는 다섯 가지 팁을 알아봅니다.

1 : 홍보 메일은 주말에 보낸다

일반적으로 주초인 월요일, 화요일, 수요일에 보내는 홍보 메일은 응답률이 낮고 무시되는 경향이 높습니다. 월, 화, 수요일은 자신의 업무 메일을 읽기도 바쁘기 때문입니다. 따라서 홍보 메일은 주말을 앞두고 보내는 것이 응답률을 높이는 방법이라고 합니다. 주말에는 읽어야 할 업무 메일이 없으므로 심심풀이 삼아 홍보 메일을 읽을 확률이 높다고 통계가 알려줍니다. 또한 일반 직장인들은 잠에서 깨어난 시간과 취침 전 저녁 시간에 습관적으로 E-메일을 체크하는 버릇이 있습니다. 즉, 아침 시간과 저녁 시간 전후에 홍보 메일이 도착하도록 하면 응답률도 높은 편이라고 합니다.

2 : 맞춤법을 잘 지킨다

홍보 메일을 작성할 때는 맞춤법을 지키는 것이 중요합니다. 또한 은어와 이모티콘의 사용을 자제합니다. 오타 없고 격식을 잘 차린 홍보 메일은 응답률을 높일 수 있기 때문입니다.

3 : 여러 사람이 수신자임이 드러나지 않게 한다

홍보 메일을 보낼 때 여러 사람에게 동시에 보내면 받는 사람 항목에 E-메일을 수신하는 ID가 모두 표시됩니다. 수신자가 여러 명이라는 것이 눈에 보이면 자신이 헐값으로 취급받았다는 느낌을 받습니다. 즉, 복수의 수신자가 표시된 E-메일은 받는 사람 입장에서 볼때 감정 상하는 결례입니다. 가급적 수신자 한 명만 표시된 E-메일이 고객의 가치를 높여주고 동시에 응답률도 높일 수 있는 지름길입니다.

4 : 홍보 메일의 제목 길이, 제목에서 홍보 메일임을 알려도 상관없다

홍보 메일을 무시하는 사람들이 많아지자 아예 짧은 제목으로 정체를 알 수 없게 하여 클릭을 유도하는 스팸메일이 늘어나고 있습니다. 그런데 홍보 메일은 제목 길이가 길어도 상관없습니다. 예컨대 '한스미디어에서 보내는 신상품 정보입니다'라는 제목은 합리적이고 근사합니다. 그런 제목의 메일을 클릭한 사람은 십중팔구 그 회사 제품에 관심이 있다는 뜻입니다. 긴 제목이라 해도 합리적인 제목이면 읽을 확률이 높고, 짧은 제목이지만 뜻이 모호한 제목의 E-메일은 읽지 않고 삭제된다는 점을 유념하기 바랍니다.

5 : 응답이 오면 후속 편지를 하루 안에 보내라

메일을 읽고 답변이 왔거나 쇼핑몰을 방문해 가입한 정황이 있으면 가입자에게 환영 인사와 함께 후속 제품소개 메일을 하루 안에 보내십시오. 바로 매출로 이어질 확률이 높습니다.

홍보 메일 작성 요령
– 레고의 전설적인 홍보 메일을 참고하자

한 외신에서 레고의 전설적인 홍보 메일을 기사화했습니다. 이 편지는 약 40년 전쯤 레고 마케팅 부서의 어느 직원이 고객에게 보낸 것이라고 합니다.

부모님들 귀하

상상력의 힘은 남아이건 여아이건 모든 아이에게 같습니다.

수를 세는 것은 기술이 아니라 상상력이기 때문입니다.

아이들의 머리에 들어 있는 상상력이 무엇이건, 아이들이 원하는 방식으로 만들 수 있습니다. 그것이 침대이건 트럭이건, 인형의 집이건, 우주선이건 아이들은 상상하는 대로 만들 수 있습니다.

소년들은 우주선보다 더 인간적이므로 인형의 집에 열광합니다.
소녀들은 인형의 집보다 더 흥미로워서 우주선 장난감에 열광합니다.

중요한 것은 양질의 완구를 자녀의 손에 쥐여준 뒤 가만히 지켜보는 것입니다. 자녀가 만든 그것은 자녀의 상상력이 만들어낸 것이기 때문입니다.

 위 홍보 메일은 일부 내용을 한국식 감성에 맞게 조금 각색했습니다.

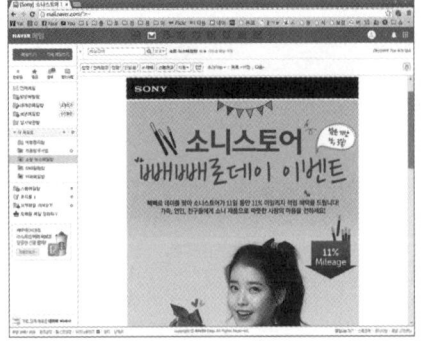
소니스토어 이벤트 홍보 메일

일본 큐텐 쇼핑몰 신상품 홍보 메일

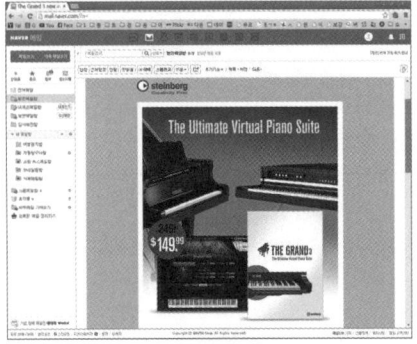
스타인버그 소프트웨어 할인 홍보 메일

교보문고 이벤트 홍보 메일

에스케이 주유소 포인트 홍보 메일

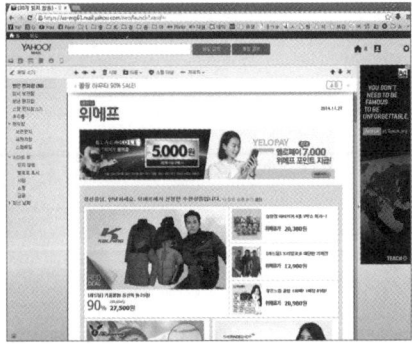
위메프 쇼핑몰 신상품 홍보 메일

SPECIAL TIP

유명 쇼핑몰 분석하기
– 앤트로폴로지(www.anthropologie.com)

앤트로폴로지는 미국 펜실베이니아 필라델피아에 본사가 있는 URBN 주식회사의 여성의류 소매 전문업체입니다. 리처드 헤인(Richard Hayne)에 의해 1992년 펜실베이니아에 1호 매장을 낸 후 여성복, 여성신발, 장신구, 가구, 주방용품, 그릇, 인테리어 용품, DIY, 웨딩 등의 여성 취향의 귀여운 상품들을 30여 명의 디자이너와 함께 제휴 개발 판매합니다. 흔히 말해 여성 취향 상품을 전문으로 판매하는 부티크 매장(고급 멀티숍)의 일종이며 현재 175여개 오프라인 매장과 온라인 쇼핑몰을 운영하고 있습니다. 취급하는 상품은 1만 원대의 장신구부터 5~20만 원대의 중저가 의류, 10~20만 원대의 부츠 등이 있습니다. 쉽게 생각하면 대학을 졸업한 중산층 대상의 중저가 도시형 보헤미안 스타일의 상품을 취급한다고 할 수 있습니다. 국내에서 여성 전문 소호 쇼핑몰을 창업할 때 참조해볼 만합니다.

앤트로폴로지 홈페이지

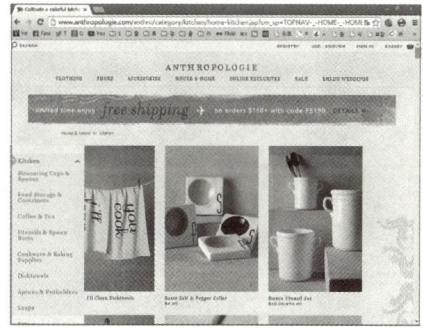
앤트로폴로지 상품들

부티크 관련 상품을 취급한다면 오프라인 쇼핑몰에서 성공한 후 즉시 도심 요충지에 부티크 매장을 내어 사업능력을 확장하는 것이 좋습니다.

유명 쇼핑몰 분석하기
– 칸투칸(www.kantukan.co.kr)

아웃도어 붐이 한창일 때 신화같이 등장한 업체가 칸투칸입니다. 2005년 창업자 한영란, 이병철에 의해 창업된 칸투칸은 당시 고가의 외산 아웃도어를 대신해 합리적인 가격을 장점으로 내세워 창업된 국산 브랜드입니다. 이때 칸투칸은 직원을 광고모델로 등장시켜 홍보했는데 이것이 큰 히트를 칩니다. 아마 등산에 관심 있는 분이라면 칸투칸 직원들이 국내 유명산을 오르는 인터넷 광고를 자주 봤을 것입니다. 등산을 좋아하는 사람이라면 충분히 공감할 수 있는 산행기 형태의 광고(소비자를 직접 만나는 마케팅)가 대박을 치면서 칸투칸은 이제 국내 아웃도어 상품의 거품 가격을 조절하는 소중한 업체가 되었습니다.

칸투칸의 초기 광고는 인터넷 광고 위주였습니다. 칸투칸의 직원들이 국내 유명산을 오르며 소비자를 직접 찾아가는 포맷의 광고는 당시 빅히트를 쳤습니다. 전국의 높은 산을 마다 않고 오르는 직원들의 애사심도 느낄 수 있었던 광고로 기억납니다.

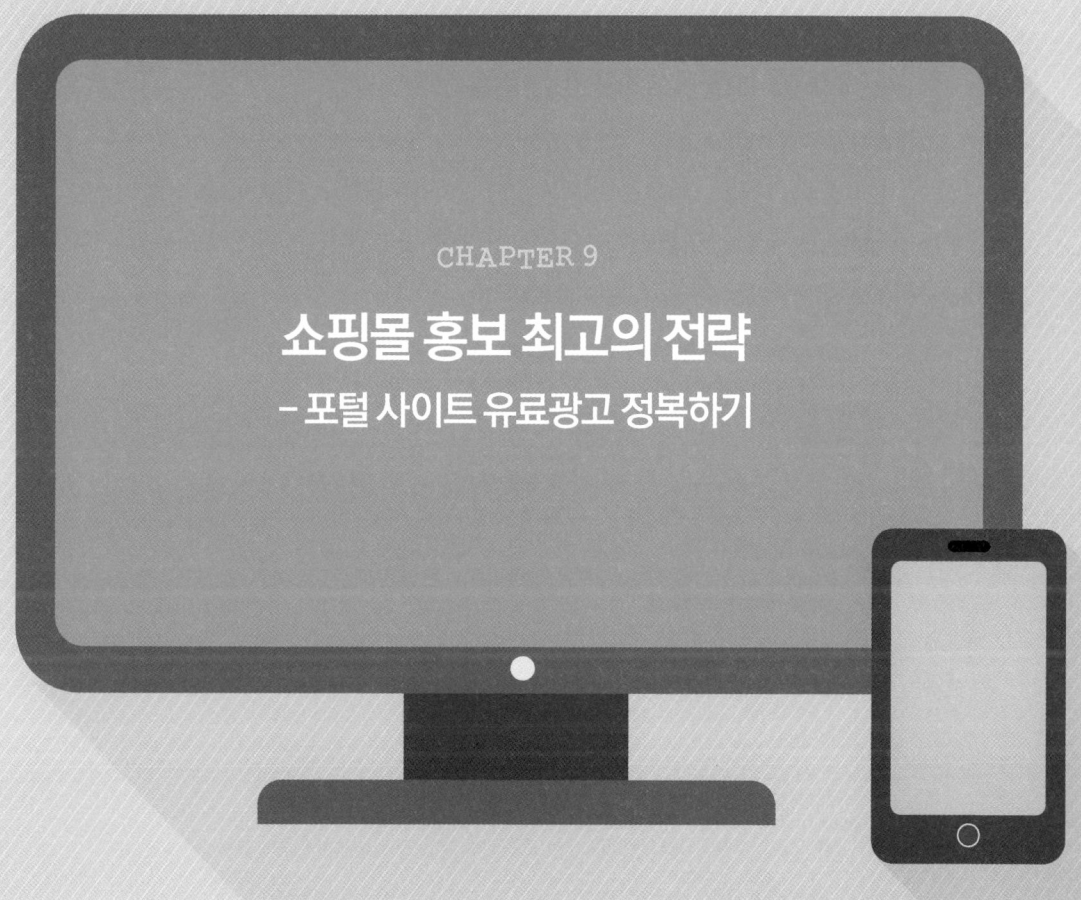

CHAPTER 9

쇼핑몰 홍보 최고의 전략
- 포털 사이트 유료광고 정복하기

쇼핑몰을 인터넷에서 검색되도록 등록하기
- 네이버, 다음, 구글에 쇼핑몰 이름 등록하기

검색 사이트의 유료광고를 사용하기에 앞서 검색 사이트에서 쇼핑몰을 검색했을 때 검색되도록 '검색등록'을 하는 방법을 알아봅니다. '검색등록'은 기본적으로 무료입니다.

1 : 구글에서 검색되도록 쇼핑몰 주소, 이름 등록하기
   - www.google.co.kr/add_url.html

구글에서 쇼핑몰 주소, 이름이 검색되도록 등록하려면 구글 검색 등록 센터인 www.google.co.kr/add_url.html로 접속하기 바랍니다. 그런 뒤 자신의 쇼핑몰 주소를 등록하면 구글에서 검색되도록 등록됩니다.

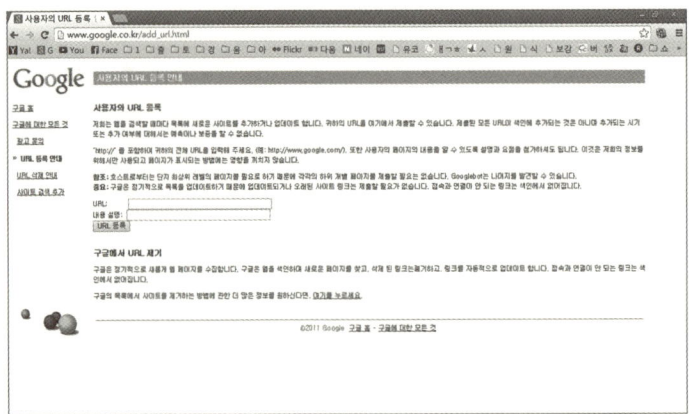

사이트 검색	1단계: 쇼핑몰 인터넷 주소(URL)만 입력
	2단계: 사이트 내용설명 입력. 사이트 특징을 잘 알 수 있는 요점 위주로 입력

※ 쇼핑몰 주소를 등록할 때는 'http://'를 포함하여 메인 화면 URL 주소를 입력해주세요.
※ 등록된 URL이 구글 검색 색인에 추가되는 시기는 구글이 보증하지 않습니다.
※ 검색결과에서 자신의 개인정보나 자필서명 등 민감한 개인정보가 있을 경우 구글에 요청해 검색결과에서 보이지 않도록 삭제할 수 있습니다. 자신의 개인정보나 사진은 SNS 등에 남아 있을 수 있으므로 구글이 완전한 삭제를 보증하지는 않습니다.

2 : 네이버에서 검색되도록 쇼핑몰 주소, 이름 등록하기

- submit.naver.com

쇼핑몰 주소를 네이버에서 검색되도록 등록하려면 네이버 검색 등록센터인 submit.naver.com로 접속하기 바랍니다. 그런 뒤 자신의 쇼핑몰 주소를 등록하면 7일 간 심사과정을 거친 뒤 네이버에서 검색되도록 등록됩니다.

네이버 검색등록에는 다음과 같이 네 가지 옵션이 있습니다.

사이트 검색	1단계: 쇼핑몰 인터넷 주소(URL), 대표전화 등록 2단계: 공통정보, 등록자 정보입력
사이트 검색 + 지도정보	1단계: URL, 대표 전화번호 모두 입력 2단계: 공통정보, 등록자 정보입력
지도정보	1단계: 대표 전화번호만 입력 2단계: 공통정보, 등록자 정보입력
모바일 주소	모바일 홈페이지 주소 등록

※ 쇼핑몰 주소 등록자는 사업자등록증, 통신판매신고증(간이과세자는 제외) 등을 추가 제출합니다.
※ 기업 블로그, SNS 주소 등록자는 해당 기업에서 운영한다는 사실을 입증할 수 있는 서류(사업자등록증 등)를 추가 제출합니다.
※ 등록 시 허위정보를 입력하거나 서류접수 미비일 경우 검색등록에서 불이익을 받을 수 있습니다.

3 : 다음에서 검색되도록 쇼핑몰 주소, 이름 등록하기
- register.search.daum.net/

쇼핑몰 주소를 다음에서 검색되도록 등록하려면 다음 검색 등록센터인 register.search.daum.net/으로 접속하기 바랍니다. 그런 뒤 자신의 쇼핑몰 주소를 등록하면 5일간 심사과정을 거친 뒤 다음에서 검색되도록 등록됩니다.

다음 검색등록 역시 다음과 같이 네 가지 옵션으로 등록할 수 있습니다.

사이트 검색	1단계: 쇼핑몰 인터넷 주소(URL)만 입력 2단계: 공통정보, 등록자정보, 사이트 상세정보 입력
사이트 검색 + 지도/지역정보	1단계: URL, 대표 전화번호 모두 입력 2단계: 공통정보, 등록자정보, 사이트 상세정보, 지역 상세정보 입력
지도/지역정보	1단계: 대표 전화번호만 입력 2단계: 공통정보, 등록자정보, 지역 상세정보
블로그	블로그 주소와 RSS 입력 ※다음과 협력관계인 Tistory, 싸이월드, 이글루스, yes24, 인터파크, Daum 블로그는 별도 등록하지 않아도 자동 검색됩니다.

※ 다음에서 이미 검색되는 사이트는 등록대상이 아니며 신규 인터넷 주소에 한해 등록 가능합니다.
※ 쇼핑몰, 기업체의 인터넷 주소 등록 시에는 사이트 내에 표시된 계좌번호나 사업자등록번호가 실제 사업자이어야 하며 거짓 사업자일 경우 인터넷 주소 검색에 등록할 수 없습니다.
※ 허위정보를 입력하거나 쇼핑몰에 표기된 내용이 허위일 경우 등록심사에서 보류됩니다.

SECTION 02 인터넷 유료검색광고 기초 배우기 – 인터넷 광고상품의 요금제

인터넷 유료광고를 구입하기 전 기본적으로 알아야 할 인터넷 유료광고 과금방식입니다.

다음은 일반적으로 많이 알려진 인터넷 유료광고상품의 과금방식입니다.

CPA 광고상품 (Cost Per Action)	광고 클릭으로 광고주의 쇼핑몰로 접속, 지정한 행동(회원가입, 결제)을 했을 때 광고료가 과금되는 방식
CPC 광고상품 (Cost Per Click)	클릭당 과금되는 방식. 광고 그림이나 광고 텍스트 문자를 클릭했을 때 입찰한 금액만큼 무조건 과금. 1,000원에 어떤 특정 검색어를 낙찰받았을 경우, 100번 클릭하면 10만 원이 과금. 또한 클릭한 만큼 과금되므로 광고예산을 목돈으로 준비하지 못한 사업자가 흔히 선택하는 광고상품. 비정상 클릭 문제가 발생할 수 있고, 클릭 대비 실판매가 잘 이루어지지 않지만 검색 결과 상대적으로 상위에 노출하려면 이 광고가 유용
CPI 광고상품 (Cost Per Install)	앱 광고에서 볼 수 있는 광고상품. 모바일 앱을 설치했을 때 과금하는 방식. 비보상형 CPI 방식을 권장
CPM 광고상품 (Cost Per Mile)	광고가 1,000회 노출되었을 때 과금하는 방식. 포털 사이트에서는 시간당 몇백만 회가 노출될 수 있으므로 주의를 요함. 일반적으로 1,000번 노출이라고 지정하지 않고 계약된 예산과 맞는 횟수로 노출되면(광고가 노출되는 사이트 규정에 맞는 횟수로 노출되면) 광고노출이 중단되고 과금함.
CPP 광고상품 (Cost Per Peroid)	광고 노출 기간을 설정하고 광고비를 낙찰받아 진행하는 방식. 클릭 수와 관계없이 노출 기간으로 광고비 책정. 쇼핑몰 창업자에게 일반적으로 권장하지만 포털 사이트나 오픈마켓의 메인 화면에 노출할 때는 막대한 예산이 필요하므로 보통 서브 카테고리나 인기 커뮤니티 사이트에 노출할 것을 권장
CPS 광고상품 (Cost Per Sale)	실제 판매가 확인되었을 때 과금되는 방식. 광고비는 비싸지만 판매가 확인된 경우에만 지불한다는 장점
CPV 광고상품 (Cost Per View)	모바일 광고나 동영상 광고의 책정 방식. 1회 시청 기준으로 과금. 이용자가 광고 영상을 스킵하는 경우도 있으므로 시청하는 길이에 따라 과금을 다르게 설정하고, 광고 영상을 끝까지 본 경우에는 설정한 최대 과금이 지불. 유튜브 영상의 시작 화면에 삽입된 동영상 광고가 그 예

광고가 소비자를 따라다니는
- 구글 애드워즈광고, 구글 검색광고

쇼핑몰에서 제품을 구경한 뒤 다른 사이트로 이동했는데 광고창에서 아까 보았던 제품이 나타나는 경우가 있습니다. 구글 애드워즈광고가 이런 방식을 맨 처음 시작했습니다.

1 : 구글(Google) 광고주로 등록하기

구글 광고주 사이트인 https://adwords.google.co.kr에 접속한 뒤 회원으로 가입하면 구글 광고주로 등록할 수 있습니다. 만일 구글 ID를 이미 소유하고 있다면 해당 ID로 접속해도 상관없습니다.

이후에는 사이트 안내를 따라 '예산 선택', '광고 만들기', '잠재고객에게 광고를 노출할 수 있는 키워드 선택', '결제 정보 입력' 등의 작업을 진행합니다. 지정한 예산에 맞게 광고가 노출됩니다.

구글 애드워즈 사이트 접속화면(adwords.google.co.kr)

광고 예산이 매우 부족한 소자본 창업자라면?

광고 예산이 없는 소자본 창업자라고 해도 기본적으로 구글 애드워즈, 네이버, 다음, 페이스북 등의 검색광고 중 하나를 할 것을 제안합니다. 물론 자본력이 있다면 더 많은 광고 효과를 얻기 위해 유명 포털 사이트는 물론 오픈마켓에서의 검색 광고도 병행해야 합니다.

그러나 초기에는 구매전환율을 체감할 수 없으므로 광고비용 대비 구매전환율을 파악할 겸 몇몇 포털 사이트의 검색광고에 소액일지언정 광고예산을 편성하는 것이 좋습니다.

다음은 월 200~300만 원 이하의 광고예산을 책정한 소자본 창업자들이 취해야 할 인터넷 광고 전략입니다.

① CPC 키워드 등록 시 키워드는 수십 개 안쪽이 좋습니다. 일반적으로 검색 키워드 등록은 무제한 가능하지만 수~수십 개 내에서 등록하는 것이 가장 좋습니다.
② 광고요금은 자신의 광고예산을 초과하지 않도록 정액제 과금제를 선택합니다. 종량제 과금제를 선택하면 상상할 수 없는 광고비가 나올 수 있으므로 주의합니다.
③ 월 200~300만 원의 광고예산을 투입할 예정이라면 쇼핑몰의 월 매출 목표는 최소 2,000만 원 이상으로 설정합니다. 즉 월 광고예산의 10배를 월 매출목표로 잡으라는 뜻입니다. 만일 광고비 대비 매출이 신장되지 않으면 구매전환율이 낮은 것이므로 CPC 키워드 변경, 광고 타깃 재설정, 쇼핑몰 대표상품 재구성 등으로 타개책을 모색합니다.

구글 애드워즈광고(구글 검색광고) 포인트

구글 애드워즈광고(검색광고)의 주요 장점과 특징은 다음과 같습니다.

처음 광고를 노출하는 소자본 창업자라면 일반적으로 일일예산 한도를 하루 3만원 정도 사용하기도 합니다. 월간 30일 광고를 노출했다고 가정하면 월간 100만 원 안팎의 광고비가 나오므로 소자본 창업자라면 광고예산 한도를 잘 설정해야 합니다.

1 : 구글 애드워즈광고의 장점

원하는 웹사이트에 광고 노출 가능	나이, 위치 등 광고를 볼 사람을 타기팅 설정한 경우, 타깃이 자주 방문하는 웹사이트를 수동 또는 자동으로 선택하여 광고가 노출되도록 할 수 있음. 참고로 구글 디스플레이 네트워크를 통해 수많은 광고주가 자신의 광고를 매월 수십억 회씩 노출함.
다양한 형태의 광고 게재 가능	텍스트, 이미지, 애니메이션, 동영상 등 다양한 형태의 광고 게재 가능 광고주의 비즈니스에 가장 적합한 형태의 광고를 제작하여 광고주가 직접 업로드하는 방식
정교한 타기팅 및 리마케팅 사용 가능	문맥 및 게재 위치 타기팅으로 비즈니스와 관련이 높은 사이트에만 광고가 노출되도록 설정 가능 주제 및 관심분야 타기팅으로 해당 비즈니스에 관심이 있을 법한 잠재 고객에게 광고가 노출되도록 할 수 있음. 리마케팅 기법을 활용하면 홈페이지에 방문한 적이 있는 고객에게만 광고 노출이 가능. 흔히 말하는 고객을 따라다니며 노출되는 광고. 인터넷 이용자의 쿠키 정보를 참고해 광고 노출 설정이 가능하므로 이용자가 단골로 가는 웹사이트에서 항상 같은 광고를 보이게 할 수 있음. ※ 위 모든 설정을 동시에 적용 가능

2 : 구글 애드워즈광고의 설정 방법

클릭당 또는 노출당 과금	구글 애드워즈 광고주 가입은 무료 광고비는 광고를 클릭하거나 조회(노출)가 발생할 때 청구됨.
광고 예산의 탄력적 집행	사용할 광고비는 광고주가 직접 설정 일일 사용할 광고예산을 부담 없이 설정할 수 있고 언제든지 변경할 수 있음.
광고료 산정 방법	예를 들어 일일예산을 5,000원으로 설정하고 광고 클릭당 최대비용은 100원으로 설정했다고 가정 설정된 1일 예산만큼 광고가 노출되거나 클릭되면 그 후 노출이 중단되므로 광고비가 설정한 예산보다 더 많이 나올 수는 없음. 인터넷 이용자들에게 광고를 더 많이 노출하려면 클릭당 최대 비용과 일일예산을 높이 설정해야 함.

3 : 구글 애드워즈광고의 특징

약정 계약 없음	추가 비용 없이 언제든지 광고 노출 기간을 조정할 수 있을 뿐 아니라 일시중지 또는 광고의 게시를 종료할 수 있음.
예산 설정 변경 가능	클릭당 비용을 광고주가 임의대로 설정 가능. 클릭당 비용이 낮을 경우 그만큼 노출 횟수가 줄어들므로 광고효과는 떨어짐. 적용한 설정은 언제든지 변경 가능
결제 방법	자신의 신용카드나 직불카드(Visa, Visa Electron 또는 Mastercard) 정보를 등록하면 광고 노출 후 후불제로 결제. 결제 대행업체인 이니시스를 통해 등록하면 선불제로 차감한 뒤 광고를 노출 ※ 광고 후의 광고료를 미리 등록한 계좌를 통해 자동/수동 납부하는 방식
보고서 기능	애드워즈에서 제공하는 추적 도구를 이용하면 웹사이트 방문자(쇼핑몰 방문자), 온라인 매출 현황, 전화 문의 수, 뉴스레터 가입자 수 등의 여러 가지 실적을 일목요연하게 확인할 수 있음.

 구글 애드워즈에서 광고주 등록 시 허위정보 등을 입력하거나 광고비 미납 등의 사고가 발생하면 해당 ID로는 구글 광고주를 더 이상 할 수 없으므로 유념 바랍니다.

4 : 구글 애드워즈 광고상품의 종류

광고 클릭당 기준 (CPC)	클릭 수에 따라 광고비가 과금되는 방식. 자신의 웹사이트나 쇼핑몰로 고객을 유도하는 것이 목적 ※ 광고에 대해 최대 CPC 입찰가를 1,000원으로 설정한 경우 광고 클릭 1회에 대해 광고주가 지불할 최대 금액은 1,000원 ※ 일일예산 1만 원, 한 달 30일 광고를 진행한 경우 청구 최대 금액은 30만 4,000원 ※ 때에 따라 인터넷 이용자가 없어 광고 노출이 일일 예산보다 적은 횟수로 노출된 경우는 초과 노출로 트래픽이 많은 날짜와 합산되어 비용이 청구되므로 월간 최대 청구 금액은 30만 4,000원을 넘을 수 없음.
광고 노출 수 기준 (CPM)	광고 노출 횟수만큼 과금액이 결정되는 방식. CPM 입찰은 디스플레이 네트워크 캠페인에서만 사용 가능한 광고상품 자신의 쇼핑몰 브랜드를 이미지 광고로 널리 알리는 것이 목적
전환 수 기준 (CPA)	광고 클릭 후 웹사이트로 방문하는(전환되는) 숫자 혹은 웹사이트 방문 후 회원가입 등의 특정 행동을 했을 때 광고비가 과금되는 방식 ※ 구매 또는 가입과 같은 소비자의 실구매에 관심이 있고 경험이 풍부한 애드워즈 광고주의 경우 CPA 입찰 방식 사용을 권장하는데 그만큼 광고비가 비쌈.

검색어의 입찰가를 책정할 때는 기본적으로 다음과 같이 계산합니다. 어느 쇼핑몰 사이트에 100명이 방문했는데 그중 10명이 물건을 구입했다면 해당 쇼핑몰 방문 10회당 1회의 구매가 발생했다는 뜻입니다. 판매상품의 가격은 10만 원, 판매수익이 1만 원이면, CPC를 1,000원으로 입찰했을 때, 평균 10명이 방문해야 1회 매출이 발생하므로 손익은 0이 됩니다. CPC 광고 10회를 클릭해야 1회의 매출이 발생하므로 광고비용(1,000*10회)과 판매수익(1만 원)이 동일, 수익은 0원이 되는 것입니다. 이때 수익을 올리려면 CPC 입찰가를 1,000원보다 낮은 금액으로 입찰해야 합니다.

초기에는 구매전환율을 추정할 수 없으므로 일단 소액으로 광고를 시작한 뒤 광고클릭률, 유입률, 구매전환율을 분석한 뒤 광고예산의 추가 투입 여부를 결정합니다.

구글 애드워즈광고, 구글 검색광고 ① - 실전으로 설정해보기

인터넷에서의 검색광고나 지식광고상품은 사용자(광고주)가 직접 구입하고 설정하는 방식입니다. 1일 예산에 맞게 광고료의 한도를 잘 지정하기 바랍니다.

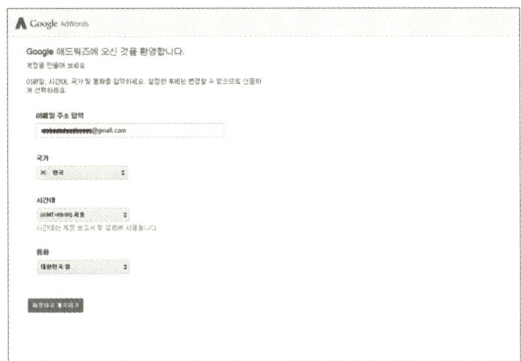

처음 구글 애드워즈 홈페이지에 접속하면 그림처럼 광고주로 등록하게 됩니다.
'저장하고 계속하기' 버튼을 클릭하면 광고주로 정식등록되면서 다음 화면으로 넘어갑니다.

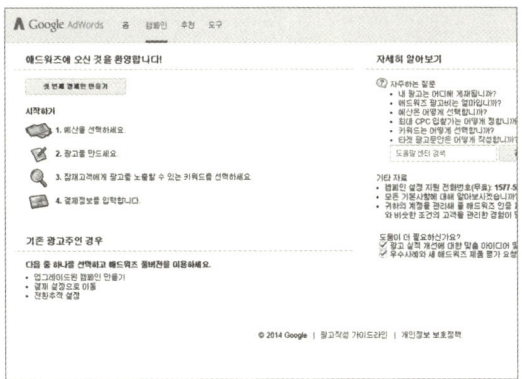

광고주로 정식등록된 상태이므로 광고를 만들 수 있습니다.
'첫 캠페인 만들기' 버튼을 클릭하면 광고를 만들 수 있습니다.

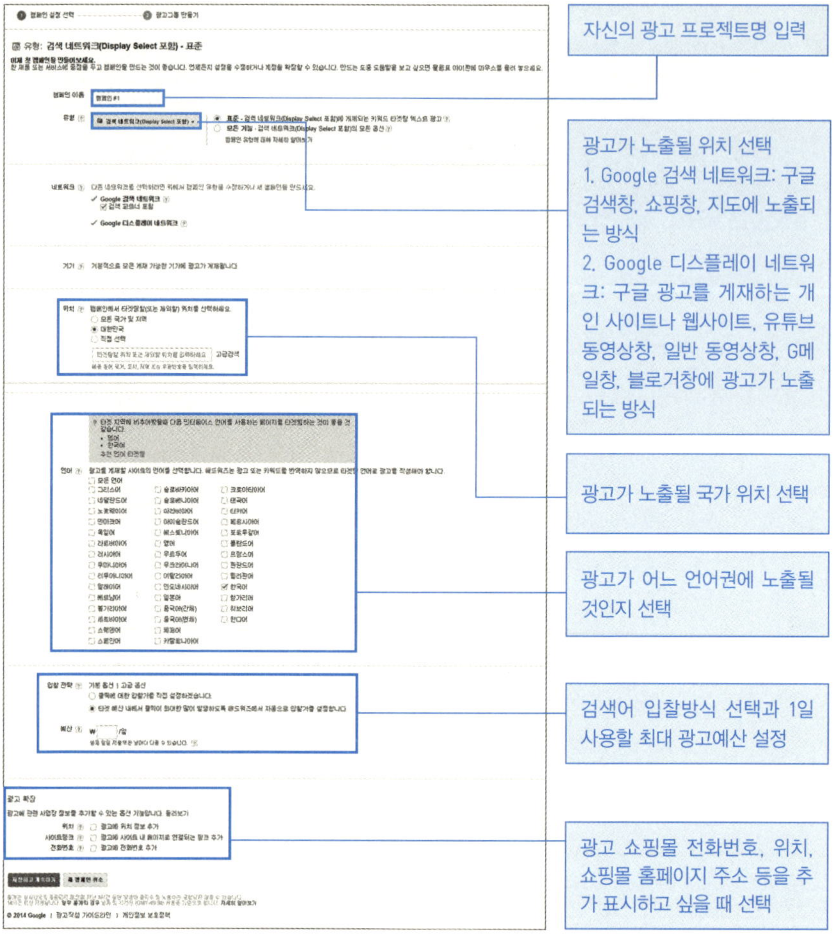

기본적인 광고 설정만 할 수 있습니다. 정교한 설정은 나중에 '캠페인 메뉴창'에서 수정할 광고를 선택한 뒤 추가합니다.

앞에서 '저장하고 계속하기' 버튼을 클릭하면 다음 단계로 넘어갑니다.

다음 단계에서는 광고그룹 설정과 검색어(키워드)에 대한 기본 설정을 할 수 있습니다. 검색어는 자신의 쇼핑몰에서 취급하는 제품 이름을 누군가가 검색했을 때 쇼핑몰이 검색되는 기능입니다. 비용 대비 효과적으로 광고를 노출하려면 검색어 설정을 잘

해야 합니다.

예를 들어 검색어를 '냉동만두'로 등록한 경우 인터넷 이용자가 구글 사이트에서 '냉동만두'를 검색했을 때 자신의 쇼핑몰 광고가 그 사람의 검색창에 나타납니다. 만일 1일 예산과 클릭당 요금을 높게 설정하면 그만큼 많은 빈도로 노출되므로 광고 효과가 높아집니다. 그러나 광고비 대비 구매전환율이 낮으면 손실이 발생합니다. 따라서 1일 광고예산과 검색어 설정은 구매전환율을 잘 예측해 조심스럽게 설정해야 합니다.

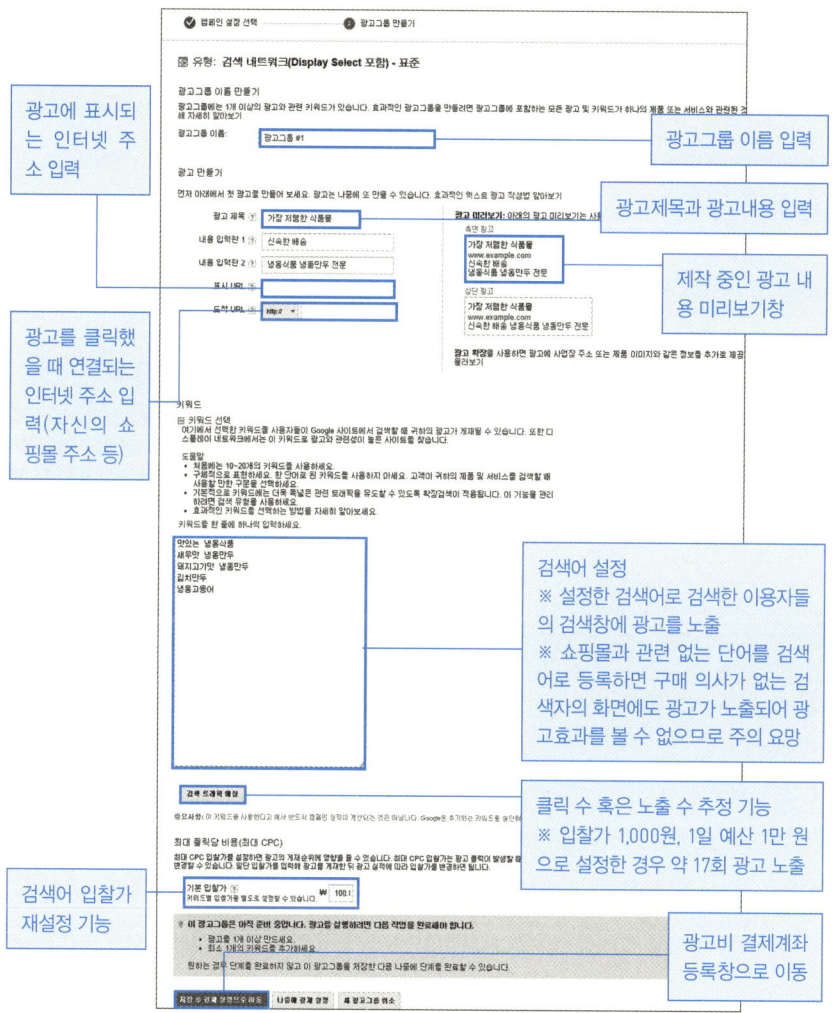

06 구글 애드워즈광고, 구글 검색광고 ②
– 광고 효과(클릭 수, 트래픽) 확인과 추가 설정 기능

인터넷 광고를 처음 시작했다면 효과를 잘 모르므로 매일 확인해야 합니다. 그 후 광고비 대비 구매율 비율을 잘 분석해 예산, 타기팅, 검색어를 재설정하는 것이 좋습니다.

맨 처음 유료광고를 시작한 초보 광고주라면 1일 예산은 1~5만 원 사이가 적절합니다. 이 비용으로 광고를 만든 뒤 매일 자신의 애드워즈 계정에서 광고 효과가 어떤지 확인하기 바랍니다. 애즈워즈 계정에서는 광고 클릭 수 등의 광고로 인한 유입 효과를 확인할 수 있습니다. 참고로 네이버나 다음 광고주에게도 네이버 혹은 다음에서 광고 효과를 확인하는 기능을 제공하므로 각 업체에서 제공하는 추적도구로 광고 유입률을 확인하기 바랍니다.

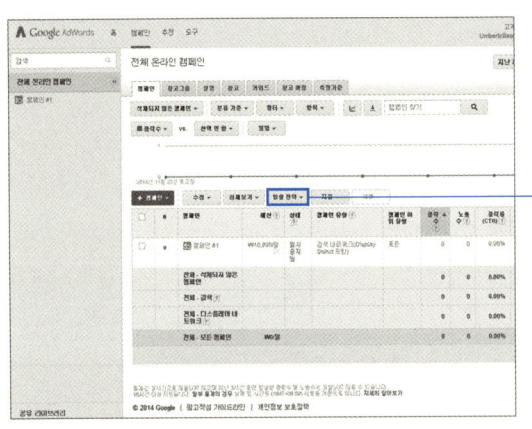

▲ 관리 중인 광고를 확인하는 캠페인 메뉴창

자신의 쇼핑몰로 방문하는 이용자 트래픽과 행동 패턴을 더 정확히 분석하려면 '구글 애드워즈'에서 '구글 애널리스틱' 회원으로 가입합니다. 자신의 쇼핑몰 정보를 제공하면 몇 시간 후부터 쇼핑몰로 방문하는 트래픽 정보나 행동 패턴을 확인할 수 있고, 취합한 자료를 기반으로 잠재고객이나 상품수요를 분석할 수 있습니다. 구글 애널리스틱 사용료는 무료이므로 구글 광고주라면 반드시 가입하는 것이 좋습니다.

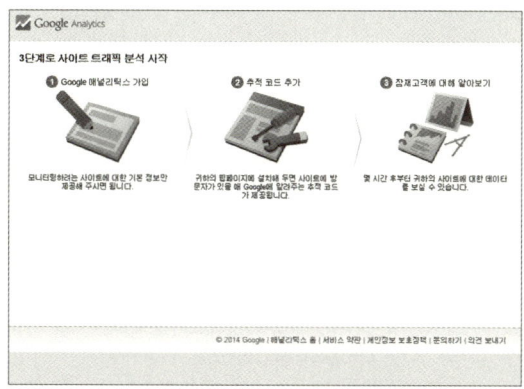

사이트 트래픽 분석을 할 수 있는 구글 애널리스트 가입창

구글 광고는 구글 애널리스틱에 가입하지 않아도 구글 애드워즈창에서 다음과 같이 광고효과 요약본을 제공합니다.

클릭 수 집계	클릭 수는 광고 실적을 판단하는 기준입니다. 광고의 관련성이 높고 타깃팅이 효과적이면 클릭이 발생할 가능성도 높아집니다. 구글 광고는 클릭 수를 측정하는 업계 표준이 마련되어 있고 MRC(Media Rating Council)가 인증합니다.
노출 수 집계	구글 광고의 노출 수는 검색결과 페이지 또는 구글 디스플레이 네트워크의 다른 사이트에 광고가 노출될 때 발생합니다. 노출 수는 사용자가 광고를 얼마나 자주 보는지를 이해하는 데 도움이 됩니다. 노출 수는 또한 광고의 효과를 가늠할 수 있는 클릭률(CTR)을 계산하는 데도 사용됩니다.
클릭률(CTR) 집계	클릭률(CTR)은 광고가 클릭된 횟수를 광고가 게재된 횟수로 나눈 값입니다. (클릭률=클릭 수/노출 수) 클릭 수가 50이고 노출 수가 1,000인 경우 클릭률은 0.5%입니다.
평균 CPC	평균 클릭당 비용(CPC)을 알 수 있습니다. 1회 클릭에 대해 광고주가 지불하는 평균 금액입니다.
비용	비용이란 특정 기간의 클릭당 비용(CPC) 지출과 1,000회 노출당 비용(CPM) 지출의 합계입니다.
평균 게재순위	평균 게재순위는 다른 광고와 비교하여 광고주의 광고등수가 몇 위인지 순위를 알려줍니다. 이 통계는 다른 광고주의 광고와 비교하여 상대적인 노출순위를 알려주므로, 검색어 입찰 등에 통계자료로 활용할 수 있습니다.

07 SECTION

국내 양대 포털 사이트에서의 유료광고
– 네이버, 다음에서 유료광고주 등록하기

네이버, 다음에서 광고하려면 먼저 해당 포털의 광고주로 등록해야 합니다. 그 뒤에는 구글처럼 직접 광고를 제작하고 예산과 타기팅에 맞게 광고노출 방법을 설정합니다.

다음 혹은 네이버 광고주 회원으로 등록	다음 검색광고 adnetworks.biz.daum.net 다음 디스플레이광고 display.biz.daum.net 네이버 검색광고 searchad.naver.com 네이버 디스플레이광고 displayad.naver.com
광고물 직접 제작	해당 섹션이 지원하는 포맷으로 광고 이미지 제작 JPG, PNG, 플래시, 동영상 포맷 등
광고가 노출될 섹션(카테고리) 선정	광고 효력이 높도록 광고 타기팅 분석할 것
계좌 충전	광고 종료 시 광고료 지급용
검색어(키워드) 선택 및 입찰액 입력	입찰액에 따라 노출 빈도가 달라짐
광고 타기팅 및 광고 노출 설정	지역, 연령, 광고물이 노출될 카테고리 설정 예산에 맞게 광고 노출 설정
광고 효율 분석 프로그램 및 광고료 오정산 분석 프로그램 설치 및 실행	다음, 네이버 각각 전용 프로그램 제공
설정한 예산 한도가 차면 광고 노출 종료	쇼핑몰 방문객 혹은 매출 증가

네이버에서 검색하면 상품이 나타나는 유료광고
– 네이버 지식쇼핑으로 쇼핑몰 상품 광고하기

사용자가 검색한 내용을 기반으로 네이버의 지식쇼핑 항목에서 상품이 노출되는 방식입니다.

1 : 네이버 지식쇼핑 노출 위치

네이버 지식쇼핑은 사용자가 어떤 상품을 검색했을 때 지식쇼핑 항목에 표시해주는 기능입니다. 광고 효과가 비교적 높지만 소규모 사업자에게는 광고비가 상대적으로 비싸게 보일 수도 있습니다.

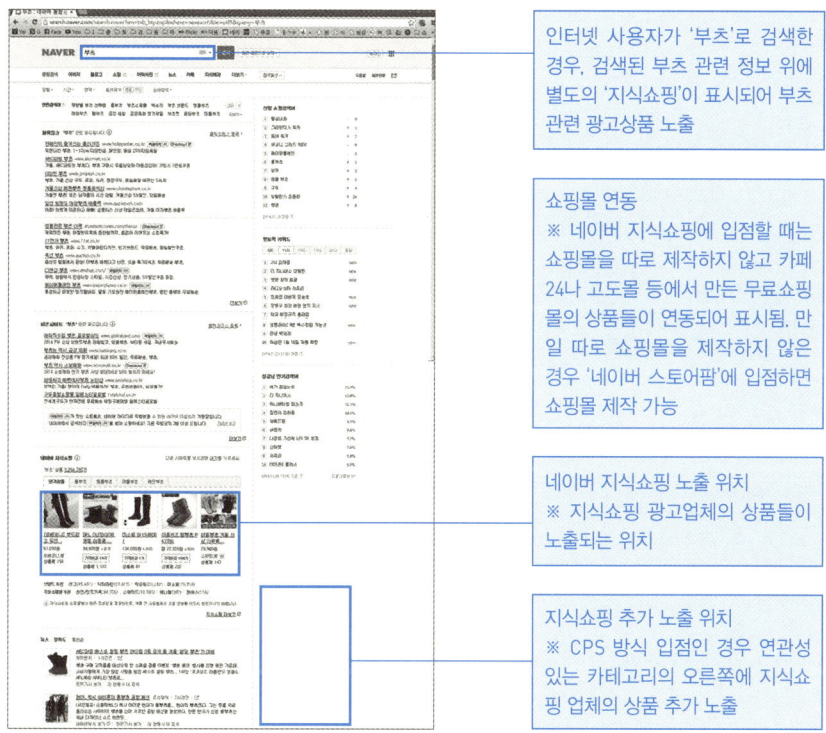

인터넷 사용자가 '부츠'로 검색한 경우, 검색된 부츠 관련 정보 위에 별도의 '지식쇼핑'이 표시되어 부츠 관련 광고상품 노출

쇼핑몰 연동
※ 네이버 지식쇼핑에 입점할 때는 쇼핑몰을 따로 제작하지 않고 카페24나 고도몰 등에서 만든 무료쇼핑몰의 상품들이 연동되어 표시됨. 만일 따로 쇼핑몰을 제작하지 않은 경우 '네이버 스토어팜'에 입점하면 쇼핑몰 제작 가능

네이버 지식쇼핑 노출 위치
※ 지식쇼핑 광고업체의 상품들이 노출되는 위치

지식쇼핑 추가 노출 위치
※ CPS 방식 입점인 경우 연관성 있는 카테고리의 오른쪽에 지식쇼핑 업체의 상품 추가 노출

※ 네이버 지식정보 쇼핑몰의 입점에 대한 자세한 정보는 shopping.naver.com에 접속한 뒤 제일 하단의 '입점 안내' 메뉴를 클릭하면 알 수 있습니다.
※ 성인용품, 불법용품은 네이버 지식쇼핑에 입점할 수 없습니다.

2 : 네이버 지식쇼핑 입점료

네이버 지식쇼핑에 입점했을 때의 입점비는 다음과 같이 두 가지 방식이 있습니다. 여기서 고정비란 광고를 노출하는 데 필요한 월 임대료를 말합니다.

	초기 입점비 9만 9,000원, 그 후 상품클릭 시 아래 단가에 따라 과금되는 광고상품 ※ 검색한 사람이 클릭할 때 해당 상품으로 연결하고 판매와 관계없이 과금하는 방식			
CPC 패키지 (Cost Per Click)	가격비교 상품군 (가전/컴퓨터, 분유/기저귀, 화장품 상품군)		일반상품군 (가격비교 상품군에 속하지 않는 상품군)	
	1만 원 이하	0.1%	1만 원 이하	0.1%
	1~5만 원	0.01%	1~3만 원	0.05%
	5~20만 원	0.005%	3~6만 원	0.03~0.02%
	20~50만 원	0.001%	6~10만 원	0.02%
	50~100만 원	0.0001%	10~100만 원	0.0005%
	100만 원 초과	구간별 위 요율 적용 후 100만 원 초과분은 과금에서 감액		
	기본료	클릭당 10원		
	※ 비용계산법: 상품값 2만 원, 3회 클릭 시 (기본료 10원+1 클릭 10원)×3회 클릭=60원(부가세 10% 별도)			
CPS 패키지 (Cost Per Sale)	판매가 확인된 경우에만 판매 수수료를 지불하는 광고방식 ※ 추천하는 광고방식이지만 월간 광고노출을 하는 데 필요한 고정비 필요			
	프리미엄 패키지	종합 쇼핑몰 대상	패키지 공동 적용	월 고정비: 1,200만 원 판매 수수료: 2%
	준종합몰 패키지	준종합몰 대상	패키지 공동 적용	월 고정비: 700만 원 판매 수수료: 2%
	일반 전문몰	전문 쇼핑몰 대상	제품 카테고리 하나 추가 시 월 고정비 200만 원 추가	월 고정비: 300만 원 판매 수수료: 2%
	티켓 판매몰	영화, 연극 등의 티켓 판매 쇼핑몰	패키지 공동 적용	월 고정비: 300만 원 판매 수수료: 1%
	면세 전문몰	면세제품 전문 판매 쇼핑몰	패키지 공동 적용	월 고정비: 500만 원 판매 수수료: 0%

※ 모바일 검색으로 판매된 경우 PC 판매와 동일하게 과금. 이 정책은 추후 변경될 수도 있습니다.

3 : 네이버 지식쇼핑 입점 자격

네이버 지식쇼핑에 입점하려면 정상적으로 작동하는 인터넷 쇼핑몰을 소유한 '사업자'여야 합니다. 쇼핑몰은 카페24, 고도몰 등에서 무료로 만들 수 있습니다. 정상 작동하는 쇼핑몰과 네이버가 연동되어 지식검색을 통해 상품을 노출하는 방식입니다.

CPC Package 입점 자격	① 정상 작동하는 쇼핑몰 운영자 ② 쇼핑몰에서 카드 등의 정상적인 결제가 가능한 자 ③ 사업자등록자(해외는 불가)
CPS Package 입점 자격	① 정상 작동하는 쇼핑몰 운영자 ② 쇼핑몰에서 카드 등의 정상적인 결제가 가능한 자 ③ 사업자등록자(해외는 불가) ④ 쇼핑몰 오픈 6개월 이상인 자 ⑤ 사장님의 신용등급이 B 이상인 자 ⑥ 최근 3개월 월평균 거래액 월 5억 이상인 자(부가세 신고 기준)

※ 종합 쇼핑몰은 모든 카테고리에 해당하는 상품을 판매하는 업체입니다.
※ 전문 쇼핑몰은 특정 카테고리(가전, 컴퓨터, 패션, 잡화, 식품, 가구 등)에서 판매하는 업체입니다.
※ 소자본 창업자는 CPS 입점 자체가 불가능하므로 CPC 방식으로 입점합니다. 광고비 결제는 24시간 간격으로 광고주 계좌에서 자동 인출되므로 일정 금액을 미리 예치해두어야 합니다.

검색광고를 시작한 뒤에는 광고수익률을 높이기 위해 다음 요소를 정확히 분석하기 바랍니다.
먼저 광고에서 가장 많은 클릭 수를 유도한 키워드가 무엇인지 조사합니다. 그 뒤 구매 고객의 지역과 주로 사용한 기기가 PC인지 모바일인지 조사합니다. 또한 판매가 많이 발생한 요일대와 시간대를 조사합니다. 이런 항목들의 조사를 끝내면 그 뒤 새 광고캠페인을 게재할 때 맞춤 타깃팅을 할 수 있습니다. 맞춤 타깃팅을 정확하게 하면 광고비 대비 높은 매출을 유도할 수 있습니다.

09 SECTION 네이버에서 검색하면 제일 상단에 문자열로 나타나는 – 네이버 클릭초이스(파워링크, 비즈사이트)

네이버에서 가장 인기 있는 광고로 어떤 단어를 검색할 때 검색창 제일 상단에 텍스트 형태의 '파워링크'나 '비즈사이트'로 검색되는 광고입니다.

1 : 네이브 클릭초이스 검색광고

네이버에서 어떤 단어로 검색했을 때 제일 상단에 1순위로 나타나는 '파워링크'와 2순위로 나타나는 '비즈사이트'가 클릭초이스 검색광고입니다.

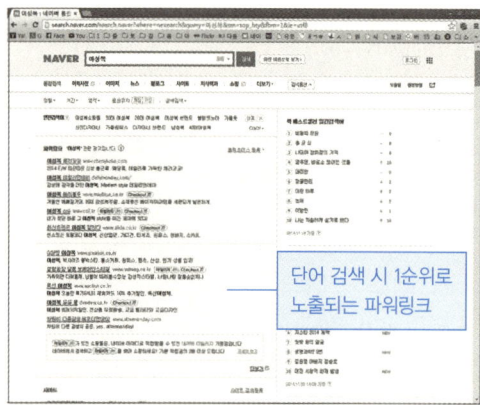

단어 검색 시 1순위로 노출되는 파워링크

'파워링크'는 검색창 제일 상위에 1순위로 노출되므로 광고 효과가 높습니다. 보통 열 줄 이하로 관련 업체가 표시됩니다.

광고비는 검색된 파워링크를 클릭 했을 때 발생하는 CPC 방식입니다. 노출위치가 좋으므로 광고비용이 많이 듭니다.

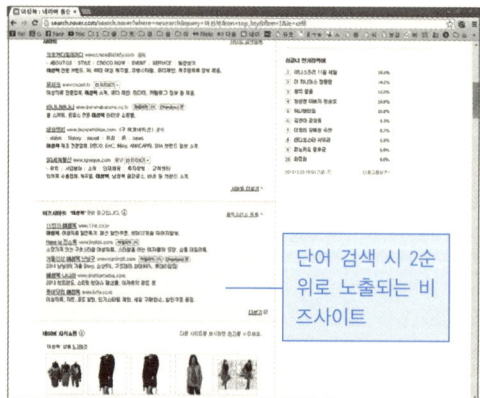

단어 검색 시 2순위로 노출되는 비즈사이트

'파워링크' 아래의 2순위 위치에 노출되는 '비즈사이트'는 보통 다섯 줄 이하로 검색어와 관련된 업체가 표시됩니다.

앞 페이지에서 설명한 '네이버 지식쇼핑'은 '비즈사이트' 노출 위치 아래쪽의 3순위 위치에 노출됩니다.

포털 사이트에서의 광고는 업주가 직접 광고물을 제작한 뒤 타기팅에 유리한 스케줄에 맞추어 올려야 하며, 할당한 광고예산이 소진되면 광고는 중단되고 광고비용은 계좌를 통해 자동 정산됩니다. 광고를 올리기 전 먼저 네이버 광고요금을 정확히 확인 바랍니다.

2 : 네이버 클릭초이스 검색광고의 종류

CPC 방식	클릭초이스	PC 또는 스마트폰 이용자가 네이버에서 어떤 단어를 검색했을 때 연관 있는 업체가 '파워링크'와 '비즈사이트'에 노출되는 광고제품 파워링크, 비즈사이트에서 해당 업체를 클릭했을 때 해당 업체 홈페이지로 연결되면서 과금됨.
		1일 광고 총예산은 수십만 원~수천만 원 ※ 입찰가가 높을수록 파워링크 상위에 노출 ※ 신발 판매 쇼핑몰이 '신발'이라는 검색어를 클릭당 1,000원에 입찰했을 때, 2,000원에 입찰한 회사가 있다면 그 회사가 상위에 노출. 네이버 검색자가 검색된 그 회사 이름을 클릭하면 네이버는 클릭당 입찰가인 2,000원×총 클릭 수 합계 금액을 과금 ※ 네이버는 하루 평균 1,700만 명이 방문하는 사이트이므로 많은 이용자가 신발을 검색한 뒤 총 1,000번 클릭했을 경우 하루에 200만 원의 광고비가 필요. 따라서 예산 설정과 광고 노출 시간을 잘 설정해야 하며, 1일 설정한 예산에 한해 노출되므로 그 이상은 클릭 수가 발생하지 않음. ※ 허위 클릭 등으로 과정산되는 문제점을 방지하기 위해 광고주에게 클릭 위치를 파악할 수 있는 '웹로그분석 서비스' 기능 제공
	클릭초이스 플러스	클릭초이스와 같지만 모바일 사용자 대상 광고상품. 모바일 상에서 최대 다섯 개 광고가 노출
		전화걸기, 홈페이지, 가격표 등을 클릭했을 때 과금 ※ 제목/설명/이미지/지도/부가정보 아이콘 등의 영역은 과금되지 않음.
	모바일배너	스마트폰에서 네이버 뉴스, 네이버 지식인, 네이버 웹툰, 네이버 부동산, 네이버 스포츠를 볼 때 배너 영역에 표시되는 광고상품
		입찰가가 높을수록 높은 빈도로 노출 ※ 텍스트형 및 이미지형 광고: 최저 입찰가 100원 ※ 롤링형 광고: 최저 입찰가 120원
		각기 광고 노출 타기팅 설정 가능. 앱/웹 단위, 지역 타기팅(동/읍/면 단위), OS/모바일기기 타기팅(특정 OS에만 광고 노출 가능), 요일/시간 타기팅, 키워드 매칭 등으로 타기팅 가능
CPT, CPM 방식	정액제 방식의 일정 기간 노출하는 방식	브랜드 키워드를 구매한 광고주의 한 개 광고를 검색창 제일 상위에 노출하는 광고상품
		최소 광고비는 50만 원이며, 광고 노출 기간 합계(월간)에 따라 총 광고비 과금. 월간 1,000만 번 노출된 경우 1억 원 정도의 비용 필요 ※ 예를 들어 '네스카페'를 검색하면 검색창 제일 상위에 네스카페 홈페이지 주소와 함께 네스카페 광고 영상을 명함크기로 노출하는 광고상품

네이버에서 제일 비싼 광고
– 네이버 초기화면 디스플레이광고(타임보드)

네이버에 접속하면 초기화면 상단에 뜨는 메인 배너광고를 타임보드광고라고 말합니다. 이 타임보드광고의 광고비는 얼마일까요?

네이버 타임보드광고는 과거 일주일당 몇천만 원이면 독점할 수 있었지만 현재는 시간당 1,000만 원 안팎입니다.

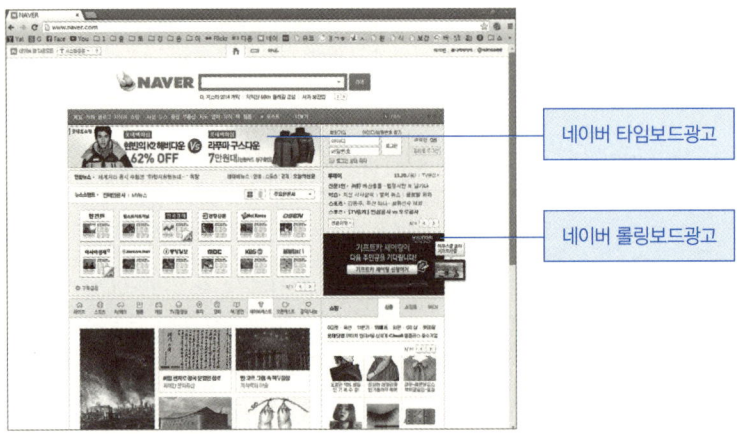

타임보드광고	자정~새벽 시간대: 시간당 800~1000만 원(100~400만 노출) 출근~점심 시간대: 시간당 300~900만 원(200~500만 노출) 점심~자정 시간대: 시간당 1,000~1,100만 원(500만 이상 노출)
롤링보드광고	CPM 방식: 2,200~2,800원
서브페이지 우측 배너광고	CPM 방식: 1,100원 내외 (서브 카테고리별로 다름)
서브페이지 텍스트광고	CPM 방식: 250원 내외(서브 카테고리별로 다름)
서브페이지 띠배너광고	CPM 방식: 1,100~3,000원(서브 카테고리별로 다름)

※ CPM 방식은 과거 1,000회 노출당 계약이었지만 요즘은 설정한 예산액이나 설정한 기간만큼 광고가 노출된 후 설정한 금액이 꽉 차면 광고노출이 중단되는 방식으로 계약합니다.
※ 자세한 광고비용과 광고화면 제작 방법은 displayad.naver.com에서 확인하세요.

SECTION 11
다음 포털 사이트의 유료광고 ①
- 다음 검색광고(프리미엄링크, 와이드링크)

다음 검색광고는 다음에서 검색했을 때 검색창 최상위에 관련 업체가 표시되는 광고입니다. 입찰금액이 높은 업체일수록 최상위에 표시됩니다.

1 : 다음 검색광고

다음 검색광고의 특징은 Daum, Nate, Zum, Bing 등과 협약하여 광고주 업체들을 네 군데 포털에서 노출할 수 있습니다.

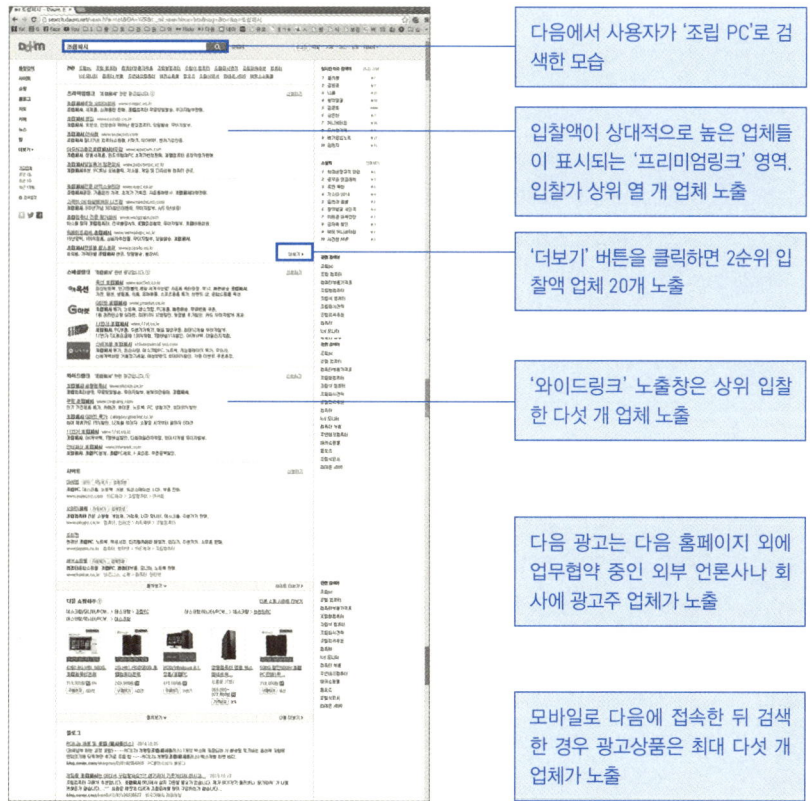

- 다음에서 사용자가 '조립 PC'로 검색한 모습
- 입찰액이 상대적으로 높은 업체들이 표시되는 '프리미엄링크' 영역. 입찰가 상위 열 개 업체 노출
- '더보기' 버튼을 클릭하면 2순위 입찰액 업체 20개 노출
- '와이드링크' 노출창은 상위 입찰한 다섯 개 업체 노출
- 다음 광고는 다음 홈페이지 외에 업무협약 중인 외부 언론사나 회사에 광고주 업체가 노출
- 모바일로 다음에 접속한 뒤 검색한 경우 광고상품은 최대 다섯 개 업체가 노출

다음 검색광고 안내 사이트 adnetworks.biz.daum.net

2 : 다음 검색광고의 광고비용

다음 광고 역시 광고주가 직접 광고물을 제작하고 올리는 방식입니다. 광고주는 광고 노출을 원하는 요일과 원하는 시간대로 설정할 수 있을 뿐 아니라 원하는 영역에만 노출하는 등의 타깃 맞춤형 광고를 진행할 수 있습니다.

다음 광고 역시 허위클릭으로 인한 광고비 과대정산을 방지하기 위해, 클릭한 사람이 업체의 홈페이지로 이동하거나 어떤 액션을 취한 경우 추적할 수 있는 CTS 기능을 제공합니다.

기본검색 과금방식 (CPC 방식)	검색어 구입 최저 입찰가: 70원 기본료: 10원 추가 ※ 입찰가가 높을수록 동종업체보다 상위에 검색되어 노출되는 방식 ※ 모바일 검색의 경우 입찰가와 관계없이 일괄 50원 ※ 입찰가는 낮지만 품질지수가 높은 광고가 상위에 노출된 경우는 하순위 입찰가에 영향을 받지 않고 자신이 등록한 입찰가만큼 과금 ※ 입찰액이 동종업체보다 상위여야 '프리미엄링크' 영역에 노출
	※ 비용계산법: 검색어 구매 입찰액 5,000원, 10회 클릭되었을 경우 (입찰액 5,000원+기본료 10원)×10회 클릭= 5만 100원(부가세 10% 별도)
확장검색 과금방식	기본검색과 확장검색은 서로의 과금방식에 영향을 주지 않으므로 확장검색의 과금방식은 기본검색 과금과 동일. 단, 확장검색 리스팅이 단독으로 노출될 경우에는 최소 과금액인 70원으로 과금하고, 확장검색 리스팅에 차 순위 리스팅이 존재할 경우에는 확장검색으로 노출된 리스팅들 안에서 입찰가 +10원으로 과금

※ 자동입찰 on/off, 광고예산 한도액 설정, 광고 노출 요일 설정, 광고 노출 시간 설정, 광고 노출 지역 설정 등의 타기팅 옵션에 따라 광고요금에 할증이 붙을 수도 있습니다.

다음 포털의 광고비 결제 방법

다음은 온라인 광고주의 결제를 '비즈캐쉬'를 통해 받고 있습니다. 기본적으로 다음 광고주 회원이 되면 비즈캐쉬 계좌가 생성되므로 이 계좌에 카드 또는 은행이체로 요금을 충전한 뒤 광고를 등록해야 합니다. 광고비용은 선불 혹은 후불이 가능한데 일단 비즈캐쉬 계좌에 돈이 입금되어 있어야 광고 노출을 할 수 있습니다.

SECTION 12
다음 포털 사이트의 유료광고 ②
– 스페셜링크, 스폰서박스, 브랜드 검색

다음 검색창에서 이미지 형태로 표시되는 광고입니다.

1 : 스페셜링크, 스폰서박스

다음에서 검색했을 때 '프리미엄링크' 하위에 나오는 것이 '스페셜링크'입니다. 이와 달리 '스폰서박스'는 검색창 우측에 노출되는 광고 영역입니다.

둘 다 '기간별 과금방식'이므로 일정 기간을 임대하여 광고를 노출합니다. 임대비가 비싸므로 오픈마켓 대형업체들이 이 광고상품을 주로 구입합니다.

2 : 브랜드 검색

어떤 브랜드를 검색했을 때 해당 브랜드가 검색창 제일 상단에 나타나는 광고상품입니다. 네이버의 브랜드 검색 광고상품과 같은 형식의 광고상품입니다.

옆 그림은 다음에서 '카페베네'로 검색했을 때 나타나는 브랜드 검색 광고의 모습입니다.

> 네이버, 다음, 구글의 광고는 인터넷 광고대행사를 통하여 할 수도 있습니다. 이때 광고요금에 이미 대행료가 포함되어 있으므로 광고대행료를 추가 지불하지 않습니다. 즉, 인터넷 광고대행사를 통해도 금전적 불리함이 없으므로 바쁘면 대행사를 통해 광고하는 것도 좋습니다.

13 SECTION

다음 포털 사이트의 유료광고 ③
– 다음 DDN 광고

다음 DDN 광고는 다음 홈페이지의 서브 섹션 오른쪽에 노출되는 광고상품입니다. 또한 Nate, Zum 등의 포털, 주요 언론사, 커뮤니티 등의 서브 섹션에도 표시됩니다.

▲ 다음 DDN 광고 노출 위치

다음 DDN 광고는 다음 메인 화면의 디스플레이광고와 유사하지만 서브 섹션에 노출된다는 것이 다른 점입니다. 이 광고의 장점은 뉴스 섹션, 스포츠 섹션 등 섹션별로 타기팅이 된 광고를 할 수 있다는 점에 있습니다. 예를 들어 다음 경제 섹션에는 자동차 광고를, 스포츠 섹션에는 스포츠용품 광고를 노출하는 것이 효과 면에서 유리합니다.

다음 DDN 광고	쇼핑, 검색어, 관심사, 성별, 연령별, 지역별 타기팅이 가능하므로 타기팅 없는 광고 노출보다 몇 배 이상의 광고 효과를 볼 수 있음.
노출위치	다음 홈페이지의 서브 섹션인 금융, 뉴스, 로그인, 메일, 미디어, 미즈넷, 자동차, 커뮤니티 등의 오른쪽 면에 노출. 제휴 네트워크인 Nate, Zum, 주요 언론사, 커뮤니티 등 20여 개 주요 사이트에도 광고가 노출
광고물 제작	광고주가 직접 JPG, GIF, PNG, SWF 형태의 배너 이미지를 제작. 이때 배너 이미지를 클릭하면 해당 사이트로 연결되도록 제작
광고료 (CPC 방식)	CPC 방식의 광고상품이므로 이용자가 클릭한 경우에만 과금됨. 최소 10원부터 실시간 광고입찰이 가능하며 입찰액이 높을수록 많이 노출됨.

※ 다음에 광고를 올리려면 다음 광고주로 가입해야 합니다. 다음 홈페이지의 비즈니스사이트인 adnetworks.biz.daum.net에서 다음 광고주로 가입할 수 있습니다.

SECTION 14

다음 포털 사이트의 쇼핑몰 광고 집합체
– 다음 쇼핑하우, 쇼핑몰, 소호 광고

다음 쇼핑하우 쇼핑몰에 입점한 쇼핑몰들의 광고들이 표시되는 영역입니다.

1 : 다음 쇼핑하우

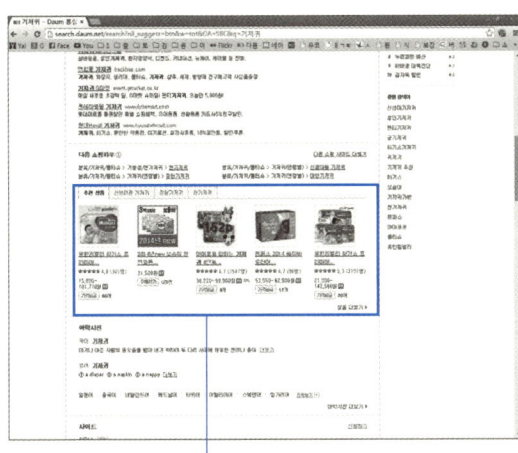

↑ 검색시 노출되는 쇼핑하우 상품들

다음 포털에서 어떤 제품을 검색할 경우 '다음 쇼핑하우' 영역에 관련 상품들이 검색되어 노출됩니다. 클릭하면 다음 쇼핑하우 쇼핑몰로 이동해 원하는 상품을 비교 검토한 후 구입할 수 있는 구조입니다.

노출영역	광고단가
검색창 및 쇼핑하우 쇼핑몰 등	CPC: 클릭당 20~70원(제품가에 따라 다름)

※ 쇼핑하우 쇼핑몰 메인 화면에서 큰 배너로 상품을 노출할 경우 별도 계약 필요

2 : 다음 쇼핑박스와 소호 탭

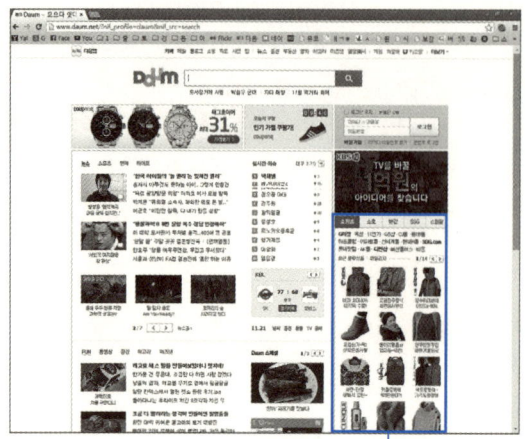

쇼핑하우에 입점한 광고주를 대상으로 고정 광고비를 내면 노출되는 광고 영역입니다.

다음 쇼핑박스&소호 탭 노출 영역

노출영역	광고단가
쇼핑박스 탭	2,800만 원(1개월) 730만 원(1주일) ※ 한 광고주에게 총 열두 계좌를 한 세트로 제공. 최대 25 광고주의 상품 세트와 5분 간격으로 랜덤으로 돌아가면서 노출
소호 탭	400만 원(1개월) 105만 원(1주일) ※ 한 광고주에게 총 열두 계좌를 한 세트로 제공. 최대 열네 광고주의 상품 세트와 5분 간격으로 랜덤으로 돌아가면서 노출

15 SECTION
다음 포털 사이트에서 가장 비싼 광고 – 다음 초기화면 디스플레이광고

다음 역시 메인화면의 타임보드 광고가 가장 비싼 광고상품입니다.

1 : 다음 초기화면 광고의 종류

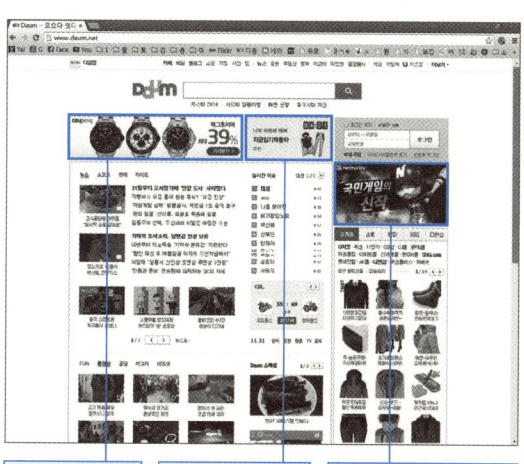

초기 배너광고 | 타임스퀘어 광고 | 초기 브랜딩스테이션 광고(혹은 DDN 광고)

다음 초기화면의 광고 역시 네이버처럼 초고액 예산이 필요합니다. 개인 쇼핑몰 업자는 엄두를 낼 수 없을 지경입니다. 자본력 있는 종합 쇼핑몰 업자나 유통 업자가 좋은 상품을 대량 판매 하려고 할 때 시도할 만합니다.

다음 초기 배너광고	CPM 방식: 3,000원, 최소 1,000만 원 필요(계약된 예산 한도만큼) CPT 방식: 30분 고정 시 1,000만 원(약 360만 노출)
타임스퀘어 광고	홀수 시간 중 한 시간 고정방식: 최소 100~1,200만 원(50~600만 노출)
브랜드스테이션 광고	CPT 여섯 시간 고정방식: 1,000~7,000만 원(500~4,500만 노출)
서브페이지 정사각 배너광고	CPM 방식: 900~2,600원(게임, 뉴스, 미즈넷, 영화 등 서브섹션별로 다름) ※ 계약 금액에 해당하는 노출이 이루어지면 광고 자동 마감
서브페이지 바 광고	CPT 방식: 500~4,000만 원(게임, 뉴스, 미즈넷, 영화 등 서브섹션별로 다름) ※ 계약 금액에 해당하는 노출이 이루어지면 광고 자동 마감

※ 광고 노출을 특정 지역, 성별, 나이 옵션으로 타기팅하면 옵션별 추가금 5%가 붙습니다.

SECTION 16

오픈마켓에서의 검색광고 ①
- G마켓

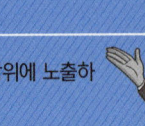

오픈마켓으로 바로 접속해 상품을 검색하는 사람들에게 동종 상품보다 상위에 노출하는 것이 오픈마켓에서의 검색광고입니다.

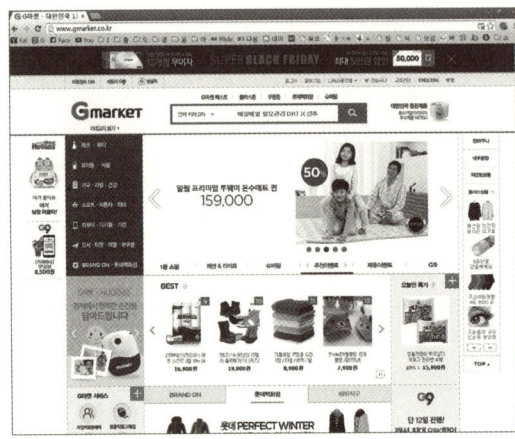

G마켓 광고는 크게 G마켓 메인 화면 노출 광고와 검색광고가 있습니다. 메인 화면에 노출되는 광고상품은 고가이고, 검색 시 상위에 노출되는 검색광고는 클릭당 과금이 부과됩니다.

1 : 메인 화면 광고상품

메인 화면 노출 광고	메인 화면 중앙	40개 계좌	주당 330만 원
	메인 화면 브렌딩보드	10개 계좌	주당 300만 원
검색화면/기타화면 노출 광고	검색화면 왼쪽 날개 부분	15개 계좌	주당 260만 원
	로그아웃 화면	10개 계좌	주당 190만 원
	이벤트홈 왼쪽 날개 부분	15개 계좌	주당 190만 원

※ 이 외 G마켓 메인 화면 광고상품은 '베스트 광고', '베스트 플러스 광고'가 있습니다.

2 : 검색광고상품

검색하거나 특정 카테고리를 클릭했을 때 상위에 표시되는 광고는 '파워상품 광고',

'스마트 클릭' 광고 등이 있습니다. 대부분 클릭당 과금되는 CPC 광고입니다.

'CPC 광고'는 매일 오후 17시 30분 직전 가장 비싼 값에 키워드를 낙찰받은 업체의 상품에 가중치를 주어 다른 업체의 동종 상품보다 상위에 노출하는 광고입니다. 상위에 노출되면 그만큼 클릭한 뒤 제품을 구입할 확률이 높지만 실판매 없이 클릭에 의한 광고비가 크게 발생할 수도 있습니다. 일반적으로 상위 카테고리의 상단에 노출하는 광고보다는 하위 카테고리의 상위에 노출하는 광고상품이 구매 회전률이 높은 효과적인 광고입니다.

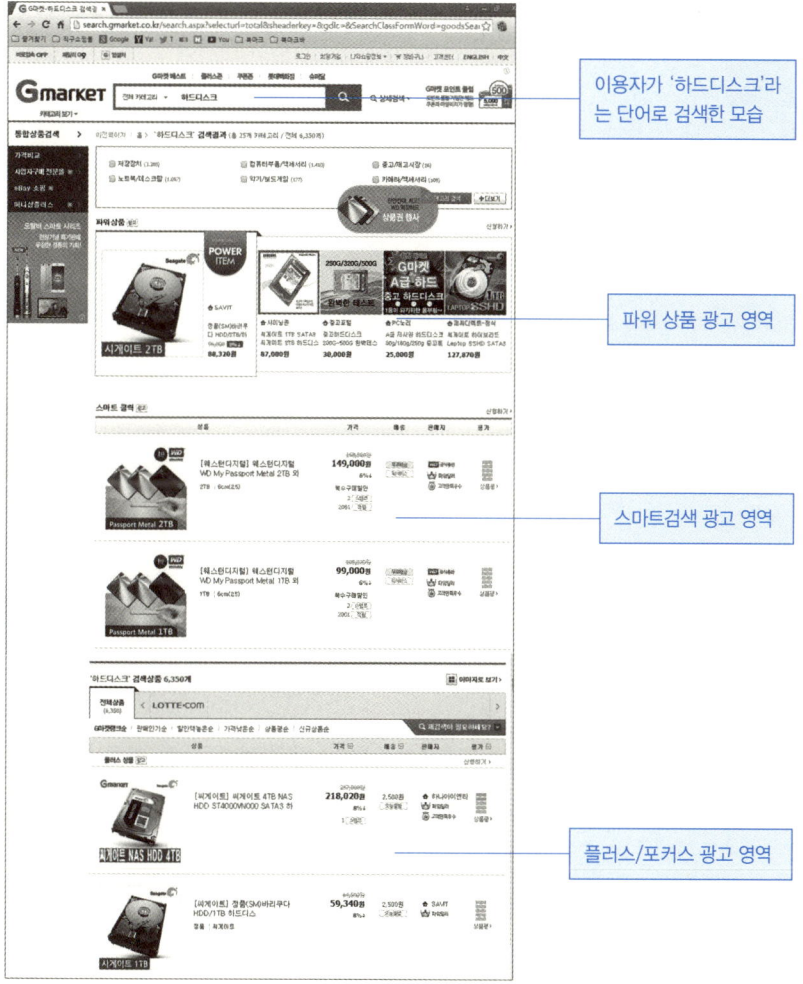

SECTION 17

오픈마켓에서의 검색광고 ② – 11번가

오픈마켓의 하나인 11번가에서도 이용자가 검색할 때 동종 상품보다 상위에 보이게 하려면 검색광고를 해야 합니다.

11번가의 광고 입찰 시간 및 금액 설정은 11번가 셀러오피스 메뉴의 '광고관리 페이지'에서 확인할 수 있습니다.

1 : 11번가의 광고상품

메인 화면 광고	메인 화면 광고	1일 노출	매일 입찰제
메인 화면 코너	11번가 랭킹광고, 베스트 플러스 광고, 공동구매, 해외쇼핑	1일 노출 (일부 기간제)	일정 금액
리스팅 광고	상품 1개 리스팅에 필요한 광고	7일 노출	3,000원 내외
	상품 세부설명에 동영상 광고	동영상 광고 추가 시	1일 200원 추가
	급상승 광고	검색 시 상위 노출	일정 금액
카테고리 광고	각 카테고리에서 다른 업체보다 상단에 노출하는 광고	카테고리 상위 노출	7일/1일 노출에 따라 요금 다름
HOT 클릭 광고	HOT 클릭 영역에 표시되는 광고	CPC 방식	매일 입찰제
TOP 클릭 광고	11번가 모바일 키워드 및 카테고리 최상단에 노출	7일 노출	주간 입찰제

2 : 11번가의 검색광고상품

11번가의 메인 화면, 코너광고, 카테고리 상위에 노출하는 광고는 상대적으로 비싼 편입니다. 이와 달리 이용자가 어떤 상품을 검색했을 때 나타나는 '추천상품', 'HOT 클릭', '파워상품', '플러스상품'은 상대적으로 저렴한 편입니다.

추천상품	노출 기간 7일(광고비 입찰제) ※ 해당 카테고리 검색어에서 제일 입찰 금액이 높은 다섯 개 상품만 7일간 노출하는 방식
HOT 클릭 상품	CPC 입찰제(클릭당 과금) ※ 실구매보다 클릭 수가 높을 수 있음.
플러스상품 (리스팅 광고)	노출 기간 7일(상품 등록비를 말함, 건당 3,000원 내외) 이용자가 상품을 검색했을 때 검색되도록 하는 광고. 비용을 추가하면 상대적으로 상위 노출 가능

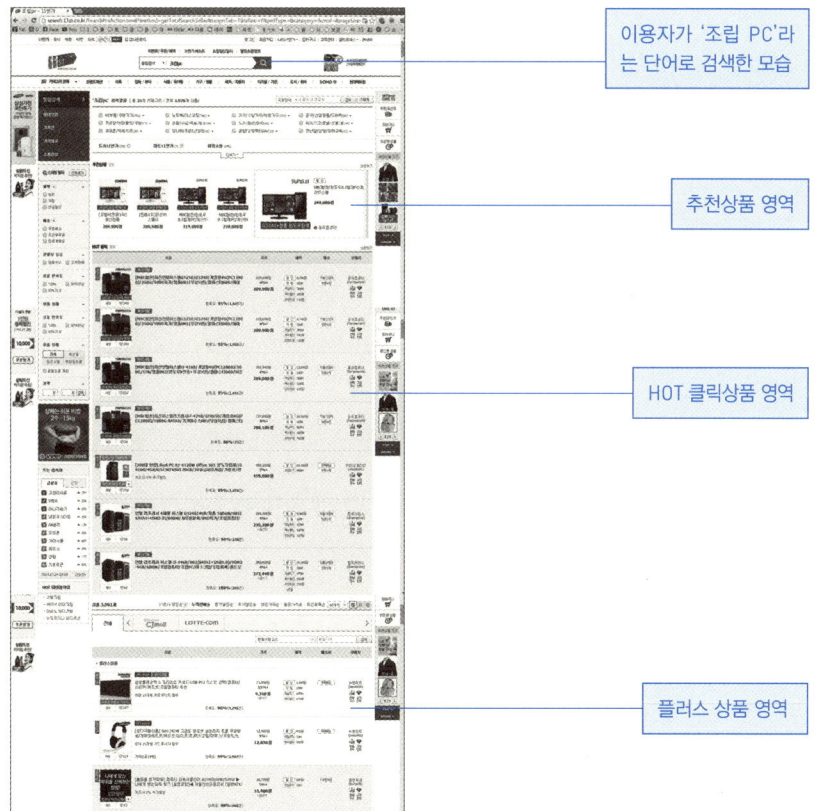

이용자가 '조립 PC'라는 단어로 검색한 모습

추천상품 영역

HOT 클릭상품 영역

플러스 상품 영역

SECTION 18

종합 쇼핑몰인 인터파크 쇼핑몰에서 판매하기
- 인터파크에서 오픈마켓 방식으로 입점하기

종합 쇼핑몰인 인터파크는 11번가나 G마켓과 같은 성격의 쇼핑몰입니다. 따라서 검색 광고를 하여 상위에 노출하는 전략이 필요합니다.

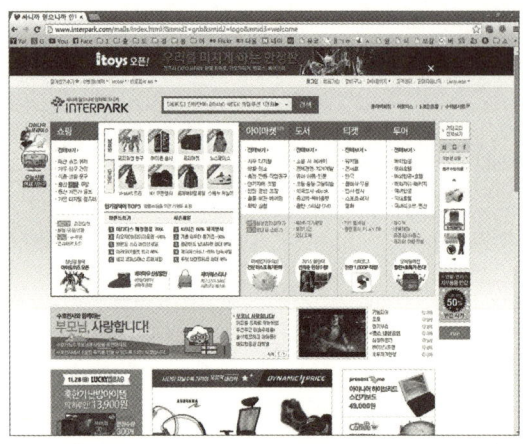

인터파크에 접속한 뒤 메인 화면 하단에 있는 '판매자 가입' 버튼을 클릭하면 인터파크 입점 서류를 작성할 수 있습니다.

종합 쇼핑몰 인터파크(www.interpark.com)

인터파크에서 판매할 수 있는 상품 카테고리는 다음과 같습니다.

디지털	컴퓨터, TV, 휴대전화, 게임기, 게임타이틀, 카메라, MP3, 어학기, 청소기, 밥솥, 냉장고, 백색가전제품 등의 모든 전자제품
리빙	완구, 문구, 철물, 자동차용품, 주방, 세제, 샴푸, 출산, 인테리어, 침구, 커튼, 꽃배달, 향초, 팬시, 사무기기 등의 모든 생활용품
레저	헬스, 다이어트, 악기용품, 운동기구, 골프용품, 자전거용품, 애완용품 등의 모든 레저용품
식품	쌀, 과일, 라면, 정육, 커피믹스, 즉석식품 등의 모든 식품
패션	남녀의류, 캐주얼, 신발, 언더웨어, 유아의류, 스포츠의류, 아웃도어, 화장품, 시계, 선글라스, 가방, 쥬얼리, 우산, 여행용품 등의 모든 패션상품

※ 사회 통념상 불법으로 간주된 상품은 인터파크에 입점할 수 없습니다.

인터파크의 판매자 가입 절차는 다음과 같은 순서로 진행합니다.

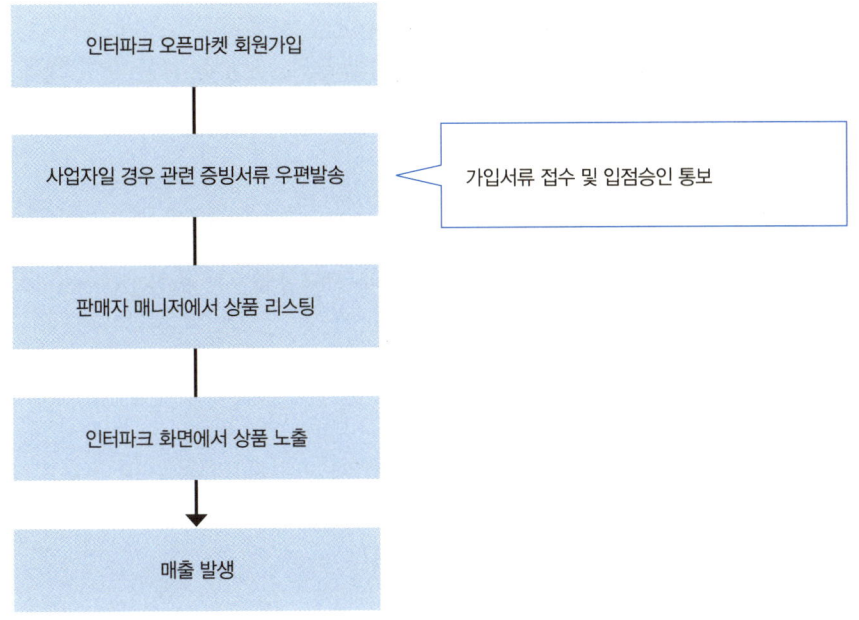

> 인터파크 판매자 가입자가 인터파크 내에서 검색 시 상위에 상품을 노출하려면 인터파크 내 검색광고를 하기 바랍니다.

신세계백화점/이마트의 인터넷 쇼핑몰인
- 신세계몰/이마트몰 입점 가이드

SECTION 19

신세계몰은 신세계백화점, 이마트몰은 이마트의 온라인 쇼핑몰입니다. 말 그대로 종합 쇼핑몰이지만 오픈마켓 스타일이므로 일반 사업자도 판매자로 가입할 수 있습니다.

신세계몰 혹은 이마트몰은 어느 정도 신용 능력이 있는 쇼핑몰에 한해 입점할 수 있습니다. 입점 서류 등록은 인터넷 신세계몰의 계약상담 시스템인 pco.ssgadm.com에서 진행합니다.

- 신세계몰 계약상담 시스템에 접속해 회원으로 가입
- 입점상담 신청서 접수
- MD상담 및 입점확정 여부 통보 ◁ 회사규모, 자본력, 제조/수입능력 확인
- 사업자번호를 기준으로 신용평가 실시
- 담당 MD의 인증번호 발급 ◁ 입점이 통과된 경우
- 입점 계약서등록 및 계약서 서명
- 신세계몰 회사 내에서 내부 결제 가부 절차 진행

```
신규 입점업체 입점 계약 완료
            ↓
      벤더시스템 계정생성
            ↓
업체정보(담당자, 배송비 정책 등) 수정  ◁── 자신의 미니숍을 수정하는 절차
            ↓
    PO 시스템으로 로그인 가능     ◁── 자신의 미니숍에 상품 리스팅 가능
            ↓
    담당 MD의 상품 확인 및 판매승인
            ↓
      인터넷 신세계몰 혹은
    이마트몰에서 상품 노출 시작
            ↓
       고객 주문 시 매출 발생
```

신세계몰이나 이마트몰에서도 중저가 제품을 판매할 수 있습니다. 단, 판매자로 가입할 때 업체의 신용도가 기준치 이상이어야 하므로 소자본 창업자는 판매자로의 가입이 어려운 편입니다.

오픈마켓에서의 광고, 이건 알고 시작해야 해
– 오픈마켓에서의 광고를 하기 전 심사숙고할 점

앞에서 말했듯 특정 키워드(예를 들면 신발이라는 검색어)를 가장 높게 구입한(낙찰받은) 업체의 제품을 상위에 노출하는 것이 오픈마켓의 검색 광고입니다.

1 : 어느 카테고리에서 광고하는 것이 좋을까?

오픈마켓에서 동종 제품보다 상위에 표시된 제품은 잘 팔려서가 아니라, 인기 판매 제품에 CPC 낙찰가를 주었기 때문인 경우가 많습니다. 제품 카테고리별로 다르지만 검색어(키워드) 낙찰에 필요한 최하 금액은 100원 내외, 높으면 몇천 원 할 수도 있습니다.

클릭당 그 금액이 과금되므로 처음 쇼핑몰을 창업한 사람이라면 당연히 이 CPC 광고를 피하는 것이 좋으며, CPC 광고를 하게 되더라도 소분류나 인기 없는 카테고리에서 상위에 노출하는 것이 실판매에 도움이 됩니다. 다시 말해, 인기 많은 메인 화면에서 상위에 노출하려고 광고비를 과도하게 책정하는 것보다는, 경쟁업체 수가 적은 인기 없는 소 카테고리에서 상위에 노출하는 전략이 실판매로 연결될 확률이 높다는 뜻입니다.

제품을 검색한 사람들은 대개 소 카테고리로 들어온 뒤 거기서 다시 제품목록을 재정렬해보고 구매 여부를 결정하므로 소 카테고리에서 상위에 노출하는 것이 좋은 전략이라고 할 수 있습니다.

오픈마켓 메인 화면에 노출하는 광고상품	→	대박을 터트릴 확률이 있는 상품은 메인 화면 광고 권장
오픈마켓의 소 카테고리 상위에 노출하는 광고상품	→	대박 날 만한 상품은 아니나 꾸준하게 고객이 있는 상품은 소 카테고리 광고 권장

2 : 사재기 수법을 활용한다

오픈마켓에서 검색광고를 하지 않고 자기 제품을 경쟁업체보다 상위에 노출할 방법으로는 자신의 제품을 사재기하는 방법이 있습니다. 이때 하나의 컴퓨터로 여러 개를 주문하면 조작이 들통 나므로 여러 PC방 컴퓨터에서 하나씩 주문하는 방법을 사용합니다. 그 결과 경쟁업체보다 판매량이 많으면 검색창의 상위에 표시될 확률이 높을 뿐 아니라 '판매량순'으로 정렬했을 때 상단에 노출될 수도 있습니다.

이때 국내 오픈마켓의 판매 수수료율이 평균 10%이므로 사재기한 총 금액의 약 10%에 해당하는 금액을 판매 수수료로 지불해야 한다는 약점이 있습니다. 예를 들어 10만 원짜리 전기밥통 세 개를 세 개의 ID로 사재기한 경우, 그만큼 검색창 상위로 올릴 수 있지만 상품대금 30만 원의 약 10%에 해당하는 3만 원을 오픈마켓에 수수료로 지불합니다. 아울러 사재기를 한 뒤에는 소비자인 척 제품에 대해 후한 댓글을 달아주기 바랍니다.

사재기 수법은 소량 판매되는 제품을 검색창 상위에 노출할 때 유용한 방법입니다.

3 : 저는 광고예산이 없는 업자입니다

광고예산이 없는 업자들이 유일하게 사용하는 방법이 가격을 낮추어 판매하는 가격경쟁입니다. 하지만 가격을 낮추어 판매하면 판매가 잘되어도 적자를 벗어날 수 없다고들 합니다.

국내 오픈마켓은 검색창에서 판매량 순위, 낮은 가격 순위, 할인율 순위 등으로 재정렬하는 기능이 있으므로 재정렬했을 때 상위에 노출하는 방법을 다양하게 연구해보는 것이 좋습니다.

또한 블로그와 SNS 게릴라 마케팅 등 여러 가지 몸으로 뛰는 마케팅이 있으므로 광고예산이 없는 사용자는 몸으로 때우는 마케팅 방법을 찾아봐야 합니다.

다른 업종도 마찬가지겠지만, 가격경쟁이나 광고예산의 무리한 확충보다는 좋은 상품을 먼저 발굴하고 상품상세설명창의 내용을 호감가는 내용으로 작성하는 등 고객과 친화적인 판매기술을 개발하는 전략이 필요합니다.

SECTION 21

인기 커뮤니티 사이트에 광고하기
– 이용자가 많은 인기 사이트 대문에 광고 걸기

인터넷 검색광고의 가장 큰 특징은 상품이 필요한 사람이 검색하고 클릭해서 한 군데서 구입한다는 점에 있습니다.

상품이 필요한 사람뿐만 아니라 필요없는 사람까지 구매로 유도하는 방법 중 가장 좋은 방법은 이용자가 많은 인기 사이트 대문에 광고를 거는 방법입니다. 유명 커뮤니티 사이트도 좋지만 그것보다는 무엇인가를 구매하려고 방문한 인기 사이트의 대문에 그 사이트와 관련 있는 상품들을 광고하는 방법입니다. 예를 들면 인기 서점 사이트에서 책과 관련된 '탁상램프'를 판매하는 것입니다. 책을 구매하기 위해 클릭한 고객들이 탁상램프 광고를 보고 탁상램프를 구매하는 경우가 있기 때문입니다.

예를 들어 반디앤루니스(구 서울문고)의 주력상품은 도서이지만 간혹 지갑이나 탁상램프를 대문에 광고하여 판매하기도 합니다.

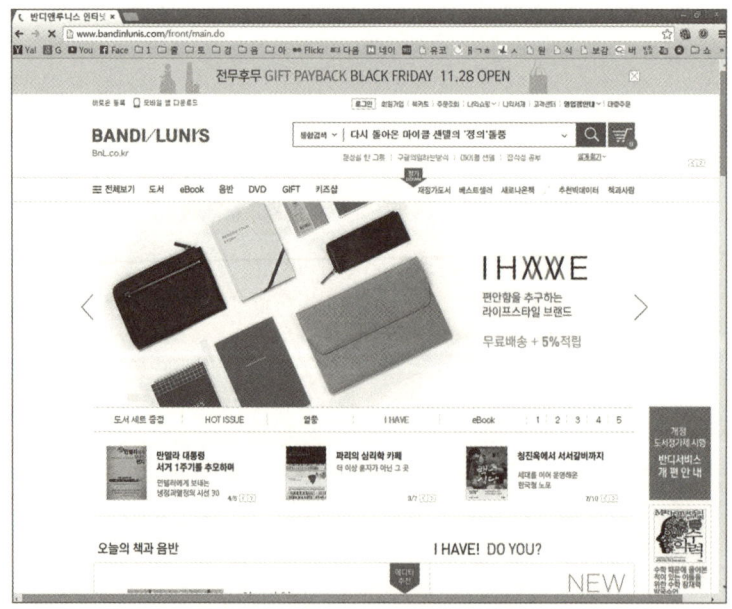

반디앤루니스(서울문고) 홈페이지의 지갑광고

이런 인기 사이트는 인터넷상에 많으므로 회원이 많은 인기 사이트를 알아낸 뒤 그 사이트에서 판매하지 않지만 관련이 있을 만한 상품을 곁다리로 광고합니다. 광고 요금은 사이트 운영자와 협의를 하면 합리적인 수준으로 낮출 수 있을 것입니다. 그런 뒤 일주일 혹은 한 달 기간으로 광고를 노출할 수 있도록 계약하고 광고 이미지 크기는 사이트 운영자와 협의 하에 제작합니다.

요즘은 인기 있는 인터넷 신문사의 관련 섹션에 광고를 하는 경향도 많습니다.

한정된 예산, 어느 광고가 우선일까? ①
– 손실보다는 이익을 높이는 광고 정책

처음 창업하면 오픈마켓과 포털 사이트 중 어느 쪽에 광고비를 써야 할지 모를 경우가 있습니다.

1 : 예산이 부족하다면 오픈마켓 내에서의 광고에 치중하라

광고 예산이 부족하다면 오픈마켓 내에서의 검색광고에 치중할 수밖에 없습니다. 국내 3대 오픈마켓은 네이버 파워링크와 지식쇼핑, 다음 프리미엄 링크와 쇼핑하우에서 광고하고 있으므로 시너지 효과가 높습니다.

오픈마켓 내에서의 검색광고는 가급적 세부 카테고리로 들어갔을 때 경쟁 제품군들과 비교해서 상위에 노출되는 광고가 좋습니다. 단, 오픈마켓을 통해 판매된 상품은 평균 10%의 판매 수수료가 있다는 점을 유념하기 바랍니다.

2 : 예산이 충분하다면 자신의 쇼핑몰 광고를 우선으로 하라

광고 예산이 충분히 준비되어 있다면 광고요금이 비싸더라도 클릭 시 자신의 인터넷 쇼핑몰이나 모바일 쇼핑몰로 연결되도록 광고 계획을 세우는 것이 업체 입장에서 가장 좋습니다. 자신의 쇼핑몰에서 물건을 판매하면 오픈마켓에서 판매할 때 들어가는 판매 수수료 10%를 절감할 수 있으므로 늘어난 순이익만큼 광고 예산을 증액할 수 있습니다.

기본적으로 해야 할 광고는 구글 애드워즈 유료광고와 페이스북 유료광고입니다. 포털 사이트의 유료광고상품과 검색광고상품은 서로의 장단점을 비교한 뒤 합리적으로 선택하기 바랍니다.

인터넷 유료광고상품들	포털사이트 디스플레이광고 포털사이트 검색광고 구글 애드워즈광고 페이스북 유료광고 카카오스토리 광고 신문사 사이트광고 가격비교 사이트광고 오픈마켓 내의 검색광고 E-메일 홍보 인기 커뮤니티 사이트광고
오프라인 유료광고상품	잡지광고 라디오광고 지하철광고 옥외노출광고
인터넷 게릴라 홍보 방법	페이스북을 이용한 게릴라 홍보 블로그를 이용한 게릴라 홍보 카카오스토리를 이용한 게릴라 홍보 트위터를 이용한 게릴라 홍보

※ 모든 광고는 자신의 쇼핑몰로 고객을 직접 유입시키는 것이 목표

한정된 예산, 어느 광고가 우선일까? ②
- 오픈마켓과 포털 사이트에서의 광고

어떤 상품을 어느 쪽에서 검색광고를 하는 것이 더 유리할까요?

1 : 경쟁 업체가 적으면 포털 사이트 검색광고가 좋다

예를 들어서 육두구 같은 향신료는 경쟁 업체가 별로 없으므로 포털 사이트에서 검색광고를 해도 검색어 입찰가가 낮으므로 광고에 유리합니다. 어차피 육두구 같은 단어를 찾는 사람들은 그 제품을 구입할 확률(구매전환율)이 다른 제품군에 비해 높습니다. 따라서 경쟁업체가 별로 없는 제품을 판매하는 사업자라면 포털 사이트의 검색광고에서 상위에 노출하는 것이 유리합니다.

2 : 경쟁 업체가 많은 상품이라면?

라면이나 과자 같은 경쟁 업체가 많은 상품은 판매가격경쟁도 치열하고 광고비 산출도 어렵습니다. 검색했을 때 상위에 노출하려고 검색어를 무한정 높은 가격에 입찰할 수도 없습니다. 판매자가 많은 제품일수록 클릭 대비 구매전환율이 낮으므로 검색어를 높은 가격에 입찰하는 것은 피해야 합니다.

즉, 경쟁업체가 많은 상품을 취급하고 있다면 광고상품을 구매할 때 보수적인 자세를 유지하는 것이 좋습니다. 포털 사이트의 검색광고보다는 광고비 대비 노출이 잘되는 사이트(예를 들면 인기는 있으나 광고가 별로 없는 인기 커뮤니티 사이트에서의 광고)를 찾아보는 것도 좋은 방법입니다. 경쟁자가 많아도 오픈마켓에서 상품이 노출되도록 최소한의 검색광고 예산을 할당하는 것이 좋습니다.

3 : 패션 상품 판매업자라면?

패션 상품은 판매상품의 종류가 충분할 경우, 검색되었을 때 상위에 노출되도록 하는 것이 일반적으로 좋습니다. 판매할 제품군이 충분하지 않다면 검색어를 높은 가격에 입찰하여 상위에 노출해도 구매전환율이 낮을 것입니다. 패션 상품은 판매할 제품군이 아주 많을 때, 검색어를 높은 가격에 입찰하여 상위에 노출하는 전략이 최고의 전략입니다.

4 : 유료광고, 어느 채널을 우선으로 해야 할까?

판매하는 품목의 성질에 따라 광고채널을 취사선택해야 합니다. 기본적으로 염두에 두어야 할 유료광고는 포털사이트 유료광고, 오픈마켓에서의 유료광고, 페이스북에서의 유료광고입니다. 유료광고는 판매상품에 따라 다르겠지만 검색광고에 70~80% 할당하고, 디스플레이광고(배너광고)에 20~30% 할당합니다. 디스플레이광고는 가로형보다 세로형이 더 잘 먹힌다는 통계가 나와 있습니다.

> **쇼핑몰의 광고예산은 얼마를 준비해야 할까?**
> 월 매출목표를 1,000만 원으로 설정한 경우, 월 광고예산은 월 매출의 10~15%인 100~150만 원으로 책정합니다. 책정 가능한 광고예산의 최대치는 월 매출의 30%이며 그 이상의 광고비는 적자와의 곡예를 유도합니다.
> 예를 들어 월 1,000만 원의 광고비를 집행한다면 최악의 경우 광고비 대비 3배인 월 3,000만 원의 매출을 발생시켜야 하며, 최상의 경우 광고비 대비 10배인 월 1억 원의 매출을 발생시켜야 합니다. 일반적으로 이 업계의 최소 생존조건은 광고비 대비 3배 매출이며, 광고비 대비 3배 이하의 매출이 발생하면 입에 풀칠하기 바쁘다가 폐업의 수순을 밟게 됩니다.
> 즉, 쇼핑몰 사업의 광고예산은 기본적으로 월 매출의 10~15%로 묶어두는 것이 좋으며, 투입한 광고비의 10배에 해당하는 매출을 올리는 것이 최고의 운영전략입니다.

24 SECTION
한정된 예산, 어떻게 광고해야 효과적일까?
– 포털 사이트 검색광고를 하기 전 준비 요령

구글, 네이버, 다음 등의 포털 사이트에서 검색광고를 준비한다면 그 전에 준비할 것이 있습니다.

1 : 비용 투자를 많이 했습니다. 그냥 구경했다가 떠나는 손님은 없어야겠죠

구글, 네이버, 다음 등의 포털 사이트에서 검색광고나 디스플레이광고를 하면 광고를 클릭해 쇼핑몰로 유입되는 고객들이 있습니다. 고객들은 아마 쇼핑몰 메인 화면을 검토하다가, 마음에 드는 물건이 있으면 구매하겠지만 마음에 드는 물건이 없으면 다른 곳으로 이동할 것입니다. 비용 투자를 많이 했는데 들어온 고객이 그냥 나간다면 이보다 억울한 일도 없을 겁니다.

2 : 광고하기 전 기획상품을 준비해라

광고를 보고 들어온 고객들이 여러분의 쇼핑몰이 다른 쇼핑몰과 차이점이 없다는 것을 발견하면 어떤 생각을 할까요? 바로 다음 쇼핑몰을 찾아 떠날 것입니다. 이를 방지하려면 쇼핑몰 메인 화면에 기획상품이나 미끼상품을 걸어야 합니다. 이왕 오신 손님이므로 맛있게 드시라고 양념 쳐놓고 기다리는 전략입니다.

기획상품은 다른 경쟁 쇼핑몰과 차별화가 되어 있거나 가격 이점이 있어야 합니다. 동종 업종에서 가장 핫한 아이템을 기획상품으로 걸어놓는 것이 광고를 보고 들어온 고객들을 그냥 떠나보내지 않고 붙잡을 방법일 것입니다.

매출을 일으킬 만한 기획상품과 미끼상품을 준비하지 않은 상태에서 광고를 게시하면 어떻게 될까요? 광고를 보고 유입된 손님은 있으나 매출이 발생하지 않으므로 헛돈을 쓰는 것입니다. 다시 말해 쇼핑몰 광고는 고객들이 군침을 흘릴만한 거대한 기획상품을 미끼로 걸어놓은 뒤 시작하는 것이 효과적이라는 뜻입니다.

3 : 기획상품을 쇼핑몰 메인 화면에 걸어라

기획상품은 쇼핑몰 메인 화면의 가장 집중되는 위치에 배치합니다. 미끼상품은 측면, 날개 부분에 배치합니다. 마음속으로는 마진 높은 제품을 노출하고 싶어도 기획상품을 주인공으로 부각하는 전략을 취하기 바랍니다.

4 : 2차 기획상품을 그 옆에 걸어라

기획상품에 실망한 사람들이 아무런 액션도 취하지 않고 떠나는 것을 방지하려면 기획상품 옆에 2차 기획상품을 걸어놓는 것이 효과적입니다. 이런 라인업이라면 이 쇼핑몰은 뭔가 구매할 가치가 있는 상대적 우위에 있는 쇼핑몰임을 각인시킬 수 있을 것입니다.

5 : 며칠 혹은 몇 달 뒤 재방문하는 고객을 잡아라

기획상품을 구매한 고객 중 몇 명은 어쩌면 며칠 혹은 몇 달 뒤 귀하의 쇼핑몰을 재방문할 수도 있습니다. "내가 전에 괜찮은 가격에 괜찮은 물건을 구매한 라인업이 좋은 쇼핑몰"이라는 생각을 했기 때문이겠지요. 당연히 그의 친구가 물건을 산다고 하면 소개를 해서라도 재방문할 겁니다.

고객이 재방문했는데 전에 팔았던 기획상품이 지금도 메인 화면에 대문짝만 하게 걸려 있다면 어떻게 될까요? 이전에 가졌던 괜찮았던 이미지는 연기처럼 사라질뿐 아니라 영업을 아예 중단한 쇼핑몰로 보일지도 모를 일입니다.

기획상품이란 계절별, 기념일별, 월별로 라인업을 짜서 영업일정에 맞추어 새 상품으로 업데이트하는 전략이 필요합니다. 방문할 때마다 탐나는 기획상품이 매번 보이는 쇼핑몰이라면 고객들이 항상 우선순위로 방문하는 쇼핑몰이 될 수 있습니다.

증명사진 찍으러 가야 하는데 그 전에 헤어숍을 들려야 할까 봐요.

좋은 생각입니다. 증명사진을 먼저 찍고 헤어숍에 가는 것보다는 바른 판단입니다.

이제 무슨 말인지 이해했습니다. 광고를 게시하려면 먼저 고객들의 입질이 있을 만한 기획상품을 준비해놓고 광고하라는 거죠?

그렇습니다. 광고 때문에 고객의 입질이 있는 것이 아니라, 고객이 입질할 수밖에 없는 매력적인 상품이 있었기에 광고효과가 나는 것입니다.

25 SECTION
매출을 올리는 기획상품 검토하기
– 쇼핑몰 창업자들이 기획상품을 발굴하는 방법

쇼핑몰 초보 창업자들을 위해 기획상품을 구성 및 발굴하는 방법을 알아봅니다.

기획상품은 여러 가지가 있지만 일반적으로 가격경쟁력을 무기로 하는 사례가 가장 잘 먹힙니다. 아울러 소비자의 필요성, 시장 상황(트렌드), 시기 적절성, 다른 상품들과의 시너지성, 디자인 경쟁력 등을 체크한 뒤 기획상품을 기획하기 바랍니다.

반값 할인·특가상품	소비자가 싸게 나온 이유를 모르는 상품. 같은 상품인 듯 보이지만 실상은 한두 단계 사양이 낮은 전자제품들. 저렴하게 도입할 수 있으므로 특가판매해도 이문이 남음.
품질 우수제품	품질적 경쟁력이 우수한 제품군에서 기획
디자인 우수제품	디자인적 경쟁력이 우수한 제품군에서 기획
해외명품	독점 가능한 해외명품, 병행수입한 해외명품에서 기획
유행상품	TV를 통해 막 크게 유행하기 시작한 제품군에서 기획 SNS에서 입소문 나기 시작한 제품군에서 기획
신상	최신 신상 중 장점이나 특징이 있는 제품
독점상품	독점 중인 상품은 그 자체가 기획상품
이월상품	1~2년 전에 만든 이월상품이 기획상품
지능·아이디어 상품	생활잡화나 주방잡화 상품군에서 지능형 상품 아이디어 자체가 좋은 상품
전문가용 상품	전문가들이 사용하는 상품군, 한 단계 높은 기술력 상품
기념일상품	발렌타인데이 같은 기념일에 선물하는 상품군
계절상품	계절에 맞게 구성한 상품
개학 이벤트 상품	개학시즌에 맞추어 싸게 판매되는 상품들. 개학시즌에는 다들 싸게 판매하므로 역으로 개학시즌을 피한 특정 기념일(스승의 날 등)에 싸게 판매하는 전략을 시도
한정상품	특정 지역 한정 상품, 단종 마감 상품, 한정 수량 생산 상품, 구하기 어려운 상품 등이 기획상품군
세트상품	시너지, 관련성이 있는 제품으로 구성한 세트상품
주력상품	쇼핑몰의 주력상품. 상대적으로 다량 확보하여 가격경쟁에서 앞서나갈 수 있으므로 기획상품군에 해당

SECTION 26

카카오톡에서 할 수 있는 모바일 쇼핑몰
– 카카오톡 쇼핑몰과 카카오톡을 이용한 광고

국내외 1억 명 이상이 사용하는 카카오톡을 이용한 광고를 알아봅니다.

카카오톡은 다음카카오에서 서비스하는 대표적인 모바일 서비스입니다. 각 서비스의 자세한 제휴 방법은 with.kakao.com 홈페이지에서 확인하기 바랍니다.

1 : 카카오스토리

일반 사용자들이 자신의 스토리(게시글)를 카카오스토리 사용자들과 공유할 목적으로 올리는 기능입니다. 쉽게 말하면 트위터와 페이스북이 혼합된 기능입니다. 이용자 누구나 해시태그로 게시글을 검색할 수 있고, 채널 생성 기능으로 관심 있는 사람들만 친구로 만들 수 있습니다.

특징	친구, 가족 간의 사적인 내용을 공유할 목적으로 사용하거나 소규모 쇼핑몰 업자가 게릴라 홍보를 할 목적으로 사용 가능합니다. ※ 게릴라 홍보 목적의 해시태그 사용 예제 광고 문안이나 판매하는 상품 사진과 설명을 올린 뒤 해시태그 #을 입력해 상호와 상품명을 작성. 예를 들어 게시글에 '겨울옷'이라는 해시태그를 추가하면 '#겨울옷'으로 검색한 사용자들에게 자신의 게시글이 검색되므로 게릴라 홍보용으로 활용 가능합니다. 2분 전 #겨울옷 #데일리룩 #prettygirl #겨울옷 #옷가게 #옷 #여자옷가게 #유니크 #공유 #옷코디 #아우터 #신데렐라 #서울 #이대옷가게 #스타일 www.google.com	게릴라 광고 밑에 해시태그를 작성한 예제 자신의 모바일 쇼핑몰 혹은 인터넷 쇼핑몰 주소 또는 카카오 스타일 입점 주소 작성

2 : 카카오톡

친구, 가족 간의 문자 대화 기능입니다.

특징	친구, 가족 간의 문자 대화 용도로 사용 ※ 특성상 친구나 가족이 아닌 사람은 정보를 볼 수 없음.

3 : 카카오 스타일

중소 쇼핑몰 업자가 자신의 상품을 패션 정보 서비스인 카카오 스타일에서 입점 판매하는 기능입니다. 패션 관련 쇼핑몰 업자만 입점 가능합니다.

특징	패션 관련 쇼핑몰 업자가 패션 정보 서비스인 카카오 스타일에 입점하여 자신의 상품을 노출한 뒤 판매하는 방식 ※ 모바일 쇼핑몰을 운영하는 사업자에 한해 입점 가능 ※ 월평균 300만 원 이상의 입점비를 임대료로 지불

4 : 카카오 플러스 친구

대기업 브랜드가 일반 카카오 유저들을 친구로 만든 뒤 프로모션(광고) 목적으로 활용하는 기능입니다.

특징	대기업 브랜드에서 광고 프로모션을 친구들에게 보낼 수 있고, 새 친구(팬)를 빠른 속도로 만들 수 있습니다. ※ 브랜드의 프로모션 송출비용은 일주일당 1,000만 원 이상의 기본료 필요 ※ 기본적으로 10만 명 이상에게 2회 이상의 송출 기능을 무료 제공하며 송출 받을 친구가 많을수록 송출 비용 높아짐.

5 : 카카오 페이지

앱을 만들지 않고 유료 콘텐츠(음원, 동영상, 전자책, 만화 등)를 모바일에서 유통하는 기능입니다.

특징	별도의 앱을 만들 필요가 없습니다. 모바일에서 바로 판매 및 다운로드 가능한 유료 콘텐츠를 유통할 목적으로 사용합니다. 수익배분은 안드로이드/애플 앱을 통해 인앱빌링 방식으로 구매할 경우, 구글이나 애플에 30%, 콘텐츠 저작권자에게 50%, 카카오가 20%를 나누어 가지는 구조입니다. 예를 들어 건당 1,000원에 판매한 경우 300원은 구글이나 애플이, 500원은 저작권자가, 200원은 카카오가 가집니다. ※ 카카오페이지 판매자 사이트를 통해서 콘텐츠를 제작 판매 ※ 개인 혹은 법인 사업자등록증 필요

6 : 아이템 스토어

친구들과 재미나게 대화를 나눌 수 있는 이모티콘이나 카카오톡 테마 등의 아이템을 판매하는 스토어입니다.

특징	캐릭터나 아이템의 저작권을 소유한 개인 또는 법인 등의 업체가 판매업체로 등록할 수 있습니다. ※ 사행성, 음란성 콘텐츠 판매 불가

CHAPTER 10

쇼핑몰을 브랜드로 만드는
일급 창업전략

SECTION 01 창업할 때부터 쇼핑몰을 브랜드화하기
– 브랜드화할 목적으로 쇼핑몰 상호를 작명하자

쇼핑몰을 평생 직업으로 가져가려면 쇼핑몰 창업 시 브랜드화하는 전략이 필요합니다. 브랜드화하려면 쇼핑몰 상호 작명부터 신경 써야 합니다.

쇼핑몰 상호 작명 시 참고할 만한 단어 리스트입니다.

패션몰 신발몰	goofy girl, pretty	얼빠진 여자지만 사랑스러운, 외형 관련 단어
	urban life, modern, selfish, it	도시 생활, 현대 유행어
	workshop, business, boutique	워크숍, 비즈니스, 부티크 관련 용어
	type, style, trend, studio	유형, 스타일, 트렌드 관련 단어
	slow fashion, fit, outfit	패션, 모델, 피팅, 의류 관련 단어
	natural, tree, fox, gentleman	자연, 풍경, 나무, 동물, 남성, 여성 관련 단어
	music, tempo, jazz	음악 관련 단어
	coffee, banana, cocoa	커피, 과일 관련 단어
	comfort, life, movement	편안함, 착용, 생활, 운동 관련 단어
	first class, luxury, super	최고, 사치 관련 단어
	episode, stream, today, item	에피소드, 시, 문학, 오늘, 시대, 일상 관련 단어
	NYC, paris, tiki, avenue	유명 도시, 신화, 거리, 길 관련 단어
	따뜻한… sweet…	감정, 오감, 달콤함 관련 한글 혹은 영어 단어
	초록, 푸른…	색상 관련 한글 단어
	허브 이름	각종 허브식물 이름이나 학명 관련 단어
식품몰 농수축산몰	farm, organic, wild	농장, 유기농, 야생 관련 단어
	초록, 푸른	색상 관련 한글 단어
	food, dish, glass, banana	음식, 요리, 과일 관련 단어
	diet, healthy, balance	다이어트 관련 단어
	recipe, supeun, container	레시피, 조리법, 수저, 용기 관련 단어
	fast, slow	속도 관련 단어
	coffee, tea, aroma	커피, 녹차, 홍차 관련 단어
	natural, tree, sun	대자연, 나무 관련 단어
	cream	각종 식품 재료 이름이나 학명 관련 단어
	허브 이름	각종 허브식물 이름이나 학명 관련 단어

휴대전화몰 전자몰 기계장비몰 주방몰	digital trends	디지털 동향
	globe, planet, world	우주, 지구, 행성, 세계 관련 단어
	network, mobile	네트워크, 모바일 관련 단어
	bios, rom	바이오스, 롬 관련 단어
	device, tool	장치, 연장, 도구 관련 단어
	homeware, family	가전, 주방, 가족 관련 단어
	quick, rate, express	속력 관련 단어
	electron, proton, performance	전자 관련 단어
	life	생활 관련 단어
액세서리몰 사무용품몰 화장품몰 잡화몰	decoration, ornament	장식물 관련 단어
	coffee, aroma	커피 관련 단어
	fountain, piece, architecture	분수, 조형물, 건축 관련 단어
	bird	조류 관련 단어
	celebration, gift, birthday	행사, 기념식, 선물, 생일 관련 단어
	DIY, auto, office, desk	DIY 조립, 오토, 사무실 관련 단어
	letter, diary, goods	편지, 회상록, 일기, 상품, 업무 관련 단어
	inspiration, magic, Beauty	영감, 자극, 예언, 마술, 아름다움 관련 단어
	episode, poet	에피소드, 수필, 시, 문학 관련 단어
	happiness, lavish, therapy	행복, 호화로움, 치료, 치유 관련 단어
	first class, luxury	최고, 사치 관련 단어
	허브 이름	각종 허브식물 이름이나 학명 관련 단어

02 감각적으로 조합한 쇼핑몰 상호 만들기 – 쇼핑몰 상호 조합 예제

다음은 감각적으로 쇼핑몰 상호를 작명한 예제입니다. 쇼핑몰 명칭을 지을 때는 한 발자국 뒤에서 생각하면서 작명하기 바랍니다.

아래 상호에서 왼쪽은 흔히 생각하는 상호이고 오른쪽은 추천하는 상호입니다.

흔히 생각하는 상호	추천하는 상호
아이 옷 전문숍	밀리언달러 베이비몰
아저씨 농장	푸른 아저씨네 농장
형제카메라	형님아우님 카메라몰
Urban Overcoats ※ 도시형 오버코트	Bohemian Urban Overcoats ※ 보헤미안풍 도시형 오버코트
man's cosmetics ※ 남자 화장품	man's skin ※ 남자의 피부
Yellow Banana ※ 노란 바나나	Me My Banana Girls ※ 나와 나의 바나나 소녀들
Coffee Trader ※ 커피 무역상	Brown Mug ※ 갈색 머그컵
Office Supplies Dealer ※ 사무용품 판매점	Office Container ※ 사무용품 콘테이너 숍

03 SECTION

쇼핑몰이 저절로 떠오르는 포지셔닝 – 쇼핑몰에 아이덴티티를 부여하자

난립하는 쇼핑몰 세계에서 자신만의 고유 모습을 보여주는 것은 어려운 일입니다. 쇼핑몰의 인상을 각인시키기 위해 쇼핑몰에 아이덴티티를 부여하는 것이 좋습니다.

핑크 쇼핑몰	←	쇼핑몰 색상배합에서 핑크색을 많이 사용
농수산 쇼핑몰	←	안구정화용 풍경사진 갤러리 운영
남성 패션몰	←	해외 남성 패션정보 게시판 운영
자동차용품몰	←	자동차 관련 이야깃거리 게시판 운영
주방용품몰	←	해외 최신 요리 레시피 정보 게시판 운영

> 외부 콘텐츠를 자신의 쇼핑몰에 링크할 때는 저작권법상 하자 없는 콘텐츠를 링크하고 원저작자, 출처를 밝히는 것이 쇼핑몰의 윤리입니다. 만일 저작권법상 문제가 발생할 수도 있는 콘텐츠라면 퍼오는 것을 피하기 바랍니다.

쇼핑몰 방문자에게 쇼핑몰 각인시키기
– 쇼핑몰 아이덴티티를 유명 문구로 구현하기

쇼핑몰 메인 화면에 문구를 걸어놓으면 쇼핑몰의 아이덴티티가 생깁니다. 누구나 아는 유명한 문구는 물론 10대 청소년들에게 친근한 은어를 사용해 만들 수 있습니다.

일반적으로 유명 문구를 조합해 쇼핑몰을 한눈에 파악할 수 있는 문안을 만드는 것이 좋습니다.

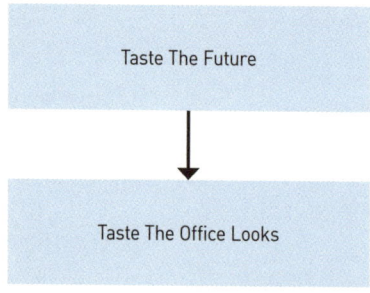

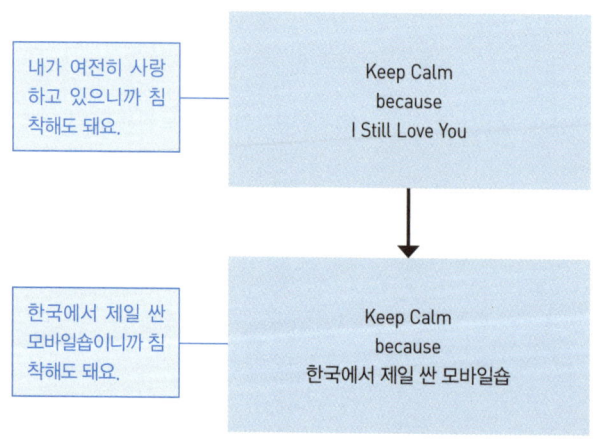

| 완전 싼 쇼핑몰이에요~ |

| 이 쇼핑몰이 싸다는 것을 친구들에게 알리기 있기? 없기? |

| 대한민국 일류상품을 모아놓은 종합 쇼핑몰입니다 |

| 전 상품 반값 쇼핑몰 | 365일 매일 1+1 기획상품이 있어요 |

| 직거래 같은 쇼핑몰~ 오늘도 행복한 예감 커피향 나는 쇼핑몰이에요^^ |

| 사랑스러운 러블리 |
| 주문폭주에 정신없이 바빠요~ 굿 초이스 해주세요 |

| 부담 없는 가격~ 어느 옷에도 매칭 가능한 10대 옷 전문점이에요 |

| 레어 아이템만 판매해요 | 해외직수 신상슈즈 전문매장 | 스티브 잡스도 주문한 조립 PC 전문점 |
| 아실 거예요 정말 싸고 좋은 신발몰이에요 | 남자의 멋은 오버코트 | |

| 매일매일 원가보다 싸게 파는 우리 사장님이 불쌍해요 |

톡톡 튀는 마케팅 문안 작성하기
– 쇼핑몰 마케팅 문안 예제

쇼핑몰용 마케팅 문안 작성은 어떻게 해야 할까요? 인터넷 광고 특성상 짧으면서 인상적인 문안이 좋습니다.

"트랜디한 보헤미안 컨템포러리 스타일 점퍼"
– 남자 패션의류 쇼핑몰

"이게 바로 상상 속의 군대 짬밥. 여자친구가 좋아해요."
– 군대식단 전문 쇼핑몰

"반값 할인을 이긴 쇼핑몰"
– 휴대전화 전문 쇼핑몰

"여긴 신발만 있다규~ 싸다고 난리랍니다! 완전 신세계! 뿌듯~"
– 슈즈 전문 쇼핑몰

"불타는 금요일 클럽데이에 착용하는 여우만의 스커트예요.
늑대들의 도톰한 시선을 느낄 수 있는 아이템이랍니다."
– 여성의류 전문 쇼핑몰

"취향과 법에 저촉되는 남자는 착용할 수 없는 비즈니스 정장 수트랍니다."
– 남성 신사복 전문 쇼핑몰

"빼빼로데이~ 짱 맛있어요. 일단 먹고 봐야 해."
– 과자 쇼핑몰의 과자 홍보

"회사에서 각선미를 살리는 오피스룩"
– 여성 오피스룩 전문 쇼핑몰

"고객님, 만수르도 클릭하는 PC 쇼핑몰에 오셨습니다."
– 조립 PC 전문 쇼핑몰

"우수한 착용감, 큰 얼굴도 오밀조밀한 작은 얼굴로 만드는 머스트 잇 아이템 플로피햇 신상 모자랍니다."
– 여성 패션모자 전문 쇼핑몰

"혹한의 빙벽에서, 시속 70Km로 달릴 수 있답니다. 고객님도 같이 달려유."
– 아웃도어 쇼핑몰 등산화 광고

"부드러운 착용감, 라인이 살아나는, 빛의 날개를 달아주는 원피스랍니다."
– 여성 패션의류 전문점

쇼핑몰 광고 포지셔닝
– 인터넷 쇼핑몰 광고는 아이덴티티를 앞세운다

쇼핑몰 광고문안에 대해 알아봅니다. 인터넷 광고는 이미지+텍스트입니다. 광고는 곧 쇼핑몰의 얼굴이므로 텍스트를 신중하게 생각해 아이덴티티를 넣습니다.

한 예로 여성복 패션몰이라고 가정하겠습니다. 여성복도 무수히 많은 분야가 있으므로 쇼핑몰 아이덴티티를 설정해야 합니다. 예를 들면 오피스걸을 타깃으로 하는 오피스룩 전문 쇼핑몰과 가정주부를 타깃으로 하는 미시 쇼핑몰이 있을 것입니다. 오피스룩도 타기팅을 20대, 30대 세대별로 구분할 수 있고 직군은 대기업, 중소기업, 전문직 여성군으로 나눌 수 있습니다. 광고 텍스트의 포지셔닝은 곧 타기팅되는 고객에 맞추어 제작하는 것이 광고 효과가 높을 것입니다.

다음은 네이버에서 검색한 내용입니다. 텍스트에 쇼핑몰의 아이덴티티가 보입니다.

1 : 네이버에서 '여성복'이란 단어로 검색한 결과

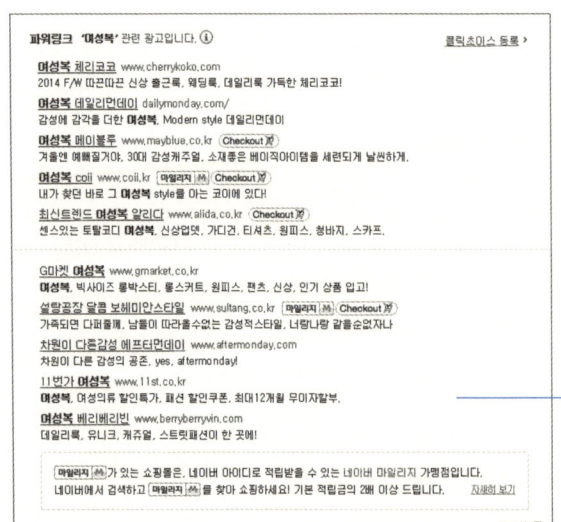

여성복 전문 쇼핑몰들입니다. 감성, 감각, 유니크 등의 단어로 쇼핑몰의 아이덴티티를 부여합니다. 여성지에서 많이 볼 수 있는 패션 관련 단어를 응용합니다.

인터넷 광고는 텍스트 하나하나가 클릭하게 하느냐 마느냐를 결정합니다. 광고 문안을 작성할 때는 흔히 사용하는 생활 단어보다는 호기심을 유발하는 단어의 선택이 중요합니다. 가장 흔한 예가 '유재석이 타고 다닌 자동차는 얼마?' 이런 식의 광고 문안까지 등장해 결국 신문기사라고 착각하고 클릭하는 일도 벌어졌습니다. 물론 연예인 이름을 인터넷 광고에 사용할 수는 없습니다. 그래서 흔히 나오는 광고가 '드라마 ○○○에서 여주공인 입은 신상품…' 이런 식으로 비틀어서 광고 문안을 작성하기도 합니다.

2 : 네이버에서 '스마트폰'이라는 단어로 검색한 결과

> 단통법 시행으로 스마트폰의 가격이 비싸지자 업자들이 가격 경쟁을 벌이는 모습입니다. 싸다, 중고폰 등의 저렴함을 강조하는 단어로 쇼핑몰의 아이덴티티를 부여하고 있습니다.

3 : 네이버에서 '등산화'라는 단어로 검색한 결과

```
파워링크 '등산화' 관련 광고입니다. ⓘ                          클릭초이스 등록 >

등산화 전문 브랜드 칸투칸 www.kantukan.co.kr
2014 트레킹화, 등산화 5만원대 부터! 뛰어난 접지력, 구매후기 확인!
등산화 전통 브랜드 캠프라인 www.campline.co.kr
등산화 전통 브랜드. 1974년부터 이어온 장인정신. 진짜 등산화 캠프라인.
G마켓 등산화 www.gmarket.co.kr
등산화, 최대 10% 최대 12번 할인. 쇼핑은 시작부터 끝까지 G마켓.
등산화전문 오케이몰 www.okmall.com
최저가 아닐시 무조건 보상, 위조상품 300%보상제, 당일배송, 5년 A/S
옥션 등산화 www.auction.co.kr
완벽방수, 튼튼한 기능성 등산화 특가SALE! 고어텍스, 트렉스타, 무료배송.

특가할인 등산화 가야미 www.gayamy.co.kr  Checkout
등산화, 아차산 1번출구 오프라인매장, 캠핑, 등산용품 기획할인.
쿠팡 등산화 www.coupang.com
비버리힐스, POLO, 클럽 트레킹 운동화, 한정수량, 특가판매, 마감임박.
등산화 슈퍼스포츠제비오 www.xebiokorea.com
등산화 브랜드 등산화 19,000원부터, 무료배송, 스포츠용품 멍키닷컴1위
NEPA 등산화 www.nepa.co.kr
X- VENT 방습투습! 네파 등산화, 부위별 맞춤 쿠션으로 안정감UP!
11번가 등산화 www.11st.co.kr
등산화, 트레킹화, 완벽방수, 인기상품특가, 무료배송, 최대12개월 무이자할부.

                                                              더보기
```

> 등산화는 광고 문안에서 아이덴티티를 잡는 것이 어려운 품목입니다.
> 첫 번째 업체의 광고 문안은 '뛰어난 접지력'이란 문안이 업체의 아이덴티티입니다.
> 네 번째 업체는 '위조상품 300% 보상제'가 아이덴티티, 일곱 번째 업체는 '외제 브랜드 트래킹화 판매 전문'이 업체의 아이덴티티입니다.

과거에 사용했던 구식 휴대전화는 깊은 산에 올라가면 안 터지는 경우가 많았습니다. 그래서 휴대전화 광고에 '안 터지는 데가 없다'라는 문구까지 등장했습니다. 만일 요즘 스마트폰 판매업자가 '안 터지는 데가 없다'라고 광고를 하면 어떻게 될까요? 다들 비웃음의 미소를 지을 것입니다.

요즘은 '온라인에서 이보다 싸게 파는 곳은 없다'라는 광고 문안이 잘 먹히다가 이젠 이러한 카피가 안 통하는 시대가 되었습니다. 차라리 '나보다 싸게 스마트폰 파는 온라인상점 있으면 나와보라고 해!'라는 카피를 사용하면 잘 통할 것 같습니다.

07 클릭 수, 구매전환율을 높이는 단어의 선택
– 검색광고 문안에는 어떤 단어의 사용이 좋을까?

인터넷 검색광고와 홍보 메일의 클릭 수를 높일 수 있는 단어를 알아봅니다.

클릭 수를 높이기 위해 판매자의 검은 의도를 드러내는 단어를 사용하는 것은 업체의 신뢰도를 격하시킵니다. 흥미를 끄는 단어를 사용하되 실구매자의 눈높이에 맞추는 것이 중요하며 이런 점이 실구매자의 클릭 수와 구매전환율을 높이는 전략입니다.

1 : 할인매장, 혹은 상설할인매장이란 단어가 클릭 수를 높인다

상설할인매장이란 단어는 클릭 수를 높일 수 있는 가장 중요한 단어입니다. 물론 일반 업체라면 저런 홍보를 할 수 없지만 가격 경쟁을 주무기로 하는 업체라면 저런 홍보가 가능합니다. 가격경쟁이 주무기가 아닌 일반업체라면 가격할인 같은 '가격할인행사', '쿠폰발행' 등의 단어로 클릭 수를 높일 수 있습니다. 물론 홈페이지에 접속했을 때 실제로 할인하는 상품이 준비되어 있어야 합니다.

2 : 클릭으로 접속했을 때 광고에서 보았던 '홍보내용'이 홈페이지 초기화면에 떠 있어야 한다

'영어에 능숙해지는 기계'라는 카피로 광고했다고 가정합니다. 소비자는 그 광고를 보고 클릭합니다. 그런 뒤 홈페이지 초기화면으로 연결되어 보니까 '영어에 능숙해지는 기계'는 없고 '30년 전통의 영어학원'이란 글자가 기다리고 있습니다. 소비자는 홈페이지 어느 구석에 '영어에 능숙해지는 기계 상품'이 처박혀 있는지 모르므로 당황해 합니다.

말하자면, 검색광고나 E-메일에서 보았던 내용이 홈페이지 초기화면에 반드시 노출되어 있어야 한다는 뜻이며, 그것이야말로 구매 전환으로 이어질 확률을 높일 수 있습니다.

3 : 광고 문안은 5~10초 안에 해석 가능하게 만들어라

타이틀 카피 문구와 제품 설명 문구는 5~10초 안에 해석할 수 있도록 요점 위주로 작성합니다. 다이어트 제품이라면 '국내 ○○○ 박사님이 30년 연구하여…'라는 구시대적 설명이 아닌 '한 달 투자 누구나 5Kg 감량' 등이 요점 위주 문구입니다. 나머지의 부수적인 내용은 얼마든지 자신의 쇼핑몰에서 별도 설명할 수 있는 부분입니다.

광고 문구의 작성원리는 매우 간단합니다. 먼저 타이틀 카피, 부주제 1, 부주제 2, 부주제 3 등에 해당하는 카피를 항목별로 선정해 내용을 압축합니다. 그런 뒤 소비자가 순차적으로 제품의 장점을 입수할 수 있도록 타이틀, 부주제 1, 부주제 2, 부주제 3의 순서로 카피 문구를 작성합니다.

만일 치즈맛으로 유명한 과자를 홍보한다면 '맛있기로 유명한 치즈과자, 이건 꼭 먹어봐야 해!'가 타이틀 카피가 될 수 있고, 그 과자의 원료로 사용한 치즈가 맛있는 이유, 인기 이유, 유례나 역사, 판매량, 고급치즈라고 불리는 이유, 비하인드 스토리 등이 부주제 1, 2, 3…이 됩니다. 즉, 타이틀 카피와 부주제의 내용은 피라미드형으로 연상되어야 합니다.

08 인상적인 사진광고 만들기
– 애완용품 쇼핑몰 광고 예제

쇼핑몰을 홍보할 수 있는 인상적인 광고나 이야기 만드는 방법을 알아봅니다.

최근 외신에 올라온 기사 중에는 First Class Dogs(퍼스트 클라스 개)라는 기사가 있습니다. 애견가인 소문난 부자가 비행기의 퍼스트 클라스를 이용해 개와 여행하는 사진기사입니다. 애완용품 쇼핑몰 업자라면 이를 응용해 광고나 재미난 이야기를 만들 수 있을 겁니다.

1 : 비행기의 퍼스트 클라스에 탑승한 개?

일개 쇼핑몰 업자가 광고를 찍기 위해 비행기를 임차할 수는 없을 겁니다. 사실 개를 비행기 좌석에 태우는 것은 부자들도 할 수 없는 일입니다.

2 : 그럼 퍼스트 클라스 호화요트?

일개 쇼핑몰 업자로 시도는 해볼 만하지만 호화요트를 섭외하려면 역시 비용이 많이 듭니다.

3 : 어선을 섭외할까?

이것은 누구나 가능합니다. 어선은 5~10만 원 정도면 누구나 30분 정도는 섭외할 수 있기 때문입니다. 부두로 달려가서 놀고 있는 선장을 만나 30분 동안 근처 연안을 어선을 타고 한 바퀴 돌고 싶다고 말하십시오. 그리고는 바다에서 질주하는 어선 위에서 자신의 애견 사진을 찍습니다. 그렇게 만든 사진을 애완용품 쇼핑몰 광고로 사용하자는 전략입니다. 이때는 퍼스트 클라스 개가 아니므로 광고 문안도 바꾸어야 합니다.

4 : 세컨드 클라스 개?

만일 앞의 어선에서 찍은 애견 사진을 광고로 사용한다면 '세컨드 클라스 개'가 적절해 보이는 광고 문안입니다. 비행기도, 호화요트도 아닌 어선을 타고 여행하는 개이므로 누가 봐도 '세컨트 클라스 개'입니다. 쇼핑몰 고객들에게 웃음과 재미를 줄 수 있는 광고입니다. 이 광고의 핵심은 쇼핑몰 주인이 그만큼 동물을 사랑한다는 점에 있고, 고객들도 그 점에서 호응하고 재미를 느꼈다면 고객들에게서 포인트 1점을 따는 쇼핑몰이 되는 거겠죠.

TV 송출용 광고나 신문용 광고라면 일방통행형 광고를 제작해도 무방합니다. 이와 달리 인터넷에서의 광고는 일방통행형 광고보다는 고객의 호응을 유도하는 고객친화적인 광고가 더 잘 통합니다.

09 SECTION 저예산 창업자, 저비용 광고 찾기

단숨에 쇼핑몰을 홍보하는 방법으로는 포털 사이트의 메인 화면 디스플레이광고나 검색광고가 가장 안성맞춤이지만 소자본 창업자들에겐 너무도 비싼 광고상품들입니다.

1 : 저렴한 유료광고상품 찾아보기

인기 커뮤니티	커뮤니티 사이트의 메인 화면에 노출하는 배너광고를 찾아봅니다. 커뮤니티 운영주와 상담하여 적당한 가격에 광고를 노출할 수 있도록 합니다.
인기 사이트	인기 사이트의 메인 화면에 노출하는 배너광고를 찾아봅니다. 사이트 관리자와 상담하여 적당한 가격에 광고를 노출할 수 있는지 알아봅니다.
인터넷 신문사	인터넷 신문사의 날개 등에 텍스트로 광고하는 방법입니다. 신문사 광고 담당자 혹은 인터넷 광고회사를 끼고 합니다.
페이스북 광고	페이스북 내에서 유료광고를 하여 페이스북 팬으로 만들거나 쇼핑몰로 유입되도록 시도합니다.

2 : 무료 게릴라 홍보 방법 찾아보기

페이스북 게릴라 홍보	페이스북에서 검색되도록 게릴라 홍보전을 시작합니다. 상품을 소개하는 글을 게시하되 대놓고 홍보하는 것이 아니라 친근하게 홍보하는 전략입니다.
카카오스토리 게릴라 홍보	카카오스토리에서 검색되도록 게릴라 홍보전을 시작합니다. 역시 상품을 소개하는 글을 게시하되 대놓고 홍보하는 것이 아니라 친근하게 홍보하는 전략입니다.
블로그 게릴라 홍보	포털 사이트에서 검색되도록 블로그에서 게릴라 홍보전을 시작합니다. 이 역시 상품을 소개하는 글을 게시하되 대놓고 홍보하는 것이 아니라 친근하게 홍보하는 전략입니다.
트위터 게릴라 홍보	트위터 내에서 검색되도록 게릴라 홍보전을 시작합니다. 글자 수가 제한되어 있으므로 신상품 소식을 대놓고 알립니다.
게시판 댓글 홍보	뉴스 게시판 등에 댓글을 다는 방식으로 게릴라 홍보를 하는 방법입니다. 없어 보인다는 것이 단점입니다.

광고하고 싶은 인기 사이트 찾아내기
– 랭킹닷컴(www.rankey.com)

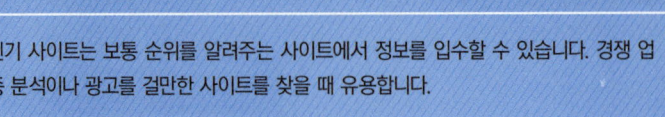

인기 사이트는 보통 순위를 알려주는 사이트에서 정보를 입수할 수 있습니다. 경쟁 업종 분석이나 광고를 걸만한 사이트를 찾을 때 유용합니다.

인기 사이트를 검색할 때 흔히 사용하는 사이트가 '랭킹닷컴'입니다. 이 사이트는 국내 사이트의 인기 순위를 알 수 있으며 카테고리별로 인기 사이트를 파악할 수 있습니다.

랭킹닷컷은 아래와 같이 자기 사이트(자신의 쇼핑몰)에 방문한 사용자들에 대한 분석 자료를 제공하지만 회원으로 가입한 경우에만 상세 정보를 알 수 있습니다. 대부분의 무료 쇼핑몰 서비스 업체에서도 쇼핑몰 접속자 분석 도구를 부가 기능으로 제공하므로 랭킹닷컴이나 쇼핑몰에서 제공하는 기능으로 자신의 쇼핑몰 접속자 데이터를 분석할 수 있습니다.

방문자 수	1일/1주/1개월 단위로 방문자 수 확인 기능
페이지뷰	지정한 기간에 방문자가 웹페이지를 요청한 횟수
체류시간	방문자가 체류한 시간
방문 일수	방문자들이 방문한 일수
Session Visits	방문객이 하루 몇 번 방문했는지 확인하는 수치. 한 시간 내 재방문은 인정하지 않고 계산
접속지역	접속한 지역에 대한 통계
이동경로	사이트 내에서 어느 페이지로 이동했는지에 대한 지표
유출입 사이트	어느 사이트에서 오고 어느 사이트로 나갔는지에 대한 지표
요일/월간/계절별 패턴 분석	요일/월간/계절별 방문 트렌드를 확인할 수 있는 지표

부록

초보 사장님들을 위한
쇼핑몰 상품 사진 만들기
- 포토스케이프 완벽 활용 가이드

All That Is Gold Does Not Glitter
- 금이라 해서 다 반짝이는 것은 아니다.

J. R. R. Tolkien - 반지의 제왕에서

All that is gold does not glitter,
Not all thoes who wander are lost

The old that is strong does not wither,
Deep roots are not reached by frost.

From the ashes a fire shall be woken,
A light from the shadows shall spring.

Renewed shall be blade that was broken,
The crownless again shall be king.

금이라 해서 다 반짝이는 것은 아니요,
방황하는 자가 다 길을 잃은 것은 아니다.

오래되었어도 강한 것은 시들지 않으며
깊은 뿌리에는 서리가 닿지 못한다.

타버린 재에서 새로이 불길이 일어나고,
어두운 암흑에서 광명이 솟구칠 것이다.

부러진 칼날은 기운을 되찾을 것이며,
왕관을 잃은 자 다시 왕이 되리라.

※ 쇼핑몰 창업자 여러분, 사무실 벽에 붙여놓고 항상 읽어보기 바랍니다.

01 SECTION

쇼핑몰 사진편집을 위한 포토스케이프
– 포토스케이프란 무엇일까?

포토스케이프는 디지털카메라로 찍은 사진을 그래픽 초보자들이 쉽게 편집할 수 있는 프로그램입니다. 간단한 사용법 덕분에 그래픽 초보자들에게 큰 인기를 얻고 있습니다.

포토스케이프의 특징은 실행속도가 빠르고 조작이 간편하다는 점에 있습니다. 누구나 손쉽게 배울 수 있으므로 쇼핑몰 초보자들이 흔히 사용하는 상품 사진 편집용 프로그램입니다.

포토스케이프 제작사 홈페이지인 www.photoscape.co.kr에 접속하면 무료로 사용할 수 있는 버전을 다운로드할 수 있습니다.

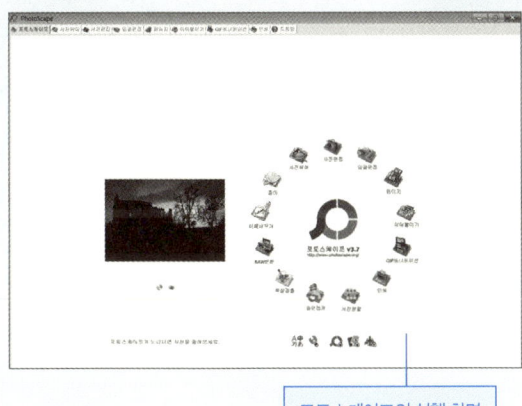

포토스케이프를 사용하다가 막히는 점이 있으면 포토스케이프 홈페이지의 도움말 기능을 참고해 익히기 바랍니다.
여기서는 상품 사진 편집에 꼭 필요한 사용법 위주로 알아봅니다.

▲ 포토스케이프의 실행 화면

포토스케이프는 다음과 같이 여섯 가지 메뉴를 제공합니다.

1 : 사진뷰어 메뉴

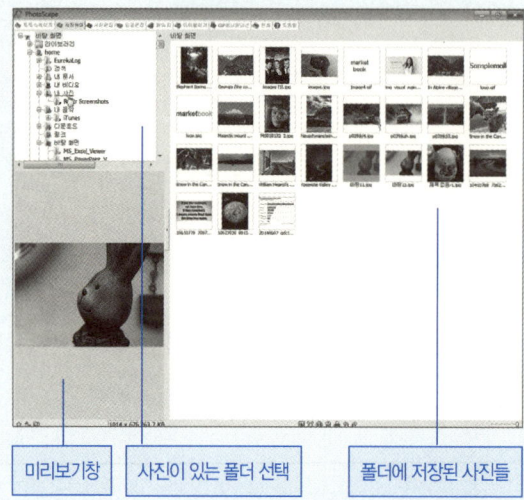

하드디스크나 CD롬 드라이브에 있는 사진을 한눈에 검색하고 원하는 사진을 볼 수 있는 기능입니다.

미리보기창 | 사진이 있는 폴더 선택 | 폴더에 저장된 사진들

2 : 사진편집 메뉴

사진의 크기, 자르기, 색상 변경, 밝기 조절, 사진에 액자 테두리 만들기, 말풍선 삽입하기, 텍스트 입력하기, 이미지 필터 효과, 뽀샤시, 복제도장툴 등의 여러 가지 편집 기능을 사용할 수 있습니다.

다양한 편집 기능들

3 : 일괄편집 메뉴

사진목록창

일괄적용할 수 있는 기능들

사진목록창에서 불러온 여러 장의 사진에 같은 편집 기능을 적용할 때 사용합니다.

사진 테두리 만들기 효과, 이미지 효과 등을 불러온 여러 장의 사진에 동시에 적용할 수 있습니다.

4 : 페이지 메뉴

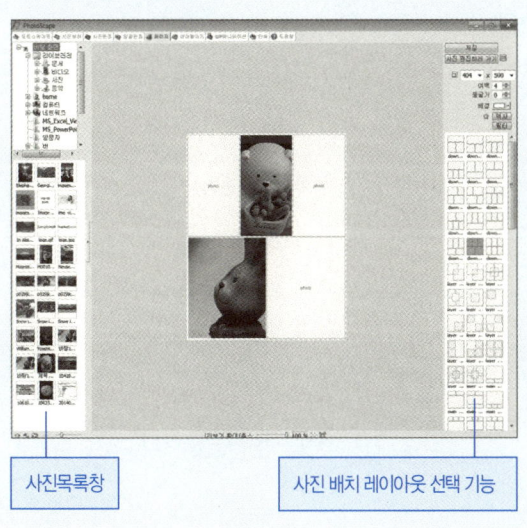

사진목록창

사진 배치 레이아웃 선택 기능

한 장의 큰 바탕 종이에 서로 다른 사진을 배치하는 기능입니다. 바탕 종이의 크기, 배치 레이아웃을 선택한 뒤 사진목록창에 있는 사진 중 원하는 사진들을 바탕 종이로 드래그하여 배치하면 됩니다.

5 : 이어붙이기 메뉴

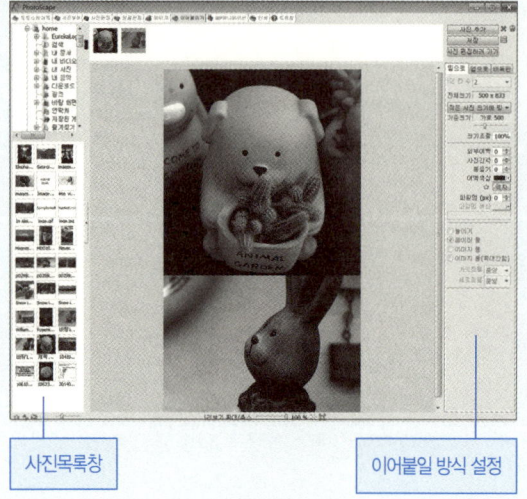

사진목록창 | 이어붙일 방식 설정

미리보기창에 있는 사진들을 가로, 혹은 세로 방향으로 이어붙이는 기능입니다. 이어붙일 방향과 종이 크기를 지정한 뒤 미리보기창에 있는 사진 중 원하는 사진을 드래그하면 지정한 방향으로 이어붙여집니다.

6 : GIF 애니메이션 메뉴

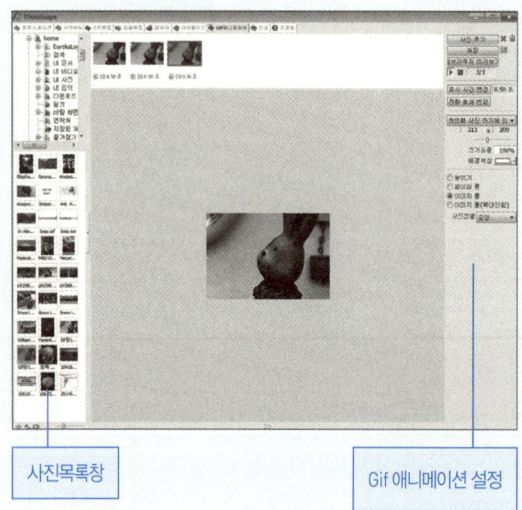

사진목록창 | Gif 애니메이션 설정

쇼핑몰에서 볼 수 있는 움직이는 Gif 애니메이션 사진을 만드는 기능입니다.

움직이는 배너광고를 제작할 수 있지만 배너광고는 광고용으로 사용할 목적으로 제작하므로 보통은 전문 디자이너에게 의뢰해 '포토샵'이나 '플래시'에서 제작하는 것이 좋습니다.

02 SECTION

포토스케이프 기본기 ①
– 디카로 찍은 사진 크기 확인하기

어떤 사진을 쇼핑몰에 올리려면 먼저 사진의 크기를 파악해야 합니다. 그런 뒤 쇼핑몰에서 권장하는 사진크기로 줄인 뒤 쇼핑몰에 올립니다.

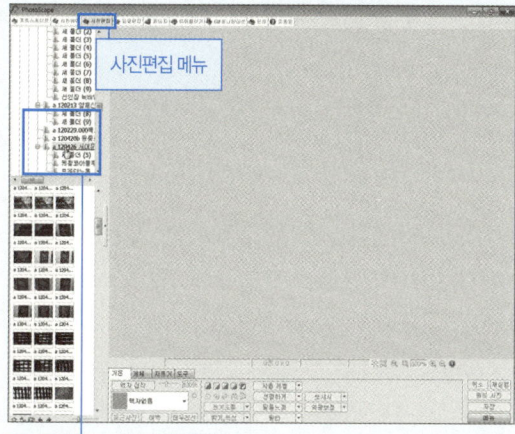

사진편집 메뉴
사진이 저장된 폴더 찾아가기

01 포토스케이프의 '사진편집' 메뉴를 선택합니다.
그런 뒤 사진이 저장된 하드디스크나 폴더를 찾아갑니다.

작업할 사진 선택
작업할 사진의 가로×세로 크기

02 폴더에 있는 사진 중 원하는 사진을 클릭하면 작업창에 해당 사진이 나타납니다.
작업창 하단을 보면 해당 사진의 가로, 세로 크기를 알 수 있습니다.

포토스케이프 기본기 ② - 사진 크기를 쇼핑몰 화면에 맞게 줄이기

사진이나 피팅모델 사진을 자르지 않고 통째로 쇼핑몰 메인 화면이나 상품상세설명창에 올리고 싶다면 화면 크기에 맞게 사진크기를 줄인 뒤 올려야 합니다.

상품 사진이나 피팅모델 사진을 통째로 쇼핑몰 홍보 이미지로 사용하려면 사진크기를 쇼핑몰 화면에 어울리도록 크기를 줄인 뒤 올려야 합니다. 1,800만 화소로 찍은 사진은 크기가 5,184×3,456픽셀 정도이므로 크기를 줄이지 않고 쇼핑몰에 올리면 저장공간을 많이 차지하고 파일 용량이 무거우므로 쇼핑몰 화면에서 로딩될 때 멈추는 현상이 발생합니다.

  PC 쇼핑몰에 통째로 올리는 홍보사진이라면 긴 축을 보통 1,280픽셀 이하로 줄이는 것이 좋습니다. 모바일 쇼핑몰 메인 화면으로 올리는 사진이라면 긴축을 보통 300~500픽셀 이하로 줄이는 것이 좋습니다. 크기를 줄이지 않은 큰 사진을 올리면 쇼핑몰에 무료 할당된 저장공간을 많이 차지하고 나중에 무료로 제공되는 저장공간이 부족하면 저장공간을 유료로 구입해야 하는 일이 벌어집니다.

01 '사진편집' 탭에서 원하는 폴더를 찾아간 뒤 작업할 사진을 선택합니다.
선택한 사진의 크기는 5,184× 3,456픽셀입니다. 쇼핑몰의 메인 화면이나 상품상세설명창에 올리는 사진으로는 너무 크기 때문에 긴 축을 1,000픽셀로 줄이겠습니다.

02 '기본' 탭에서 '크기조절' 버튼을 클릭하면 대화상자를 통해 크기를 줄일 수 있습니다. '크기조절' 버튼 옆의 삼각형 버튼을 클릭하면 팝업메뉴가 실행됩니다. 팝업메뉴에서 '긴축 줄이기:1,000px' 메뉴를 적용하면 사진의 긴축이 1,000픽셀로 축소되고, 짧은 축도 같은 비율로 축소됩니다.

03 긴축은 1,000픽셀, 짧은 축은 667픽셀로 줄어든 것을 확인할 수 있습니다.

크기를 줄인 이미지는 '저장' 버튼을 클릭한 뒤 '다른 이름으로 저장'하면 됩니다. 그런 뒤 쇼핑몰 메인 화면용 이미지나 상품 상세설명창에 올리면 됩니다.

SECTION 04

포토스케이프 기본기 ③
– 모바일 쇼핑몰이 정한 크기에 맞게 사진 줄이기

사진을 찍은 뒤 모바일 쇼핑몰이나 PC 쇼핑몰 사진으로 등록하려면 해당 쇼핑몰이 정하는 사진 규격에 맞게 줄여야 합니다.

01 '사진편집' 탭에서 원하는 폴더를 찾아간 뒤 작업할 사진을 선택합니다.
선택한 사진의 크기는 5,184×3,456픽셀입니다. 이 사진을 모바일 쇼핑몰 메인 화면으로 쓰기에는 너무 크므로 모바일 쇼핑몰 메인 화면 규격인 300픽셀 내외로 줄이겠습니다.

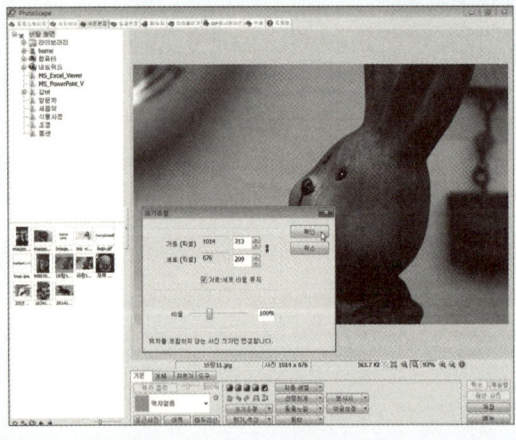

02 '기본' 탭에서 '크기조절' 버튼을 클릭하면 대화상자를 통해 크기를 줄일 수 있습니다. 모바일 쇼핑몰 메인 화면 규격인 313픽셀 크기로 설정하고 '확인' 버튼을 눌러 적용합니다. 크기가 변경된 이미지는 '저장' 버튼을 클릭한 뒤 '다른 이름으로 저장'한 다음 모바일 쇼핑몰 메인 사진으로 올리면 됩니다.

포토스케이프 기본기 ④
– 작업한 사진을 저장하기

크기를 줄이거나 색상을 변경한 사진은 다른 이름으로 저장해야 합니다. PC 쇼핑몰이나 모바일 쇼핑몰에는 다른 이름으로 저장한 파일을 올리면 됩니다.

01 작업이 끝난 사진을 쇼핑몰에 올리기 위해 '저장' 버튼을 클릭하는 모습입니다.

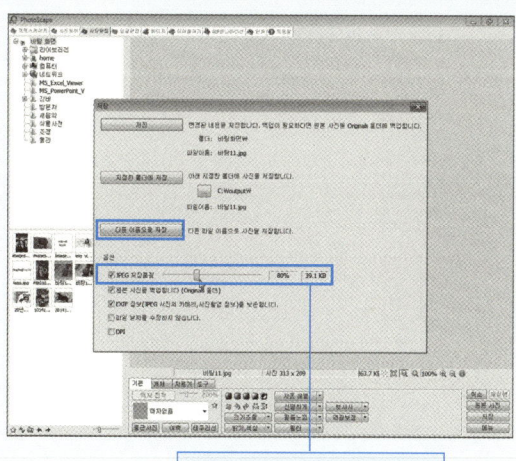

저장될 Jpg 포맷 사진품질 설정

02 '다른 이름으로 저장' 버튼을 클릭한 뒤 저장될 이름을 지정하고 저장합니다.
하단 옵션 중에서 Jpe 옵션은 저장될 Jpg 포맷의 사진 품질을 설정하는 기능입니다. 쇼핑몰에서 사용하는 이미지는 인터넷에서 빨리 전송되도록 파일용량을 줄여야 하므로 60~80% 품질로 설정하고 저장하기 바랍니다.

부록 초보 사장님들을 위한 쇼핑몰 상품 사진 만들기 – 포토스케이프 완벽 활용 가이드

포토스케이프 기본기 ⑤
– 사진에서 필요한 부분만 남기고 외곽 잘라 없애기

상품 사진을 찍다 보면 불필요한 배경까지 찍은 경우가 있습니다. 그런 경우 불필요한 배경을 잘라내야 합니다.

01 불필요하게 배경 영역이 많은 상품 사진입니다. 상품인 닭 부분은 남기고 배경 부분은 잘라내겠습니다.

02 '사진편집' 메뉴의 '자르기' 탭을 선택합니다.

03 '자유롭게 자르기' 버튼을 클릭하면 '자르기 비율'을 선택할 수 있는데 여기서 1:1 비율을 선택합니다.

04 마우스로 드래그하여 보호할 부분을 선택합니다.

05 보호할 부분을 선택한 뒤 화면을 더블클릭하면 외곽 부분이 잘리고 보호할 부분만 남습니다.

외곽 부분이 잘린 모습

06 이 사진을 쇼핑몰 상품 사진으로 등록하려면 해당 쇼핑몰이 지원하는 규격으로 사진 크기를 줄여야 합니다.
'기본' 탭에서 '크기조절' 버튼을 클릭합니다.

07 대화상자가 실행되면 '가로 500픽셀'로 설정합니다. 일반적으로 쇼핑몰 상품 사진 규격은 정사각형의 가로, 세로 500픽셀인 경우가 많으므로 거기에 맞게 상품 사진 크기를 줄인 것입니다.

08 상품 사진 크기가 가로, 세로 500픽셀로 축소된 모습입니다.
'저장' 버튼을 클릭한 뒤 '다른 이름으로 저장'하면 쇼핑몰의 상품 사진으로 업로드할 수 있습니다.

 쇼핑몰에 따라 검색창에 노출되는 사진의 크기는 가로, 세로 200픽셀이 규격인 경우도 있는데 이 경우 작업 중인 사진의 크기를 가로, 세로 200픽셀로 줄인 뒤 업로드하면 됩니다.

SECTION 07

포토스케이프 기본기 ⑥
– 쇼핑몰에서 사용하는 로고 이미지 만들기

디자이너 없이 쇼핑몰을 만들다 보면 로고 이미지를 직접 만들어야 하는 경우도 있습니다. 글자형 로고 이미지는 새 종이를 생성한 뒤 원하는 글꼴로 입력하면 됩니다.

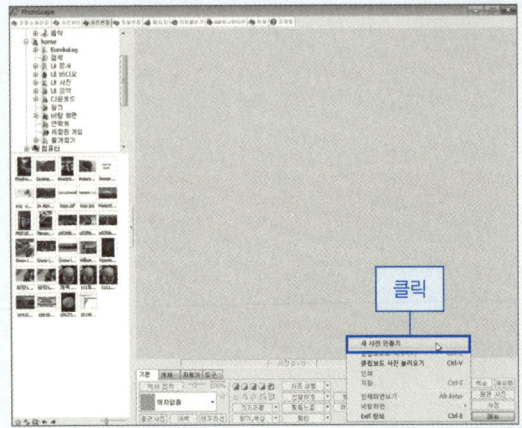

01 '사진편집' 메뉴로 이동합니다.
'메뉴' 버튼을 클릭해 '새 사진 만들기' 메뉴를 실행합니다.

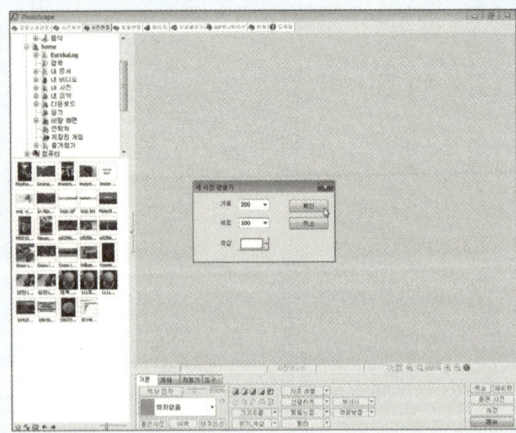

02 쇼핑몰마다 지원하는 로고 이미지 규격이 다르므로 해당 규격을 정확히 알고 새 종이를 생성하기 바랍니다.
여기서는 가로 200, 세로 200픽셀, 종이 색상은 '흰색'으로 지정하고 새 종이를 만들었습니다.

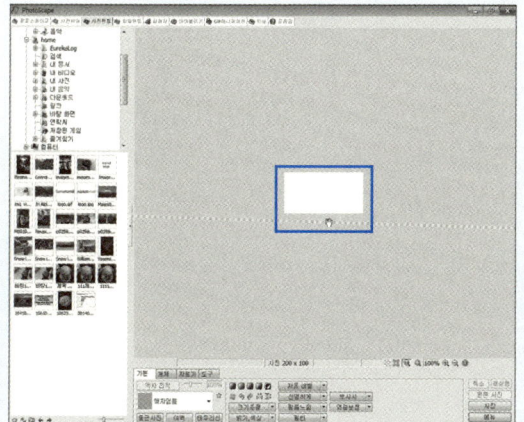

03 새 종이가 만들어졌습니다. 이제 자신의 쇼핑몰에 맞는 글자형 로고 이미지를 만들 수 있습니다.

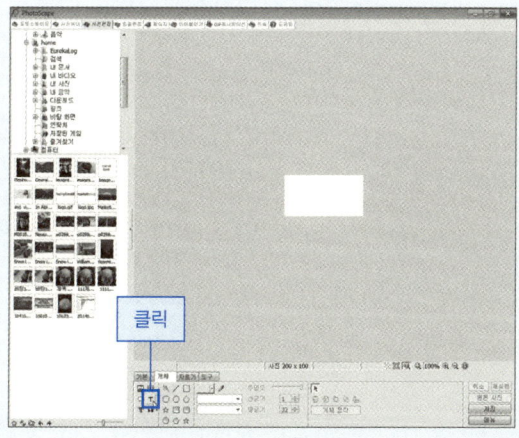

04 로고 글자를 입력하기 위해 '개체' 탭에서 'T' 버튼을 클릭합니다.

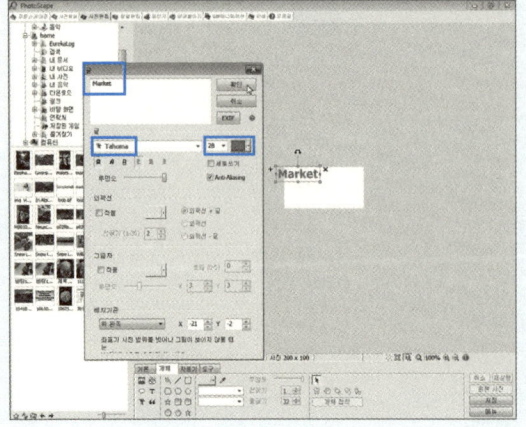

05 글꼴 모양, 글자 색상, 글자 크기를 설정한 뒤 원하는 내용으로 글자를 입력합니다. 쇼핑몰 로고 이미지이므로 쇼핑몰 이름을 입력해도 무방합니다. '확인' 버튼을 눌러 대화상자를 닫습니다.

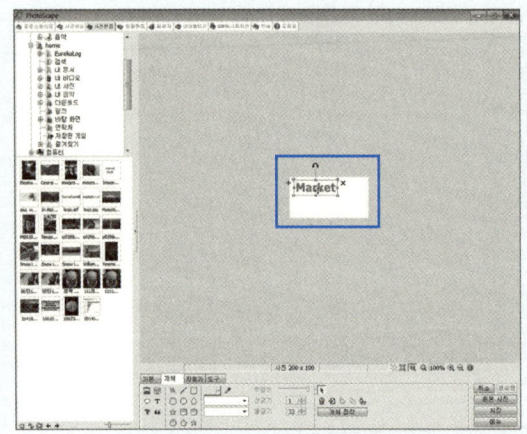

06 입력한 글자를 종이의 안쪽 위에 배치합니다.
아래쪽 비어 있는 부분에도 글자를 추가로 입력하겠습니다.

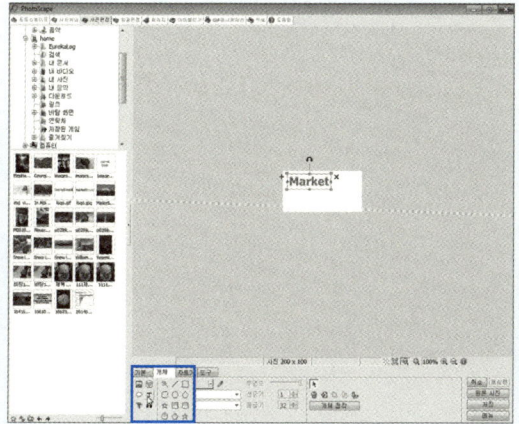

07 'T' 버튼을 클릭해 글자 추가 입력을 시작합니다.

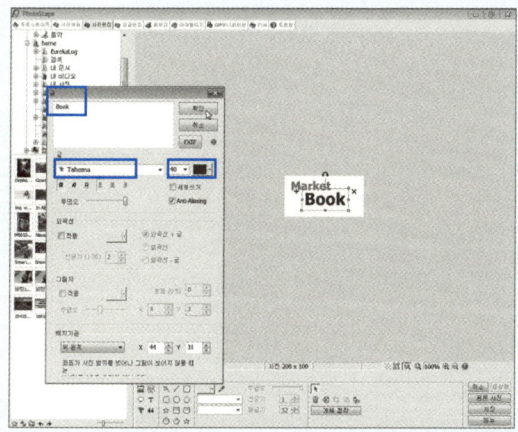

08 글꼴 모양, 글자 색상, 글자 크기를 설정한 뒤 원하는 내용으로 글자를 입력합니다. '확인' 버튼을 눌러 대화상자를 닫습니다.

09 입력한 글자를 종이의 안쪽 아래쪽에 배치합니다.

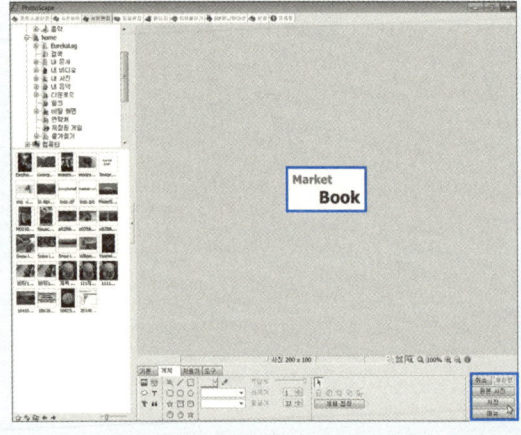

10 간단하게 쇼핑몰용 로고 이미지가 만들어진 것을 알 수 있습니다.
'저장' 버튼을 클릭한 뒤 '다른 이름으로 저장'합니다. 그런 뒤 쇼핑몰 화면에서 로고가 들어갈 부분에 지금 만든 로고 이미지를 업로드하면 됩니다.

 텍스트를 입력해 만든 글자형 로고 이미지이므로 디자인이 썩 뛰어나지 않습니다. 만일 뛰어난 디자인의 로고 이미지를 만들려면 프리랜서 디자이너에게 제작을 의뢰하는 것이 좋습니다.

08 SECTION
포토스케이프 기본기 ⑦
– 사진 밝기 조절, 외곽 자르기, 크기 줄이기, 저장

이번에는 조금 복잡합니다. 어두운 사진을 불러온 뒤 쇼핑몰 상품 사진으로 사용하기 위해 밝기를 조절하고 불필요한 외곽을 잘라낸 뒤 크기를 조절하는 작업입니다.

01 사진을 찍다 보면 조리개 설정이 맞지 않아 사진이 어둡게 나오는 경우가 있습니다. 어두운 사진을 상품설명용 사진으로 올리면 사진이 어두우므로 고객들이 상품의 모양이나 장점을 알아볼 수 없습니다.
그러므로 일단 사진의 밝기를 조절하는 작업이 필요합니다.

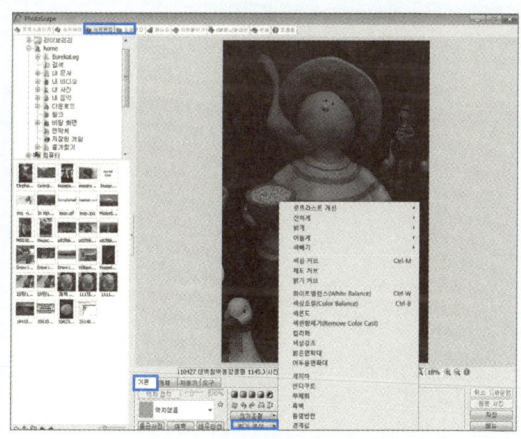

02 사진의 밝기와 색상을 조절하는 기능은 '사진편집' 메뉴의 '기본' 탭에 있습니다.
'밝기, 색상' 버튼에 있는 '역삼각형' 버튼을 클릭하면 팝업메뉴가 실행됩니다.

03 '밝게'→'강' 메뉴를 적용합니다. 사진을 강하게 밝게 하라는 뜻입니다.

04 사진을 강하게 밝게 했지만 아직도 사진의 상태가 어둡습니다.

05 대화상자를 이용해 밝기를 조절해보겠습니다. '밝기, 색상' 버튼을 클릭합니다.

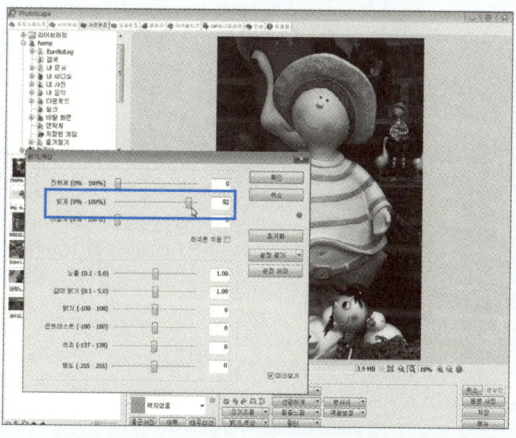

06 대화상자에서 '밝기' 슬라이더를 좌우로 움직이면 사진의 밝기가 조절되는 모습을 볼 수 있습니다.
원하는 밝기가 되도록 슬라이더를 조절하기 바랍니다.

07 '진하게' 슬라이더를 드래그하여 사진이 조금 진하게 보이도록 조절합니다.

08 앞에서 '확인' 버튼을 클릭해 조절작업을 완료합니다. 사진의 밝기가 조절된 모습입니다. 고객들이 제품의 모양을 잘 알아볼 수 있게 조절한 것입니다.

09 작업 사진을 쇼핑몰의 상품 사진으로 올리려면 쇼핑몰이 지원하는 사진비율로 잘라내야 합니다.
쇼핑몰이 지원하는 사진비율로 자르기 위해 '자르기'→'자유롭게 자르기' 버튼을 클릭합니다.

10 사진을 가로:세로 1:1 비율로 자르기 위해 '1:1' 비율 메뉴를 실행합니다.

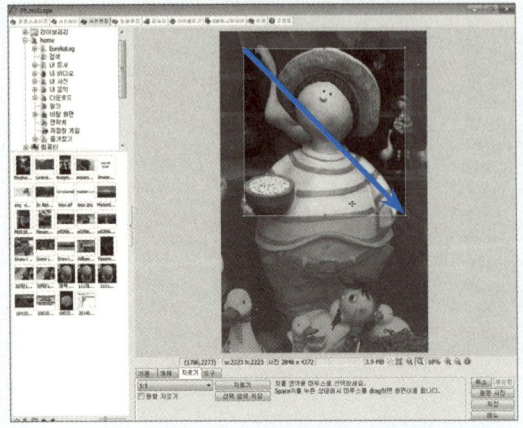

11 마우스로 드래그하여 보호할 부분을 선택합니다.

12 내부를 더블클릭하면 외곽부가 잘리고 보호한 부분만 남습니다.

13 이번에는 쇼핑몰에 등록할 수 있는 크기로 사진의 크기를 축소해야 합니다.
'크기조절' 버튼에 있는 '역삼각형' 버튼을 클릭합니다.

14 팝업메뉴에서 '긴축 줄이기: 500px' 메뉴를 적용합니다. 사진의 긴축을 기준으로 사진 크기가 500픽셀로 축소됩니다. '저장' 버튼을 클릭한 뒤 '다른 이름으로 저장'하고, 그 후 자신의 쇼핑몰 사진으로 올리면 됩니다.

포토스케이프 기본기 ⑧
– 상품 사진에 도형 집어넣고 텍스트 입력하기

상품 사진에 도형 이미지를 삽입한 뒤 텍스트를 입력하는 과정을 알아봅니다.

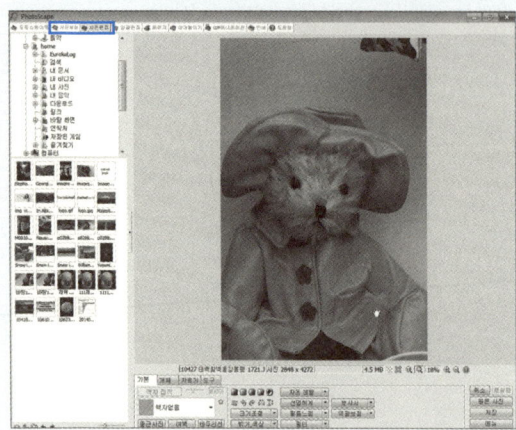

01 '사진편집' 탭에서 사진이 있는 폴더를 찾아간 뒤 작업할 사진을 클릭해 작업창으로 불러 옵니다.

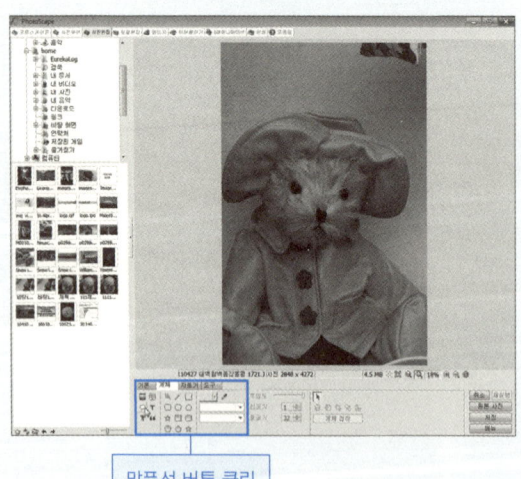

말풍선 버튼 클릭

02 '개체' 탭에서 '말풍선' 버튼을 클릭합니다. 사진에 말풍선 모양의 개체를 삽입하는 기능입니다.

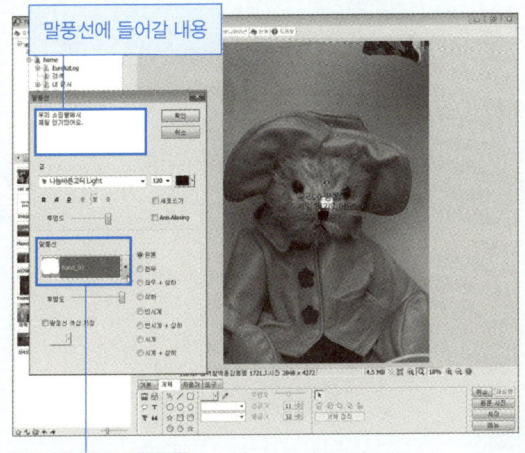

말풍선에 들어갈 내용

말풍선의 모양 선택

03 말풍선에 들어가는 내용을 입력하되, 말풍선을 나중에 확대할 생각이므로 확대한 크기에 맞게 글자 크기를 큰 크기로 입력하기 바랍니다.
그런 뒤 삽입할 말풍선 모양을 선택합니다.

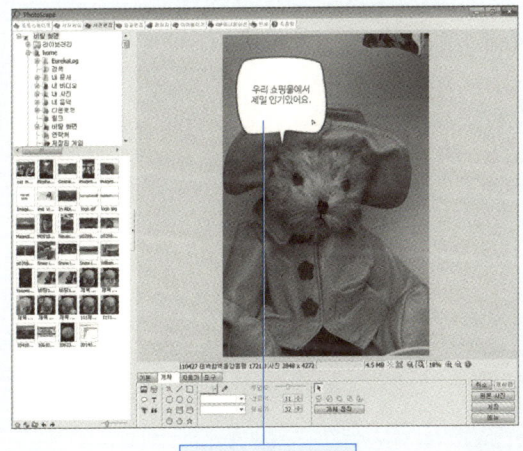

말풍선의 크기 조절

04 앞에서 '확인' 버튼을 눌러 대화상자를 닫으면 말풍선이 삽입됩니다. 말풍선의 모서리를 드래그하여 크기를 적당히 확대해줍니다.
만일 말풍선 모양이나 입력한 글자를 수정하고 싶다면 말풍선을 더블클릭해 대화상자를 재실행한 뒤 수정하기 바랍니다.

SECTION 10

포토스케이프 기본기 ⑨
– 상품 사진에 투명 도형을 넣고 텍스트 입력하기

마지막으로 디자인 측면에서도 조금 신경을 써서 투명 도형과 텍스트로 상품 사진을 재미나게 표현하는 방법을 알아봅니다.

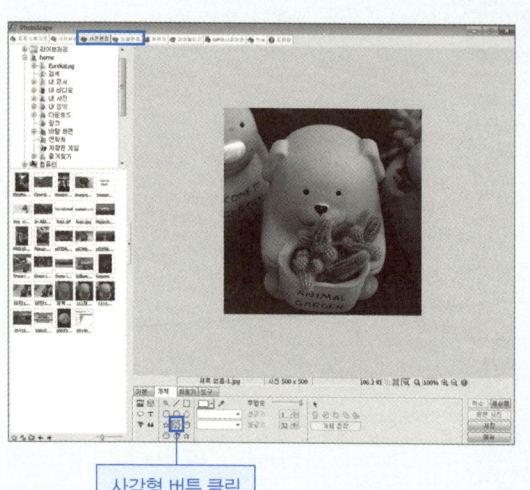

01 사진에 텍스트나 도형을 삽입할 때는 무작정 삽입하기보다는 디자인적 측면을 염두하며 작업하는 것이 좋습니다.
이번에는 약간 디자인적인 창의력을 발휘하며 작업하겠습니다. '사진편집' 메뉴에서 작업할 사진을 불러온 뒤 '개체' 탭의 '사각형' 버튼을 클릭합니다.

사각형 버튼 클릭

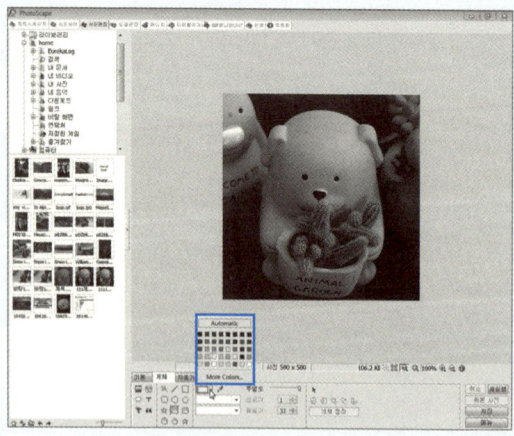

02 '색상' 버튼을 클릭해 그리게 될 사각형의 색상을 노란색 혹은 흰색에서 선택합니다.

03 '투명도' 슬라이더를 조절해 그리게 될 사각형의 투명 상태를 조절합니다. 여기서는 투명도 상태를 약 50%로 조절했으므로 절반 정도 투명한 사각형을 그릴 수 있습니다.

투명도 슬라이더

04 마우스로 드래그하여 그림처럼 상품 사진 하단에 사각형을 그려줍니다.

드래그하여 사각형을 그린 모습

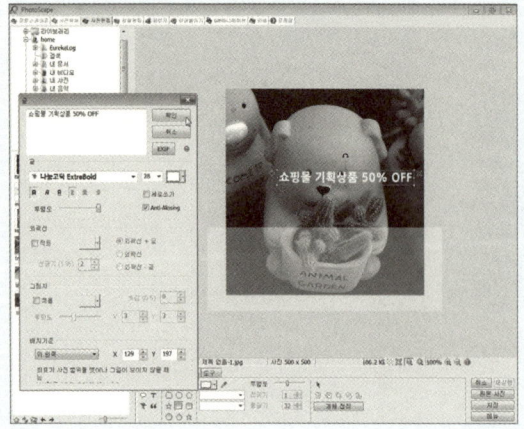

05 '개체' 탭의 T 버튼을 클릭해 원하는 내용을 상품 사진에 입력합니다.

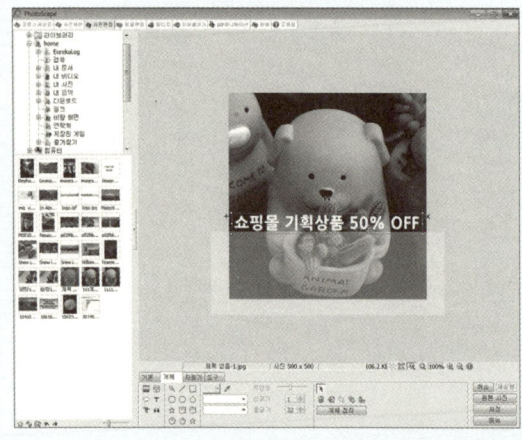

06 대화상자를 닫고 입력한 글자의 모서리를 드래그하여 글자 크기를 적당한 크기로 조절한 뒤 원하는 위치에 배치합니다. 완성한 사진은 '저장'→'다른 이름으로 저장'하기 바랍니다.

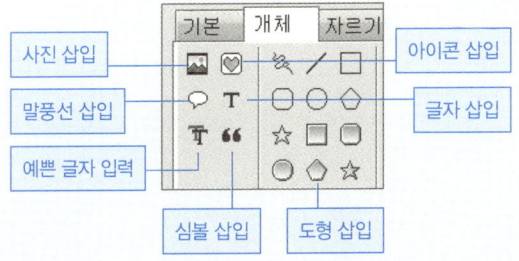

07 포토스케이프의 '개체' 탭은 다양한 도형과 클립아트를 제공하므로 상품 사진을 재미있게 표현할 때 유용합니다.
옆 그림은 '개체' 탭을 이용해 사진에 삽입 가능한 도형들입니다.

08 이 예제 그림들은 '개체' 탭에서 제공하는 다양한 도형과 클립아트로 상품 사진을 재미나게 장식한 예제입니다.
이렇게 완성한 상품 사진들은 쇼핑몰의 날개 부분에 삽입할 수 있을 뿐 아니라 배너 광고로도 사용할 수 있습니다.

**모바일&인터넷
쇼핑몰 창업+홍보 마케팅**
쉽게 배우기

1판 1쇄 발행 | 2015년 2월 10일
1판 2쇄 발행 | 2017년 11월 30일

지은이 박평호
펴낸이 김기옥

사업1 팀장 모민원 **편집** 정경미
커뮤니케이션 플래너 박진모
경영지원 고광현, 임민진, 김주현
제작 김형식

인쇄 · 제본 민언프린텍

펴낸곳 한스미디어(한즈미디어(주))
주소 121-839 서울특별시 마포구 양화로 11길 13 (서교동, 강원빌딩5층)
전화 02-707-0337 | **팩스** 02-707-0198 | **홈페이지** www.hansmedia.com
출판신고번호 제 313-2003-227호 | **신고일자** 2003년 6월 25일

ISBN 978-89-5975-799-2 13320

책값은 뒤표지에 있습니다.
잘못 만들어진 책은 구입하신 서점에서 교환해 드립니다.